KB002974

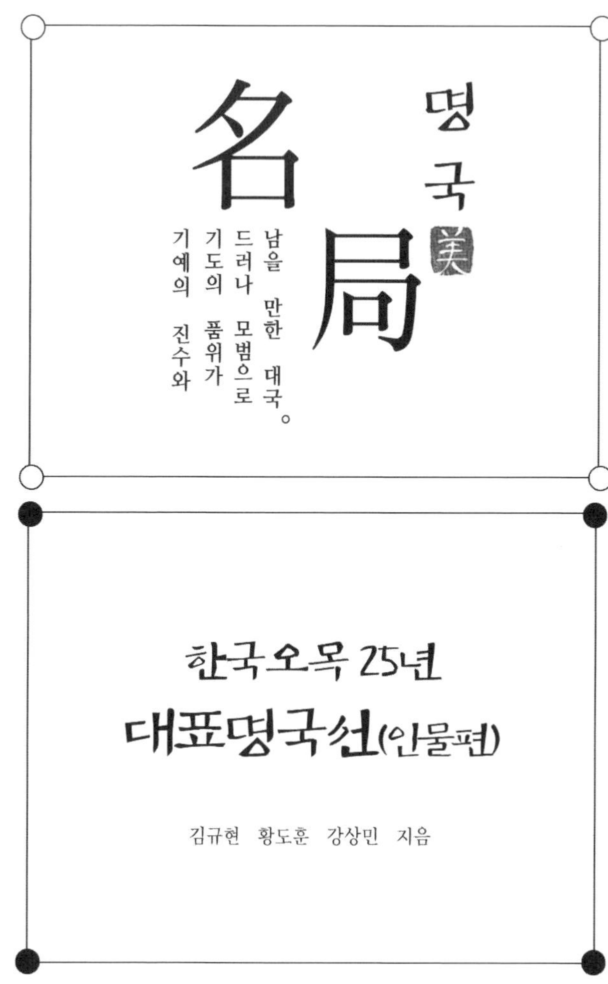

한국오목 25년 대표명국선(인물편)

김규현 황도훈 강상민 지음

한국 오목의 과거 · 현재 · 미래를 대표하는 세 기사의
고품격 해설과 생동감 넘치는 비하인드 스토리!

한국오목 25년 대표명국선(인물편)

초판 1쇄 인쇄일 2024년 3월 4일
초판 1쇄 발행일 2024년 3월 5일

지은이 김규현 황도훈 강상민
펴낸이 권준철
편 집 김규현

펴낸곳 대한오목협회 출판팀
홈페이지 www.omok.or.kr
페이스북 www.facebook.com/koreaomok
e-mail brownnose@naver.com
ISBN 979-11-980925-3-3

독자분들께

반갑습니다 '황도훈 6단' 입니다

우선 많은 선수들의 열정과 노력이 담긴 기보들을 해설할 수 있게 되어

책임감이 느껴집니다. 그리고 이런 생각도 해봤습니다.

모든 경기에는 승자가 있는 반면 패자도 있기에

승리하지 못한 선수에게겐 그 경기가 명국으로 보이지 않을 수 있습니다.

저 또한 선수로 활동하면서 패배했던 대국들은 최선을 다했다고

할지라도 하나하나 아쉬움이 남았었습니다.

그렇기에 마음 같아선 모두가 승자인 대국을 해설하고 싶지만

승부의 세계는 승패가 분명하니 그럴 수는 없겠죠.

승자의 멋진 활약도 물론 중요하지만, 승리하지 못한 선수의

이름값과 실력이 뒷받침되었기에 승자가 더 빛날 수 있었고

명국으로 선정할 수 있었다는 점을 말씀드리고 싶습니다.

핵심을 담았습니다!

해설자의 실력과 경험에 따라 기보를 분석하는 깊이는 차이가 있겠지만

대국 과정의 치열했던 수 싸움과 디테일한 감정은 바로 대국 당사자인 선수들이

가장 잘 알 것입니다.

다만 제가 오랜세월 오목을 두어오면서 체득한 핵심 아이디어를 해설에 녹여서

독자분들께 전달하고 싶었습니다.

알면 알 수록 깊어지는 내용들이기에 만약 이미 알고 있었다면

더 쉽게 응용할 수 있을 것이고,

몰랐었다면 여러분들에게 새로운 기준이 될 것입니다.

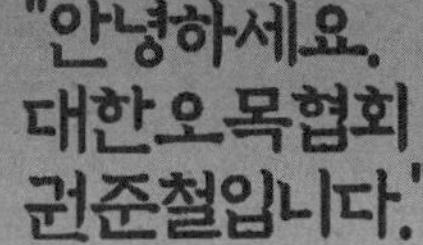

"안녕하세요.
대한오목협회
권준철입니다."

2000년 대한오목협회가 국제오목연맹(RIF)에 대한민국에서 유일한 단체로 가맹한지 벌써 25년이 흘렀습니다. 그동안 많은 오목인들의 참여와 도전으로 수많은 대회 개최와 함께 현재의 위치에 이르렀습니다.

이번 『대표 명국선』은 매우 뜻깊은 의미가 있습니다. 오목계의 산역사이자 불패오목의 저자인 김규현 기사, 명인타이틀 보유자이자 현 한국랭킹 1위 황도훈 기사, 그리고 2023년 영주대회 우승자이자 떠오르는 신흥강자 강상민 기사.

세 기사의 협업은 어쩌면 끊어질 수도 있었던 한국 오목 역사의 명맥을 현재까지 이어질 수 있게 해주었고, 앞으로도 한국 오목의 미래는 희망적이고 도전적이라는 것을 상징하는 결과물이라고 생각합니다.

한국 오목은 과거와 현재에 이어 미래 브레인스포츠 문화의 한 축이 될 수 있도록 계속 노력하겠습니다. 이 책을 통해 수를 놓아보고, 배우고 성장하여 많은 오목인들이 국내 뿐 아니라 세계무대에 도전하는 계기가 되기를 바라겠습니다. 감사합니다.

2024년 1월 1일
대한오목협회 회장 권준철

福

Part ONE.

밀레니엄! 낭만의 시대가 열리다.

해설 : 김규현 8단
불패오목 1, 2권 지음

* 주요 입상 경력

2020 제2회 오목명인전 우승
2019 제1회 오목명인전 우승
2019 제4회 협회장배 우승
2018 오목슈퍼리그 공동 우승
2017 코리아오목챔피언쉽 우승
2017 제2회 협회장배 우승
2017 한러친선전 우승
2009 제3회 오목기사회 대회 우승
2009 제10회 최고위전 우승
2008 오목비상전 우승
2006 오목비상전 우승
2006 제5회 최고위전 우승
2005 제4회 최고위전 우승
2004 제3회 최고위전 우승
2004 제12회 랭킹전 공동 우승
2003 코리아오픈 우승

TABLE OF CONTENTS P

EPISODE
『2000~2001』
일단 부딪혀 본다!
그것은 '젊음의 특권'
Kyoto
2001
World
Championship
Feel the
beauty of
challenge

2000년'... 밀레니엄!

단지 앞자리 숫자가 바뀌었을 뿐이지만 전혀 다른 세상으로 통할 것만 같았던, 나에게는 그랬던 한 해였다.

우리가 젊었던 만큼 오목도 젊었다. 패기가 넘쳤다.

90년대 중반 하이텔, 천리안 등 PC통신에서 만들어졌던 커뮤니티는 넷오목으로 세계관을 확장하며 규모를 불려갔다. 동호회들이 넘쳐났고 그곳에 속한 수많은 캐릭터들이 밀레니엄을 맞아 오프라인으로 쏟아져 나왔다.

'빅원, 영원, 객' 그 시절 이름만 들어도 가슴을 웅장하게 했던 온라인상의 히어로들을 실제로 만나고 그들과 마주 앉아 수까지 나눌 수 있다는 것은 오목마니아였던 나에겐 결코 거부할 수 없는 치명적인 유혹이었다.

전국규모의 첫 공식 대회인 MSO(Mind Sports Olympiad)가 그 시작점이었다.

이후에도 영등포에선 매주 토요일 오목클럽이 열렸고, 즐겁고 치열하게 우린 오목을 뒀다. Ando를 동경했고 Nakamura를 보고파했다.

모임이 끝나면 뒤풀이가 이어졌고, 밤이 새도록 젊음을 만끽하다가 아침 햇살을 아쉬워하며 집으로 발걸음을 돌렸다. 많은 청춘들을 만났고 커플들도 여럿 생겼다. 만남과 헤어짐이 반복되었다.

그러던 어느 날 '초록 눈의 거인[1)]' 이 나타났다. 나보다 머리 하나 만큼 더 컸던 그는 바이킹의 후예라고 했으며, [2)]RIF부회장이라고도 했다.

그는 우릴 학살하기 시작했다. 우리가 가장 자신 있었던 바로 그 오목으로!

졌고, 깨졌고, 찢겼다. 속기든 장고든 가릴 것 없이 열이면 열 모두 나가 떨어졌다. 그는 고수였다. 천외천(天外天)이란 말이 실감이 났다.

많이도 졌지만 신기하게도 그리 아프진 않았다.

표면적으로는 거인이 우릴 혼쭐내고 있었지만 사실은 거인의 몸에 빨대를 꽂은 모기마냥 우리는 '쪽쪽' 그를 흡수하고 있었다.

한 달이 지나자 거인이 우릴 이기는 횟수가 현저히 줄어들었다.

두 달이 지나자 오히려 거인이 밀리기 시작했고, 세 달이 지나자 거인은 우리와 두는 것을 피하기 시작했다.

어느 날 거인이 말했다. "Let's Go! Japan"

---

1) Anders Henningsson 스웨덴선수출신으로 RIF 회장(2015~2022) 및 부회장 역임

2) RIF : Renju International Federation의 약자로 우리말로는 '국제오목연맹'으로 칭함

김병준’

그는 특이한 사람이다.

우리 자체가 오목에 미친 특이한 인간들이었지만, 그는 우리 중에서도 특별한 존재라고 난 생각했다.

보통은 큰 무대에 서면 긴장해서 실수도 하고 심적으로 흔들리는 게 지극히 자연스러운 현상이지만 그는 그 자연스러움을 늘 거부하곤 했다.

월드챔피언쉽이 열리는 교토로 떠나기 직전까지 나는 그가 나보다 조금 더 강하다고 생각했다. 그 격차가 종이 한 장 차이는 아닐지라도 조금만 더 노력하면 곧 따라잡을 수 있는 정도의 차이라고 확신했다.

하지만 그건 끔찍한 오판이었다.

분명 그 시점의 나는 ‘초록 눈의 거인 Anders’를 능가하게 되었지만, 김병준 기사는 이미 아득히 높은 곳에 도달해있었다.

그는 우리에게 없는 몇 가지를 가지고 있었다.

‘세상 누구에게도 위축되지 않는 대담한 심장!’

‘경기 중 상대가 사라져도 알아채지 못할 정도의 무서운 집중력!’

‘위기 상황에서도 절대 흔들리지 않는 평정심!’

무대가 커질수록 그의 진면목은 여실히 드러났다.

함께 출전한 박정호(본선13위), 최윤석 3단(본선21위)과 상당한 기량차를 보이며 5승1무1패 전체 2위로 본선을 통과했다.

결과만이 아니라 내용에서도 세계적인 강자들을 압도했다.

고작 1년 남짓한 오목 경력을 가진 무명의 이방인 선수가 현대오목의 종주국 일본에서, 월드챔피언쉽 준우승을 두 번이나 차지한 Nara Hideki 9단과 1997년 월드챔피언 Hasegawa 9단을 연파할 거라고 예상한 사람은 아무도 없었다.

그저 꿈인가 싶었다.

그리고 3일 후...

결선리그에서 다시 만난 두 사람.

세계랭킹 4위! Nara Hideki 9단

과연 그는 본선의 패배를 설욕하는 리벤지매치를 만들어 낼 수 있을까?

聲東擊西

성 동 격 서

동쪽에서 소리를 내고 서쪽을 친다

제7회 월드챔피언십

AT 5라운드 (RIF룰 150분 + 30초/1수)

2001. 8. 7

김병준 3단	VS	Nara Hideki 9단 奈良秀樹
-	세계랭킹	4위
제1회 랭킹전 우승	주요경력	89 WC-AT 준우승
01 최고수전 우승	<2001년 8월 기준>	93 WC-AT 준우승

해설 : 김규현 8단

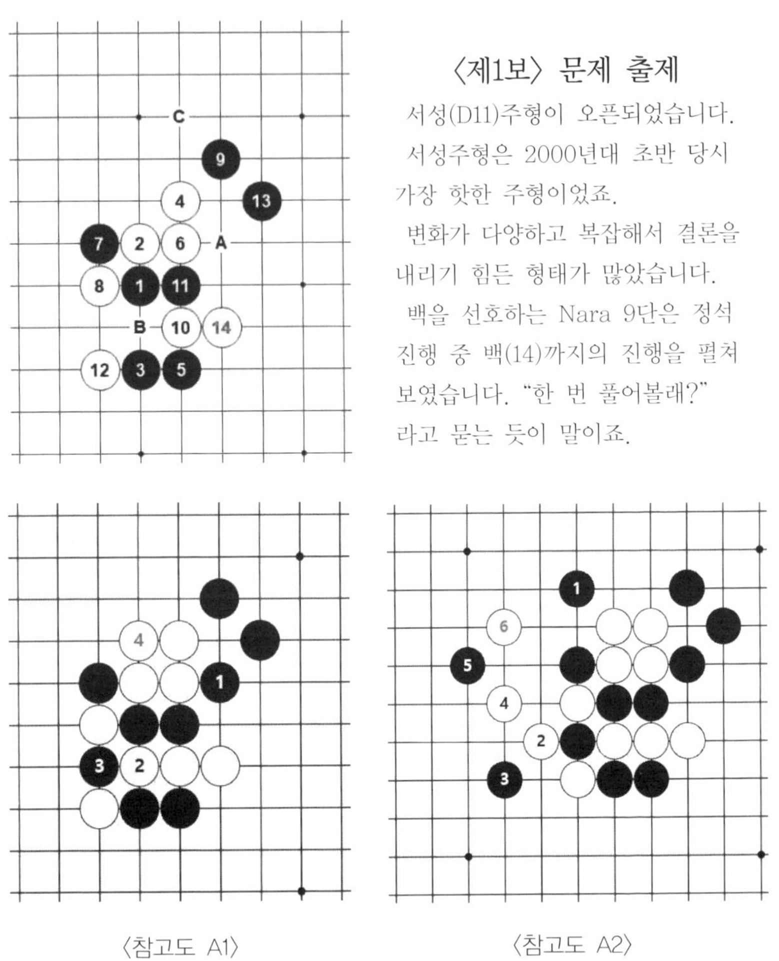

〈제1보〉 문제 출제

서성(D11)주형이 오픈되었습니다.

서성주형은 2000년대 초반 당시 가장 핫한 주형이었죠.

변화가 다양하고 복잡해서 결론을 내리기 힘든 형태가 많았습니다.

백을 선호하는 Nara 9단은 정석 진행 중 백(14)까지의 진행을 펼쳐 보였습니다. "한 번 풀어볼래?" 라고 묻는 듯이 말이죠.

〈참고도 A1〉

〈참고도 A2〉

그렇다면 김병준 3단은 당시 어떤 관점으로 이 형태를 판단했을까요?

흑(15)를 단순히 (a)로 삼을 치는 것은 〈참고도 A1〉처럼 백에게 선수를 넘ㄱ 주게 되어 이후 백(6)까지 백돌이 강력해지므로 흑은 매우 곤란해집니다. 당 장 백이 사삼노림수이므로 흑은 손을 빼서 반격할 수 없는 상황.

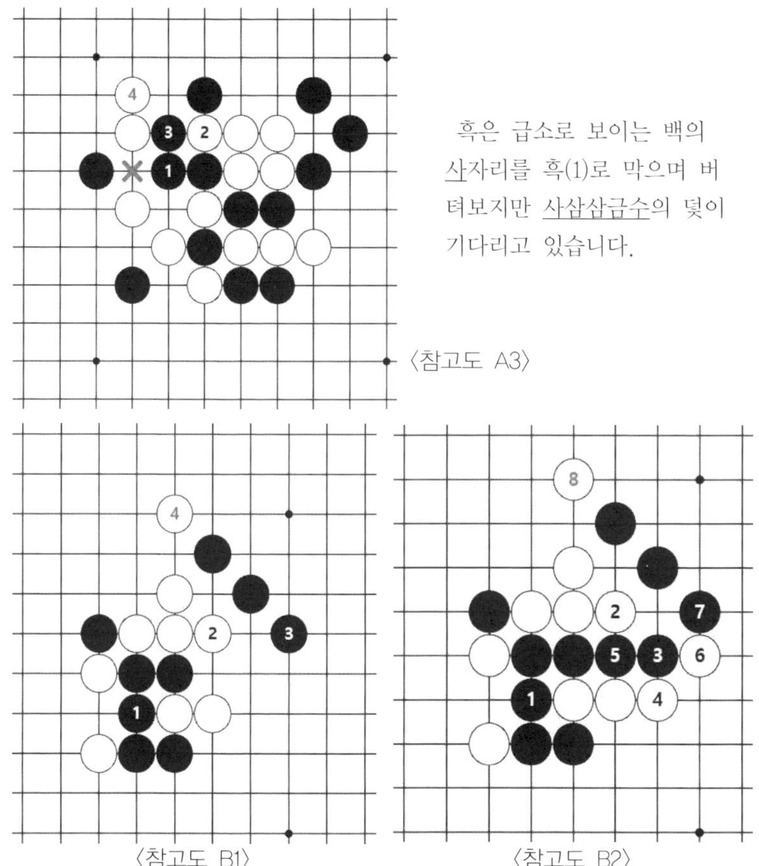

흑은 급소로 보이는 백의 사자리를 흑(1)로 막으며 버텨보지만 사삼삼금수의 덫이 기다리고 있습니다.

〈참고도 A3〉

〈참고도 B1〉 〈참고도 B2〉

그렇다면 흑(15)로 B자리는 어떨까요?

〈참고도 B1〉의 백(2)는 위아래 백돌들을 연결하는 자연스러운 행마!

흑(3)으로 삼을 친다면 위로 막아서 백돌의 연결성을 강화하고 결과적으로 '후수의 선수[3]'를 가져올 수 있습니다.

흑의 다음 응수가 만만치 않은 상황입니다.

〈참고도 B2〉의 흑(3)의 진행 역시 백이 편한 모습

) 후수(後手)의 선수(先手): 후수가 된 것처럼 보이지만, 실제로는 상대가 공격을 이어갈 수 없어 선수가 다시 돌아오게 되는 수 또는 그러한 형태

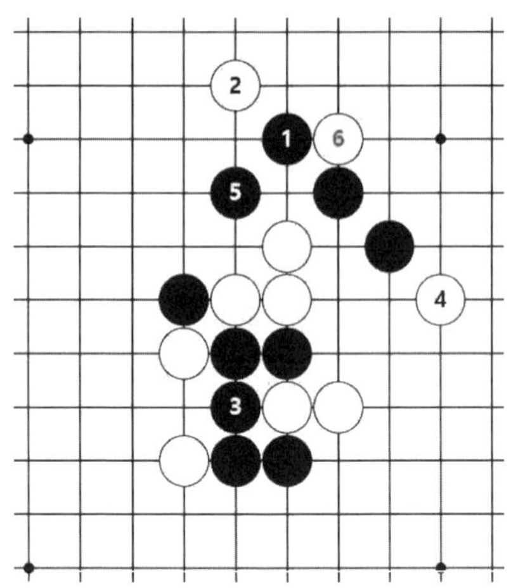

〈제2보〉 적의 급소는 나의 급소!

흑(1)자리에 백돌이 놓이게 되면 앞의 변화도에서 살펴보았듯이 전체적인 연결성이 강화되어 백이 유리한 국면으로 전개됩니다.

흑의 입장에서는 그 자리를 선점하는 것이 선수(先手)의 이점을 유지하면서 공격을 전개할 수 있는 유일한 길.

흑(1)로 첫 번째 급소자리를 선점한 후 흑(3)으로 또 다른 급소 자리마저 가져가는 김병준 3단!

다소 수동적으로 보이는 백(4)에 대해 흑(5)의 삿갓모양은 매우 기분 좋은 자리입니다. 백(6)은 다른 백돌들과 멀찍이 떨어져 있어 Nara 9단은 초반 힘싸움에서의 패배를 인정하고 수비로 한 발 물러섭니다.

찬스를 잡은 김병준 기사는 이 장면에서 더욱 신중을 기하며 장고에 들어가는데...

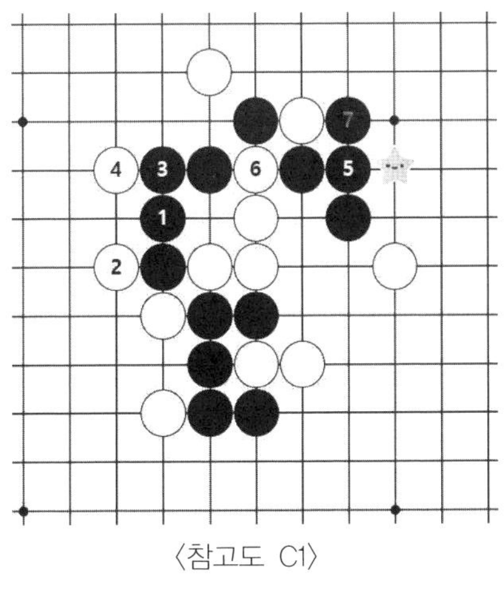
〈참고도 C1〉

〈제3보〉2% 부족한 흑세력?

김병준 기사의 설명에 따르면 삼을 직접 쳐서 공격을 시도하면 좌측 〈참고도 C1〉처럼 아슬아슬하게 수가 없는 상황입니다.

☆자리가 얼핏 흑의 사삼처럼 보이지만 백이 아래로 막으면서 사가 되므로 수가 없는 것이죠.

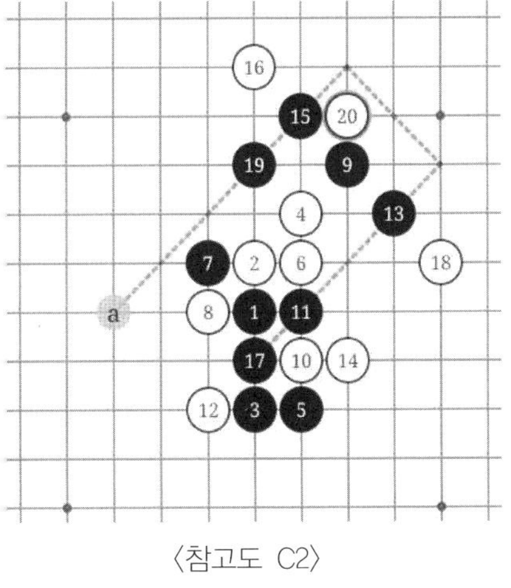
〈참고도 C2〉

당장에 수가 없다면, 공격재료를 섣불리 소모하기보다는 수가 날 수 있는 상황을 만들어가야 합니다.

장고 끝에 김병준 3단은 (a)에 흑돌이 올 경우 부족한 2%를 채울 수 있다고 판단합니다.

그렇다면 어떤 식으로 자연스럽게 전개하면서 (a)를 두는지 살펴볼까요?

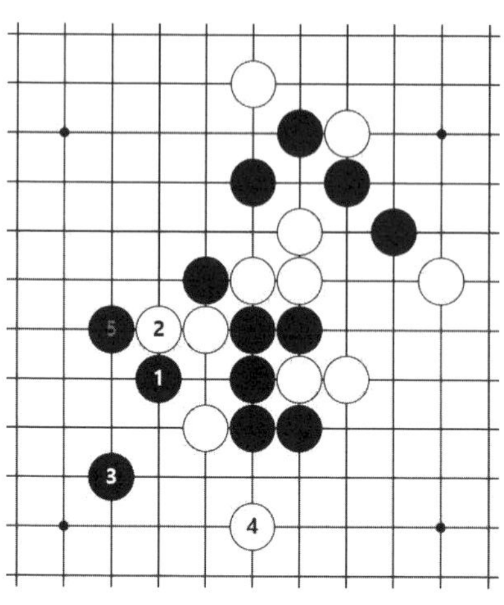

〈제4보〉 성동격서

동쪽에서 소리를 내고 서쪽을 친다는 의미입니다.

목표로 하는 공격지점이 있을 때 우선은 다른 방향에서 사전작업을 펼쳐서 상대를 혼란스럽게 만든 후 적절한 타이밍에 원래 목표했던 곳을 공략하는 전략입니다.

흑(5)까지 흑백 모두 자연스러운 전개!

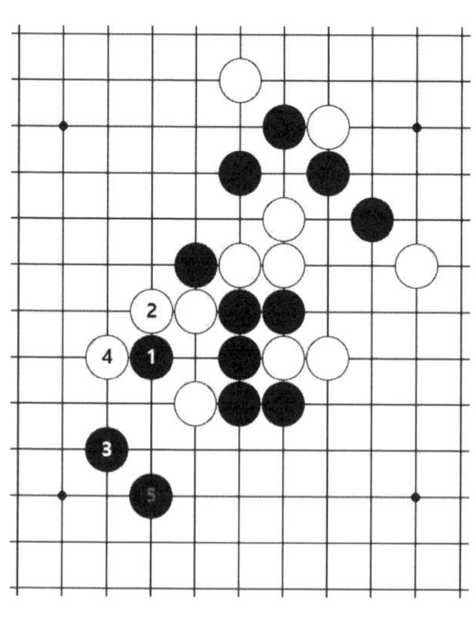

〈참고도 1〉

만약 흑의 상변 세력이 두려워 백(4)를 좌변쪽으로 받는다면 좌측 〈참고도 1〉처럼 흑(5)로 단숨에 하변을 장악할 수 있습니다.

백으로써는 견디기 힘든 장면입니다.

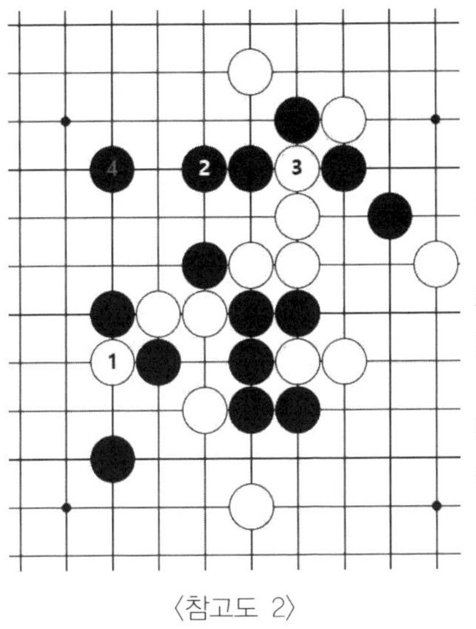

〈참고도 2〉

〈제5보〉 완벽한 마무리

백(1)은 하변의 급소 자리!

그러자 흑은 처음에 목표했던 상변으로 눈을 돌립니다.

흑(2)로 삼을 띄어쳤을 때 가운데로 막는 것은 〈참고도 2〉처럼 흑(4)가 통렬한 자리!

좌중앙에 거대한 세력을 형성하게 되어 백으로써는 도저히 감당할 수 없습니다.

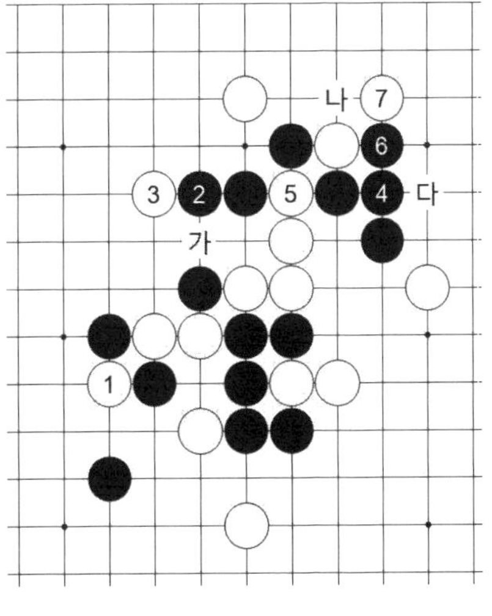

결국 실전에서는 좌측으로 흑의 삶을 막았는데 흑(6)으로 백(7)을 강요한 후 (가)-(나)-(다)의 사연타로 깔끔하게 수가 난 모습입니다.

입체적인 사전작업을 통해 큰 밑그림을 그린 후 목표를 공략하는 과정을 잘 보여준 수준 높은 대국이였습니다.

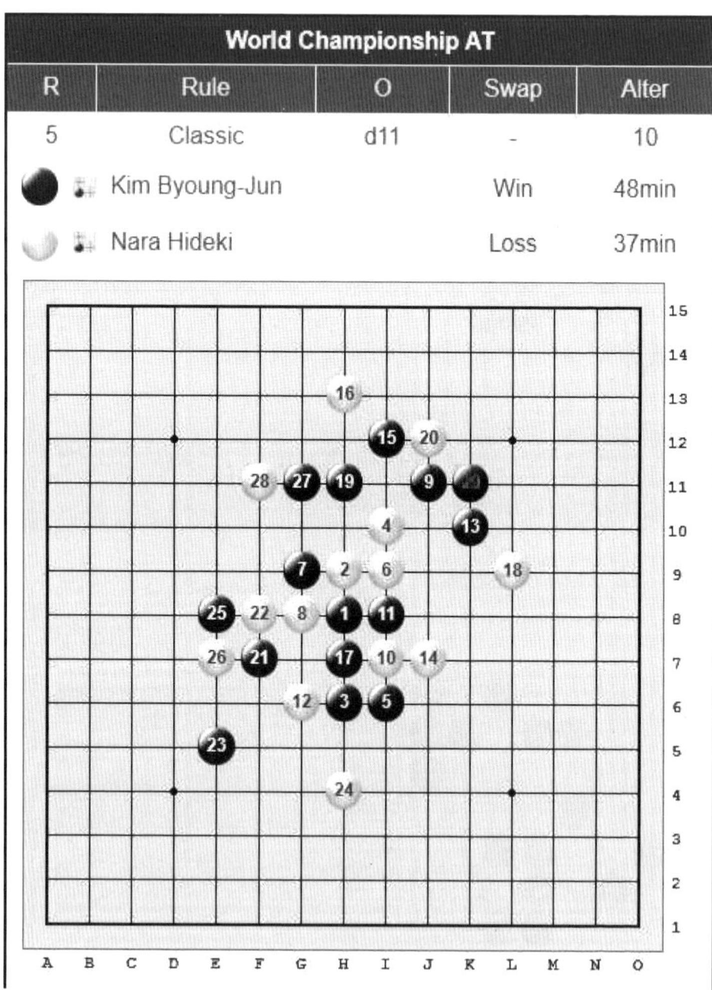

World Championship AT				
R	Rule	O	Swap	Alter
5	Classic	d11	-	10
●	Kim Byoung-Jun		Win	48min
○	Nara Hideki		Loss	37min

〈종보 ●김병준 3단 29수 기권승〉

오목의 비밀
名月 당대최강
MSO WINNER
명지대 바둑학과
10개대회 연속우승
BESTMAN
한국랭킹 1위
박정호 8단
EPISODE 『2002~2004』

최고수전 우승'

제1회 랭킹전 우승, 국가대표선발전 1위, 월드챔피언십 결선 진출
2001년의 김병준 5단은 연일 상한가를 달렸다.

그는 잘 나가는 급등주였다.

무서운 기세였고 국내엔 더 이상 적수가 없는 듯 보였다.

반전은 누구도 예상치 못한 지점에서 일어났다.

최고수전 상품으로 받은 PC가 문제였다. 당시 시세로 200만원 상당의 최고사양의 PC였다. 꾸준한 대회 성적에도 환경적으로 개선되는 부분이 없자 그는 온라인게임으로 눈을 돌렸다. 게임에도 재능이 있었던 그는 심연의 늪으로 빠져들었고 오목은 그의 삶에서 점차 희미해져 갔다.

빠르게 불타올랐던 만큼 식어가는 속도도 빨랐다. 훗날 그 온라인게임에서 전국 1등에 올랐다는 소문도 돌았다.

가끔 모임이나 대회에 출석은 했지만, 열정이 사라진 그는 더 이상 무적이 아니었다. '최강자'의 자리를 그가 놓아버리자 그걸 움켜잡기 위해 다들 달려들었다.

천하제일(天下第一)정기전!

내게도 기회가 찾아왔다. 8강전에서 3회 MSO[4]우승자 김창훈 3단을 만났다.

몇 차례 고비를 넘기고 대국을 마무리할 수 있는 시점, 너무 몰입한 나머지 상대가 친 삼을 막지 않고 나도 삼을 쳤다. 머릿속으로는 삼을 막은 이후 수순을 깊게 수읽기 하다가 생긴 웃픈 해프닝이었다.

'난 아직 때가 아니구나' 싶었다.

위기를 넘긴 김창훈은 파죽지세로 우승을 거머쥐었고 4회 MSO마저 제패하며 그의 닉네임[5]처럼 영웅이 되었다. 그리고 몇 달 후 나는 입대를 했다.

희비가 교차하는 순간이었다.

그는 굵직한 대회를 3연속 우승하며 당대 최강자의 바톤도 이어받았다.

시간이 흐를수록 노련미가 더해졌고, 경기 운영의 안정감도 생겼다.

다만 그의 집이 남쪽지방이었던 탓에 상당수의 대회는 불참할 수밖에 없었고 잠시 손에 쥐었던 최강자의 자리도 결국 넘겨주게 되었다.

---

4) MSO : 두뇌스포츠 분야의 권위 있는 대회로 Mind Sports Olympiad의 약자

5) 김창훈 3단의 온라인상 닉네임은 'Heroabro'

박정호'

그의 오목은 기세를 중시한다. 바로 힘의 오목이다.

명지대학교 바둑학과 출신으로 바둑의 영향을 받은 자신만의 스타일로 오목을 둔다.

수년간 김병준, 김창훈에 가려져 있었으나 제5회 MSO 우승을 시작으로 그의 시대가 열렸다.

오목계에서 그를 상징하는 어휘들은 실로 다양하다.

'당대최강' '최고수' '초강1급' '좁쌀영감' 등 다수는 그의 닉네임에서 나왔으나 실제 성격도 반영하고 있기에 매우 찰떡같은 느낌이다.

명월(I12), 산월(D12)주형 등 소위 '날일류'로 불리는 주형들로 일가(一家)를 이루었다.

몇몇 호적수들을 제외하곤 대부분의 선수들을 압살하며 커리어 내내 90%에 근접한 승률을 보였으며 이후에도 8년 넘게 한국랭킹 1위 자리를 굳건히 지키게 된다.

MSO! 한국 오목 최초의 공식 대회이자 최고 권위의 대회!

삼성동 코엑스의 수천 관중 앞에서 단상 위에 올라 메달을 목에 거는 영광은 그 시절의 선수들이라면 누구나 꿈꾸었던 로망이었다.

우승자에게는 행정자치부 장관상이 수여되었고 군인 신분의 선수들은 포상 휴가를 받기도 했다.

강대원, 송지원, 김창훈, 박정호 등 그 시대를 대표하는 걸출한 선수들을 우승자로 배출하였고, MSO의 우승자는 곧 당대의 최강자라는 인식이 통용되었다.

그러나 2004년 제6회 대회를 마지막으로 MSO오목부문은 역사의 뒤안길로 사라져버린다. 그 마지막 대회의 결승 무대에서 만난 두 사람.

박정호 그리고 강홍철.

강홍철은 90년대 중반 PC통신시대부터 오목을 두어 온 마니아로 고인물 중 고인물이다. 8강전에서 김병준 5단을 제압하며 파란을 일으켰다.

비록 공식 대회 경력은 없었지만 만만치 않은 선수다.

최후의 웃는 자는 과연 누가 될 것인가?

牛刀割鷄

우 도 할 계

"소를 잡는 칼을 닭 잡는 데 쓴다."

제 6회 MSO 대회

결 승 (RIF룰 30분 + 초읽기1회)

2004. 8. 29

강홍철 무급		박정호 6단
-	한국랭킹	1위
-	주요경력	제5회 MSO 우승
		제1회 최고위전 우승

<2004년 8월 기준>

해설 : 김규현 8단

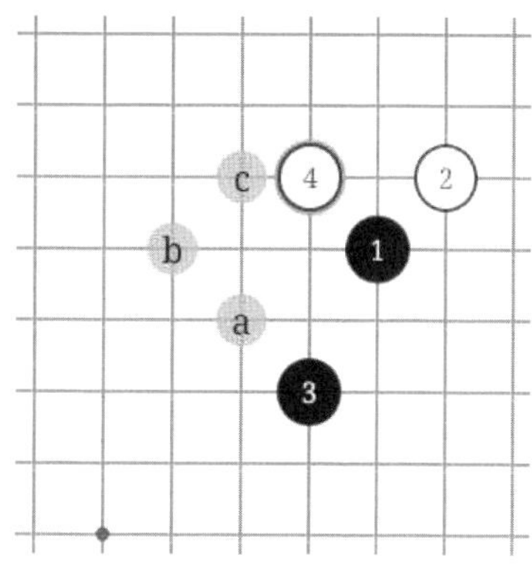

〈제1보〉 명월 주형 오픈

명월(I12) 오프닝은 흑이 매우 유리한 주형으로 알려져 있고 더구나 [6] 클래식룰에서는 더욱 그렇습니다.

그러나 그것은 이론상의 이야기고 실전에서는 그리 쉽지 않다는 것을 박정호 기사는 경험을 통해 잘 알고 있었습니다.

그는 몇몇 호적수들을 제외한 대다수의 선수들에게 극강의 승률을 보였는데 이것은 상대를 잘 파악하는 뛰어난 안목과 풍부한 경험에서 나오는 그만의 노련한 경기 운영 능력이 더해진 결과라고 생각합니다.

고사성어 중에 우도할계(牛刀割鷄)라는 말이 있습니다. '닭을 잡는데 소잡는 칼을 쓰는 것은 비효율적이다.'라는 비유적 표현으로 상대에 맞게 적절한 전략으로 대응하는 것이 효과적임을 일깨워주는 내용입니다.

백(4)수는 최근 들어 다양한 대응수가 연구되어 선택의 폭이 넓어졌지만 당시에는 (a), (b), (c) 정도가 일반적이었습니다.

실전에서 강홍철 선수는 5수로 (a), (b) 두 곳을 선택했고 최종적으로는 (b)자리로 진행되었습니다.

6)클래식룰 : 2008년까지 국제공인규칙으로 사용된 룰로 5수로 두 개를 제안하는 규칙이다.

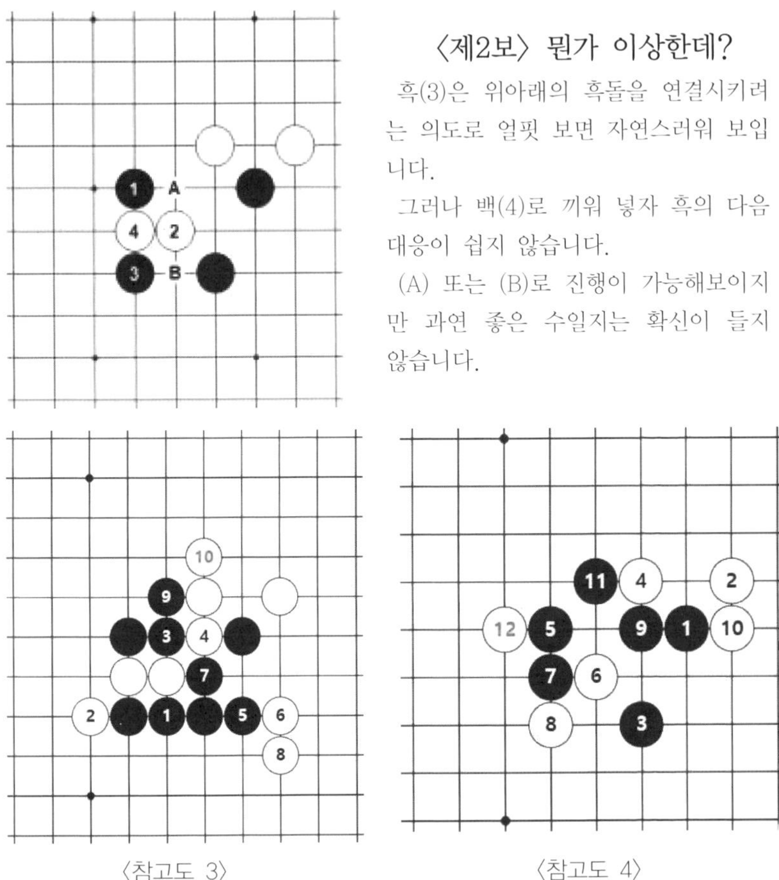

〈제2보〉 뭔가 이상한데?

흑(3)은 위아래의 흑돌을 연결시키려는 의도로 얼핏 보면 자연스러워 보입니다.

그러나 백(4)로 끼워 넣자 흑의 다음 대응이 쉽지 않습니다.

(A) 또는 (B)로 진행이 가능해보이지만 과연 좋은 수일지는 확신이 들지 않습니다.

〈참고도 3〉 〈참고도 4〉

(B)로 삼을 치는 진행은 〈참고도 3〉과 같은 전개가 예상됩니다.

백의 삼삼자리를 막기 위해 흑(9)로 두었을 때 백(10)으로 버티는 수가 강력합니다.

백은 우중앙이 강력한 세력을 형성하고 있고 흑은 당장 선수(先手)를 이어갈 수 없기 때문에 수비로 전환해야 합니다.

〈참고도 4〉의 흑(7)이 올바른 정석 진행 수순!

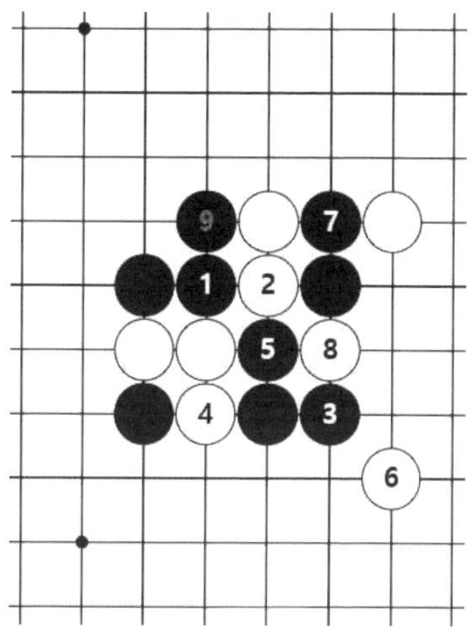

〈제3보〉 어정쩡한 정리

실전에서 강홍철 선수는 (A)를 선택, 삼을 연속으로 치며 모양을 정리하여 활로를 찾으려는 모습입니다.

흑(9)는 백의 대각라인을 견제하면서 흑의 연결도 강화하려는 의도로 보이지만 과연 백이 흑의 바람대로 받아줄지가 의문입니다.

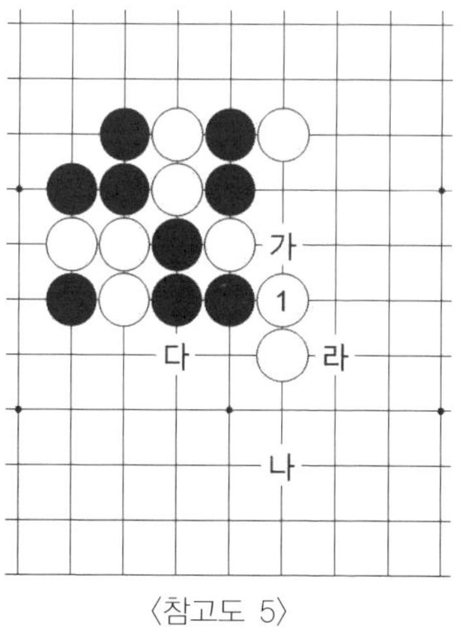

〈참고도 5〉

〈참고도 5〉처럼 백(1)자리는 사연타승노림수를 숨기고 있습니다.

만약 흑이 백을 막지 않고 공격한다면 (가)-(나)-(다)-(라)의 연타로 백이 승리할 수 있는 상황입니다.

따라서 흑돌은 흑(9) 대신 참고도의 백(1)자리로 꾹 막는 것이 최대한 버티는 수입니다.

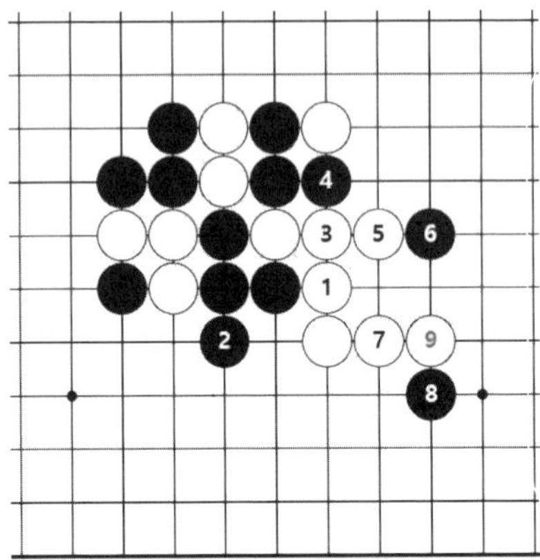

〈제4보〉 실수는 없다.

흑(2)는 당연한 급소 자리로 막을 수밖에 없을 때 백(5)의 사연타승 노림수가 승리를 굳히는 수입니다.

흑(6)으로 버텨보지만 백(9)로 수가 보이자 결국 강홍철 선수는 돌을 던집니다.

아마도 백(1)을 두는 시점에서 박정호 6단은 백(9)까지 한 번에 수를 읽었겠지요!

결국 경기의 주도권이 흑에서 백으로 넘어 온 순간을 기점으로 승부가 기울었고 백은 실수 없이 한 호흡으로 승맥을 찾아 깔끔하게 마무리하였습니다.

어느 분야의 종목이나 비슷하겠지만 사실 절대강자는 존재하기 어렵습니다. 승부의 세계는 의외로 상대적인 부분이 크고, 선수들 간의 상성도 존재하며 서로 물고 물리는 상황들이 빈번하게 발생합니다.

따라서 모든 경기를 타이트하게 정면승부로 맞설 수도 있겠지만 상대에 따라 적절한 맞춤 전략을 세워서 호흡의 강약을 조절하는 것도 효율적인 경기 운용의 묘인 것 같습니다.

그러한 관점에서 박정호 기사의 상대 선수를 파악하는 뛰어난 안목(眼目)은 배울점이 많다고 생각합니다.

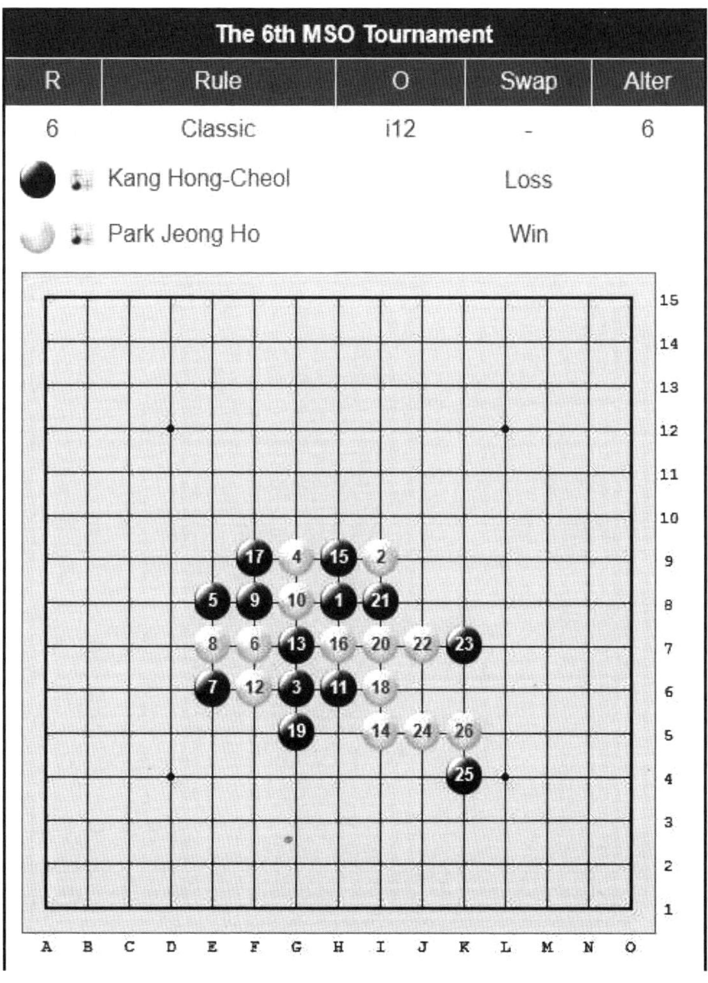

〈종보 ○박정호 6단 29수 승〉

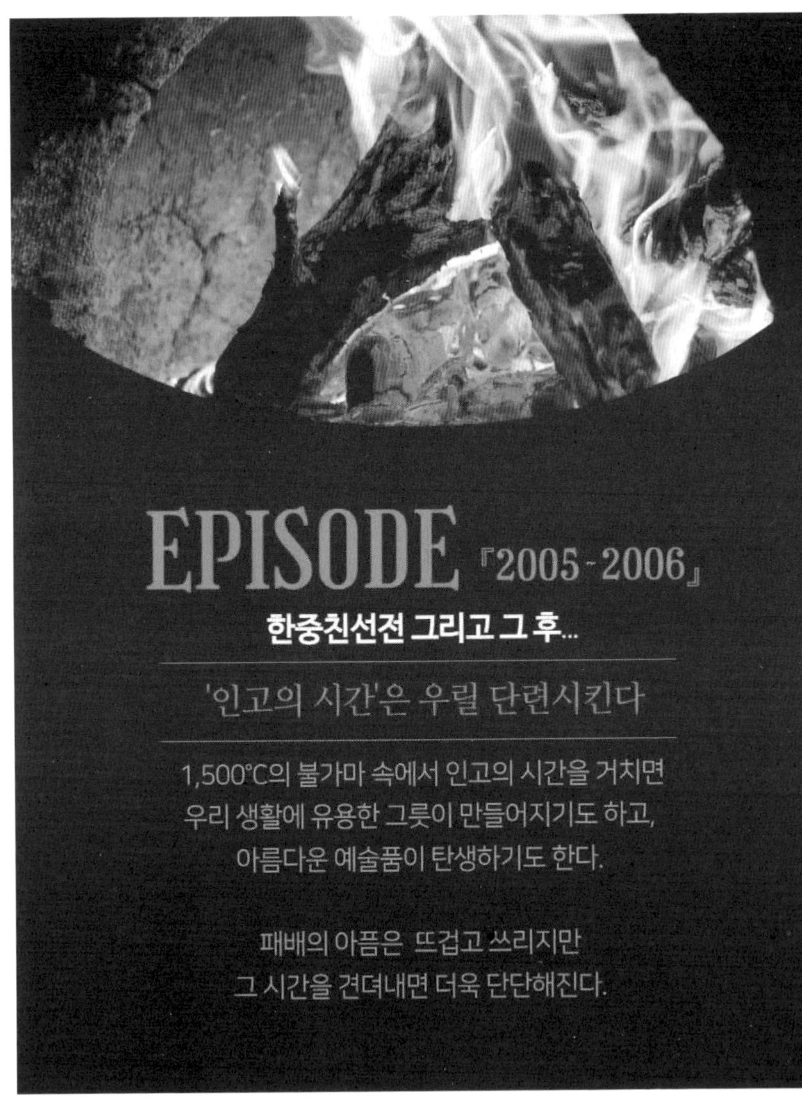
EPISODE 『2005~2006』
한중친선전 그리고 그 후...
'인고의 시간'은 우릴 단련시킨다
1,500°C의 불가마 속에서 인고의 시간을 거치면
우리 생활에 유용한 그릇이 만들어지기도 하고,
아름다운 예술품이 탄생하기도 한다.
패배의 아픔은 뜨겁고 쓰리지만
그 시간을 견뎌내면 더욱 단단해진다.

10개 대회 연속 우승'

2005년 4월 '기사회오픈대회'에서 박정호 7단이 우승하며 한국 오목 역사상 전무후무한 대기록이 완성되었다. 결승전에서 나는 잘 싸웠지만 아쉽게 시간패하며 대기록의 제물이 되었다.

결과와는 달리 그 무렵에 나는 자신감이 넘쳤다.

군대를 막 전역했던 나는 무적에 가까운 신위를 보이던 박7단을 유일하게 괴롭히는 선수였다. 앞서 열렸던 제1회 최고위전에서 그를 누르며 완전무결한 우승에 생채기를 냈고, 12회 랭킹전에서도 결승에서 다시 만나 혈투 끝에 1승 1무패로 우승을 나눠 가졌다.

그는 최고의 커리어를 만들며 정점을 찍었지만 저물어가는 해였고, 나는 떠오르는 해였다. 다음 대회에서 다시 만난다면 질 것 같지 않았다.

MSO가 사라진 후 우리에겐 새로운 활력소가 필요했다. 그 때문에 타이틀전 형식의 최고위전이 생겼지만 MSO의 빈자리를 채우기엔 부족했다.

김종수 협회장은 해외로 눈을 돌렸다. 우리처럼 이제 막 시스템을 만들어가기 시작하는 중국 오목이 눈에 들어왔고 친선대회를 제안했다.

최고의 전성기를 달리고 있는 박정호 7단,

그리고 그의 아성에 무소처럼 돌진하던 나,

한걸음 멀어져 있지만 월드챔피언십의 경험을 가진 김병준 6단

우리가 힘을 모은다면 중국과 해 볼 만하다고 여겼다.

그러나 대회 이십여 일을 남기고 계획이 어그러졌다.

우리 대표팀의 첫 번째 픽인 박 7단이 돌연 대회 출전을 포기했다.

우리를 이끌어 줄 거라 믿었던 맏형의 이탈 소식에 모두 혼란에 빠졌다.

대표선발전까지 치렀는데 이제 와서 안 가겠다니 말문이 막혔다.

최고의 전성기를 달리는 대한민국 1위 선수였기에 결과가 나쁠 경우 잃을 것이 많다고 생각했을 수도 있겠다 싶었다.

이해는 하지만 결코 동의할 수는 없었다.

사적으로는 친한 형이었지만 처음으로 크게 실망한 순간이었다.

'도깨비'

최윤석 기사를 소개할 때 종종 비유하는 표현이다.

때론 세계정상급 기사들을 무자비하게 때려잡기도 하고, 가끔은 기력이 약한 선수들에게 허무하게 패하기도 했다. 잘생긴 외모와 달리 도무지 예측이 안 되는 그의 엉뚱한 매력으로 인해 그런 별명이 붙었던 것 같다.

베이징에서도 그러한 모습은 이어지고 있었다.

중국팀에서 가장 약체로 여겼던 Feng Huasheng 5단에게 패했지만, Ca Dong 6단과 무승부를 만들었고, 가장 강하다고 소문이 돌았던 Wu Di 5단을 혈투 끝에 잡아냈다. Wu Di 선수가 그로부터 2년 후 월드챔피언이 된 것을 감안한다면 놀랄만한 결과였다.

2023년 현재의 시점에서 중국 오목이 세계최강임을 부정할 사람은 없겠지만 2005년 당시만 해도 한국 오목의 위상과 별반 다르지 않았다.

아니 오히려 그들이 세계대회 결선에 올랐던 김병준 기사를 리스펙하며 먼저 한 수 배우길 청해왔다. 그때까진 자력으로 세계대회 본선을 통과한 선수가 중국에는 한 명도 없었고 친선대회 대표선수들도 국제무대에선 무명에 가까웠다.

그래서인지 난 자신감이 넘쳤던 것 같다.

국내에선 박정호, 김병준에 가려져 었던 나의 존재감을 마음껏 드러낼 수 있는 좋은 기회라고 생각했다.

하지만 난 그동안 몰랐던 것 같다. 내 자신을. 그리고 나의 오목을.

그 날 나의 오목은 새털처럼 가벼웠다. 진중함이 부족했다.

어설펐고 겉멋이 들었다.

강한 선수들과 힘껏 부딪히자 종잇장처럼 구겨졌다. 굴욕적인 4연패였다.

30분 제한 시간에 익숙했던 나는 100분이라는 긴 시간을 어떻게 활용해야하는지 도무지 감이 오지 않았다. 물론 변명일 뿐이다.

오히려 수년간 오목에서 마음이 떠나 정석의 9할을 잊어버린 김병준 기사는 단 1패도 허용하지 않았으니 말이다.

멘탈과 태도에서 난 이미 지고 시작했다.

아팠지만 후회하진 않는다. 패배의 아픔은 나를 단련시킬 것이다.

3국
小貪大失
소 탐 대 실
"작은 것을 탐하다가 큰 것을 잃음"
2005 한중친선전
3라운드 (RIF룰 100분)
吴镝 5단
2005. 5. 14
최윤석 3단
VS

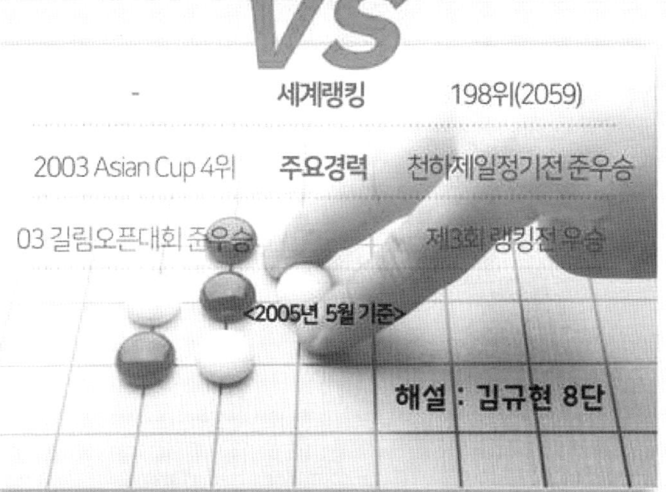

吴镝 5단		최윤석 3단
-	세계랭킹	198위(2059)
2003 Asian Cup 4위	주요경력	천하제일정기전 준우승
03 길림오픈대회 준우승		제3회 랭킹전 우승

<2005년 5월 기준>

해설 : 김규현 8단

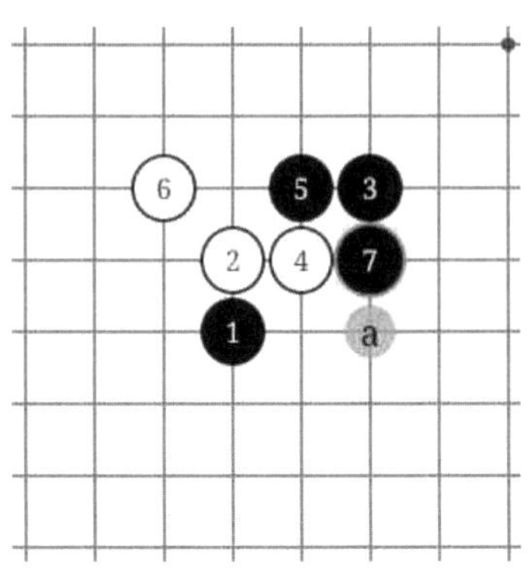

<제1보> 꼬아볼까?

당시 가장 보편적인 주형이었던 소성(D3) 당시에도 백이 편하고 승률이 높았지만 Wu Di 5단은 이론적인 유불리에 개의치 않는 실전파로 해볼만하다고 여겼던 것 같습니다.

흑(5)에 대해서는 백(a)가 정수지만 잘 두어지지 않는 백(6)을 선택하며 흔치 않은 길로 유도합니다.

흑(7)의 삼각꼬부림은 얼핏 보면 강력해 보이지만 아래 진행도의 백(1)로 응수할 경우 다음 수가 마땅치 않습니다.

초반 전개부터 쉽지 않은 상황에 많은 시간을 소모한 Wu Di기사는 흑(2)로 한발 물러서는 선택을 합니다.

어찌보면 오목에서 흑의 최대 강점인 초반 주도권을 너무 이른 시점에 백에게 내어주게 되어 정상급 선수답지 않다 느낄 수도 있겠으나 다르게 생각하면 그만큼 사고가 유연하다고 볼 수도 있는 부분입니다.

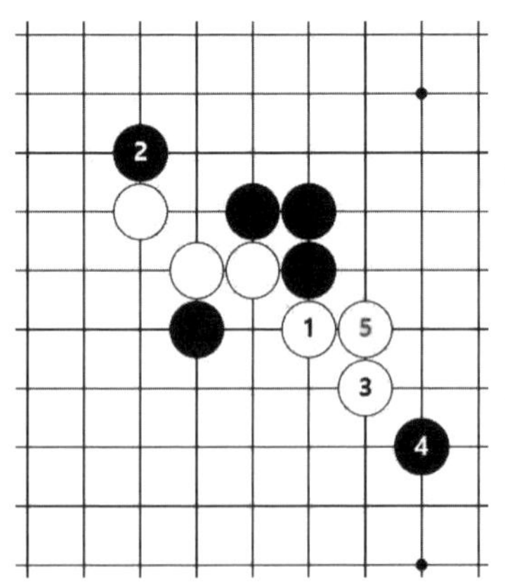

기회를 잡은 최 3단은 백(3)으로 삼을 활용한 후 백(5)의 삼각꼬부림으로 자연스러운 행마를 이어갑니다.

백은 돌들이 한 줄기로 이어져 힘이 있고 탄력있는 형태인 반면 흑은 돌들의 연결이 막히고 끊어져 분명한 수세입니다.

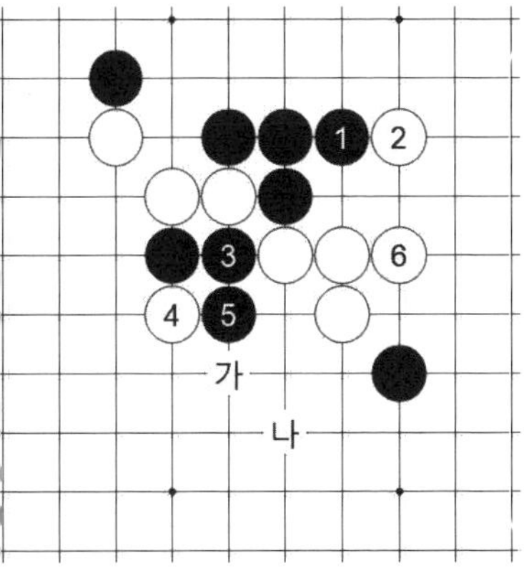

〈제2보〉 백의 초반 실착

흑의 입장에서는 백모양을 한 수로 막을 방법이 없기 때문에 흑(1)-(3)으로 삼을 소모해가면서 꾸역꾸역 버티는 것이 최선입니다.

최윤석 3단은 백(6)으로 공격을 이어갔는데 사실상의 실착!

백(6)으로는 (가) 또는 (나)로 두어 넓은 중앙의 이점을 활용하여 안정성을 확보하는 것이 나아보입니다.

젊은 날의 최윤석 기사는 잘생긴 훈남 이미지에 유쾌하고 엉뚱한 매력의 소유자였다.

Wu Di 5단은 188센티의 거구로 옆집 아저씨처럼 푸근한 인상이지만 승부에 몰입할 때는 매우 강렬한 모습을 보였다.

이후 더욱 정진하여 『2007월드챔피언』 타이틀을 거머쥐었다.

〈2005 한중친선전 中〉

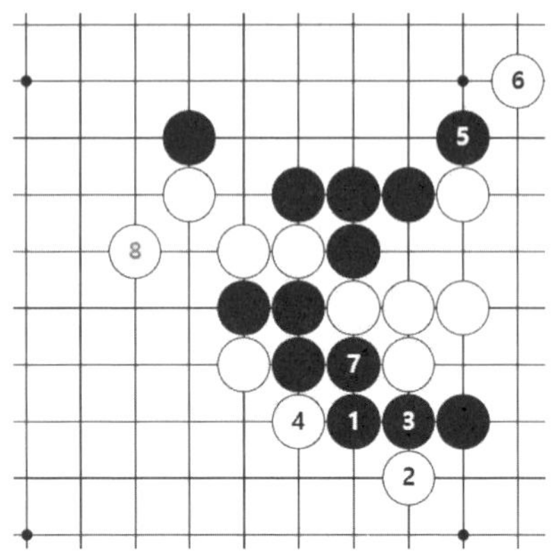

〈제3보〉 소탐대실

흑(1)은 흑과 백이 서로 삶을 칠 수 있는 자리로 먼저 차지한 쪽이 이득인 자리입니다.

문제의 수는 흑(5)의 삶!

얼핏 보면 이곳 역시 같은 맥락으로 흑이 먼저 두는 것이 이득일 것처럼 보이지만, 흑(5)의 가로라인이 육목 형태가 되어 스스로 발을 묶는 셈.

백(8)로 전장은 중앙으로 이동!

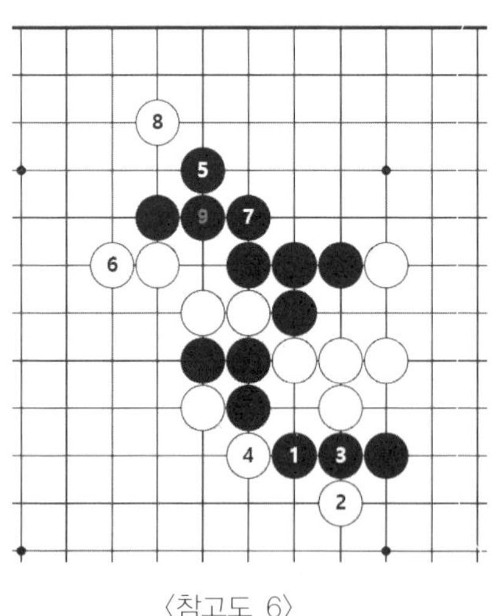

〈참고도 6〉

흑은 삶를 치지 않고 〈참고도 6〉처럼 흑(5)의 사삼노림수를 활용하는 것이 승맥!

아마 Wu Di 5단도 삶를 치고 나서 '아차' 싶었을 것입니다.

작은 이득을 취하려다 승리할 수 있는 기회를 날려버린 셈이지요.

이렇듯 오목은 매우 정밀한 두뇌게임이기 때문에 사소해 보이는 한 수의 차이로 승부가 뒤집히는 경우를 자주 볼 수 있습니다.

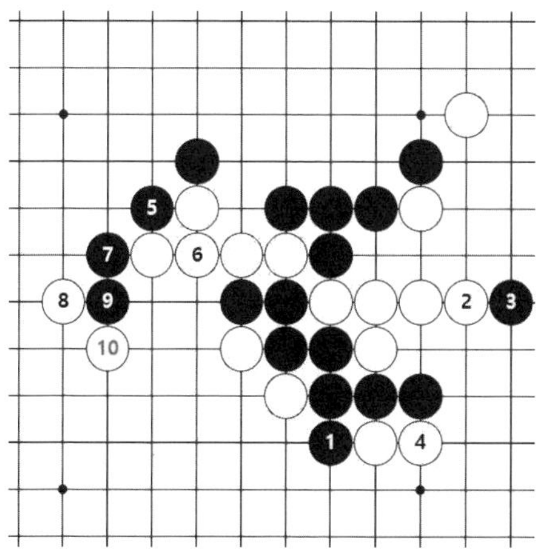

〈제4보〉 세력전 양상

흑(1)로 백의 삶을 뒤로 막는 것은 선수를 유지하기 위한 어쩔 수 없는 선택.

흑(5)-(7)로 백모양을 어느 정도 파괴하며 판을 정리합니다.

중앙은 백세력이 좋아 보이고 상변은 흑돌이 많이 쌓여있는 모습입니다

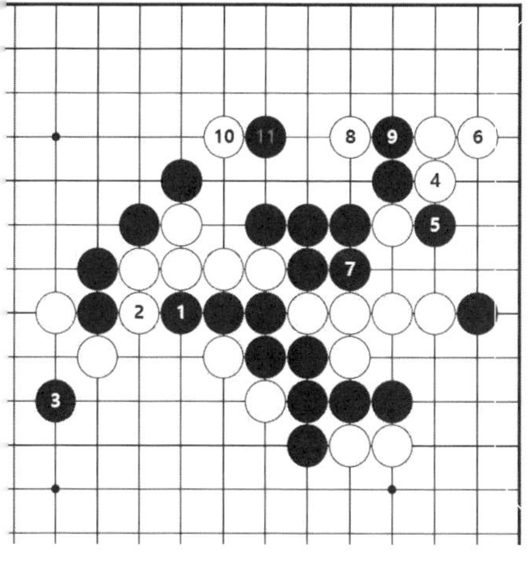

〈제5보〉 상변 파괴

백(4)-(6)-(8)의 선수(先手)로 흑세력을 삭감하고 백(10)으로 상변을 틀어막자 흑은 상변 공간을 확보하기 어려운 상황.

상대의 공격 여지를 미리 차단한 후 반격하겠다는 최윤석 3단의 노련한 경기 운영이 돋보입니다.

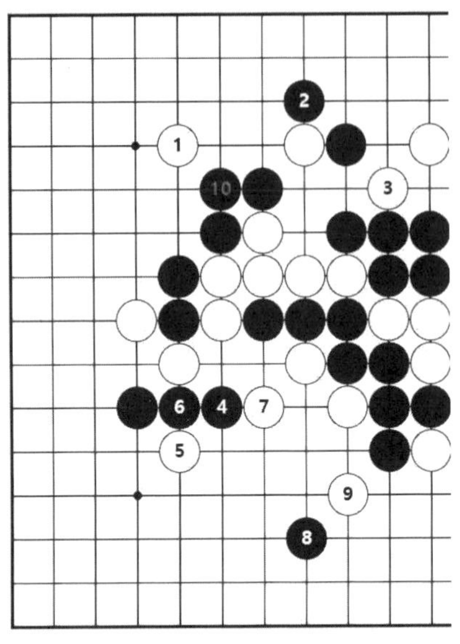

〈제6보〉 장기전으로...

드디어 선수를 되찾아 온 백은 공수를 겸할 수 있는 큰 자리인 백(1)을 차지합니다.

흑(2)도 좋은 응수로 호락호락하게 반격을 허용하지 않겠다는 의지가 드러납니다.

흑(4) 역시 백의 중앙을 견제하면서 하변으로 발전할 수 있는 여지를 남기는 수법

약점이 될 수 있는 틈이 서로 보이지 않는 상황입니다.

과연 이대로 무승부 경기가 되는 걸까요?

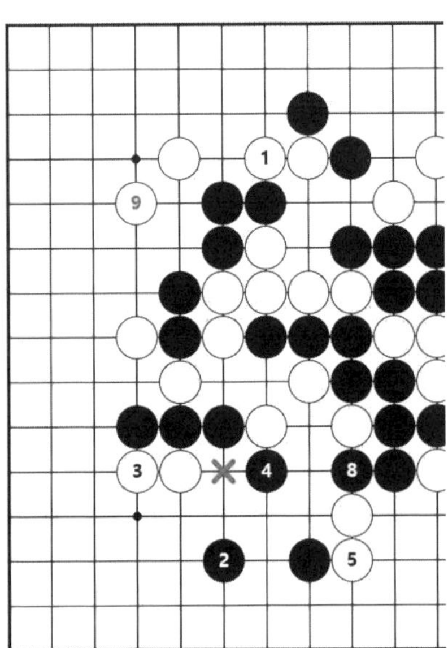

〈제7보〉 승부를 보자!

백(1)에 대해 큰 위협이 없다고 느낀 흑은 흑(2)로 하변을 공략합니다.

백(3)은 급소이므로 당연히 막아야 할 자리!

우변 흑(6)으로 사를 뻗어둔 후 흑(8)로 진행한 Wu Di 5단.

최윤석 기사는 상당한 시간을 고민하더니 백(9)로 손을 뺍니다.

하변 흑은 사삼삼금수로 인해 수를 만들기가 쉽지 않다고 판단하여 상변에서 승부를 보자는 의도겠지요!

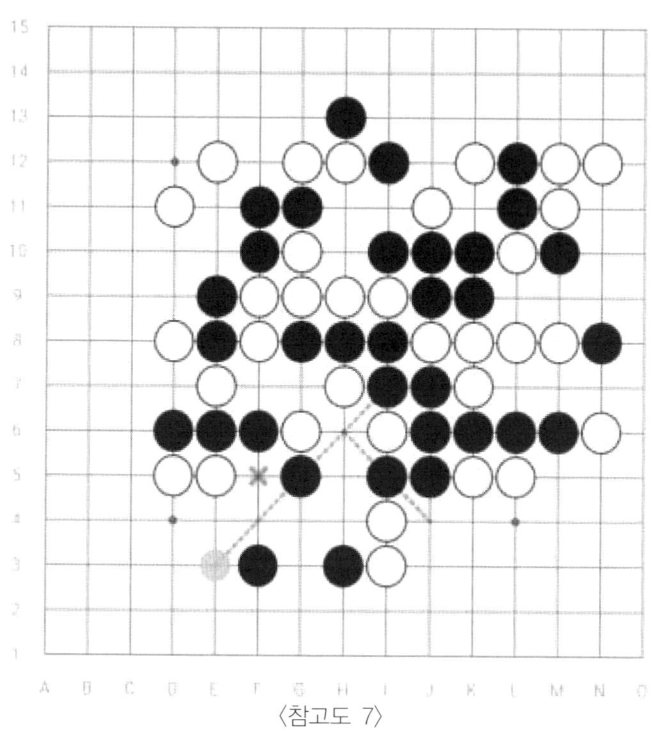

〈참고도 7〉

숨어있던 해금수!

그러나 실제로는 〈참고도 7〉처럼 E3자리가 사삼삼금수를 해금할 수 있는 묘수였습니다.

백이 손을 뺀다면 F5를 둘 수 있습니다. F4자리가 사사금수라 사삼삼금수가 해소되는 것이죠!

백(2)로 버틸 경우는 〈참고도 8〉의 수순으로 흑이 승리할 수 있습니다.

〈참고도 8〉

그러나 시간이 부족했던 두 선수는 이 수를 놓친 상황.

〈제8보〉 돌을 던지다.

흑(5)는 삼삼금수를 피하기 위한 고육책으로 백(6)이 놓여지니 백이 매우 기분 좋은 자리.

이후 상변의 백세력을 막기 힘들다고 판단한 Wu di 5단은 흑(7)을 두고 결국 기권합니다.

보유 시간도 거의 소모한 상황이라 어쩔 수 없이 항복 선언을 한 것이죠.

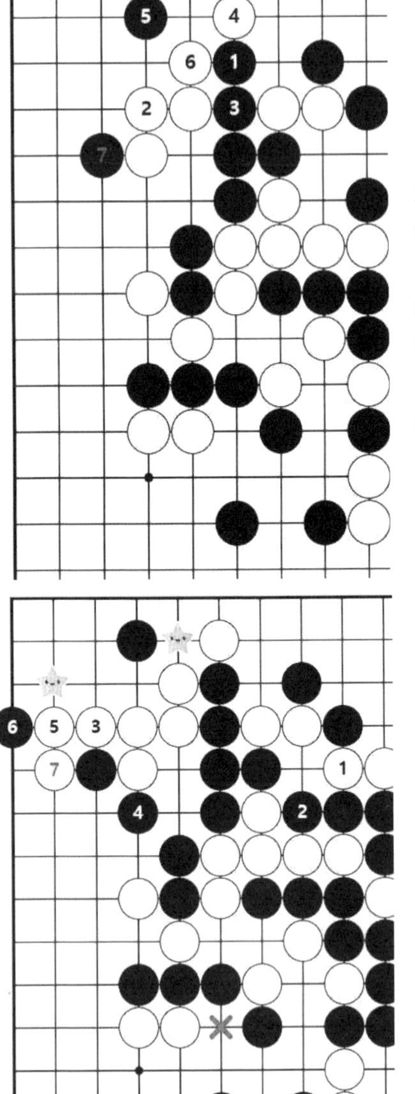

〈참고도 9〉

더 진행되었다면 〈참고도 9〉와 같은 마무리가 예상됩니다.

☆로 표시된 두 자리에서 동시에 수가 만들어지기 때문에 흑은 한 번에 막을 수 없어 패하는 상황입니다.

엎치락뒤치락 서로 간에 역전의 기회가 여러 차례 있었고 다양한 경기 운영의 묘미를 느낄 수 있는 치열하면서도 재미있는 한 판이었다고 생각합니다.

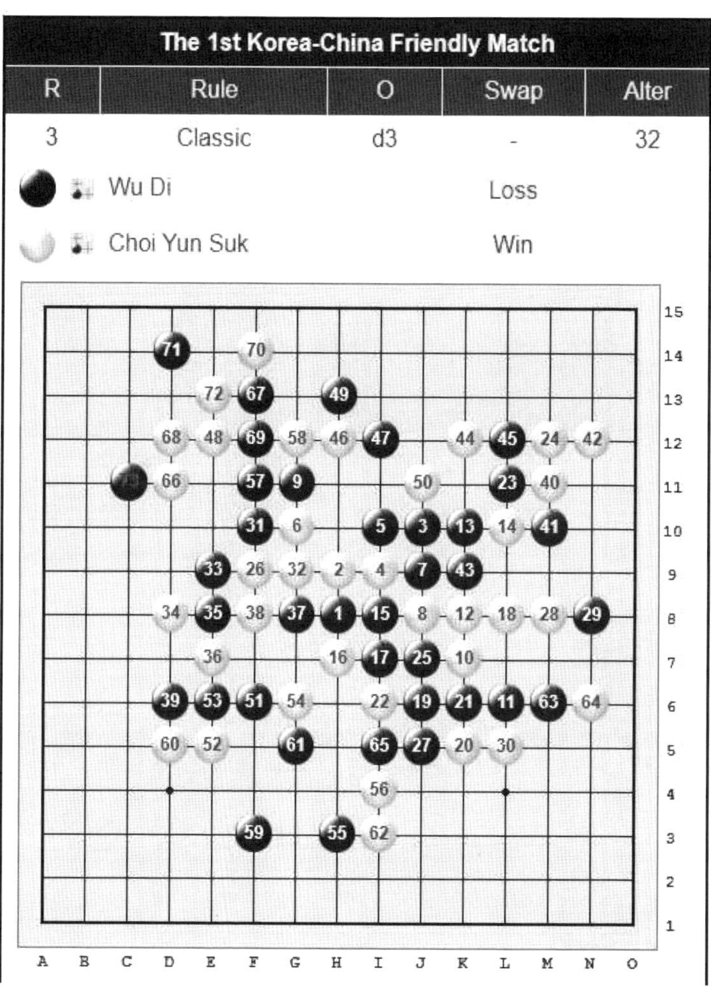
The 1st Korea-China Friendly Match

R	Rule	O	Swap	Alter
3	Classic	d3	-	32

Player	Result
Wu Di	Loss
Choi Yun Suk	Win

〈총보 ○최윤석 3단 73수 기권승〉

〈2005국가대표 출정식 (위) ▲〉

〈2005한중친선전 최윤석 VS Wu Di (아래) ▼〉

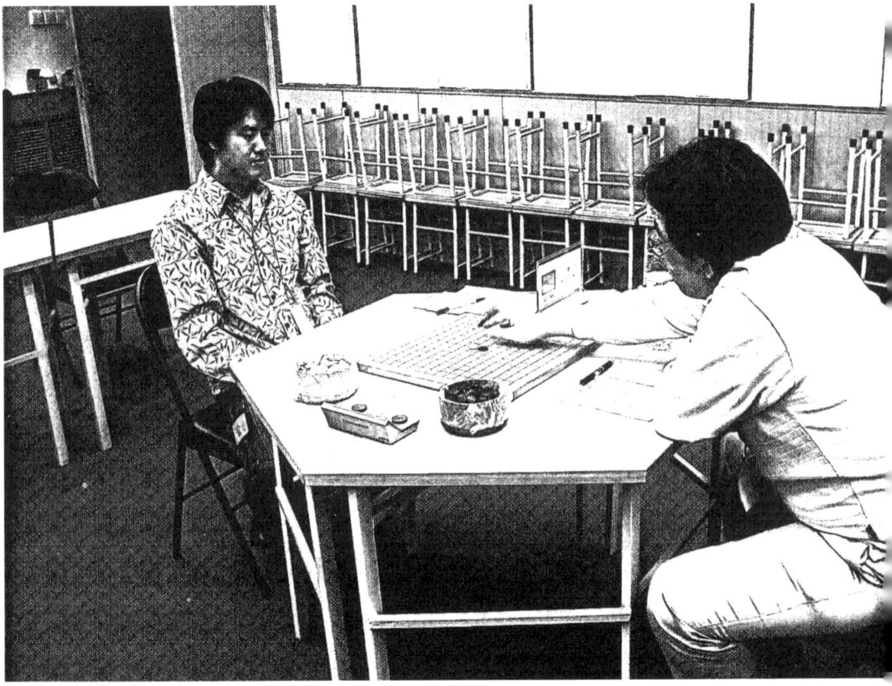

유장한 오목'

박정호 기사가 필자를 언급할 때 즐겨 쓰는 표현이다.
'유장하다'의 사전적 의미는 '급하지 않고 느릿하다'이다.

나 스스로는 '유장함' 보다는 '유연함'을 추구한다고 여기지만 타인의 눈에 비춰지는 내 모습이 어쩌면 더 객관적일지도 모르겠다.

나의 어린 시절은 이창호의 시대였다.

조훈현 국수의 애늙은이 제자 이창호가 연일 세계를 제패하던 감동스토리는 그 시대를 살던 어린 나에겐 너무나 익숙하지만 비현실적인 로망이었다.

어쩌면 그러한 마음이 무의식중에 남아있어 훗날 나의 오목에 영향을 주었던 것 같다. 이창호의 '두터움과 기다림의 미학'을 오목판에서 재현하고픈 욕망이랄까?

나는 오목 스승이 없다.

처음엔 그리 생각했지만 베이징을 다녀온 후 생각이 바뀌었다.

Wu Di에게는 불리함을 극복해내는 치열함을 배웠고, Cao Dong과의 대국에서는 안정을 토대로 한 압박을 깨달았다. Zhu Jianfeng은 전략에 관한 나의 패러다임을 송두리째 흔들어 놓았다.

대국을 통해 배움과 깨달음을 얻을 수 있다면 누구라도 간접적인 스승이 될 수 있다. 그런 관점에서 본다면 박정호도 김병준도 김창훈도 모두 나의 훌륭한 스승들이다.

깃털처럼 가벼웠던 나의 오목은 한중전을 계기로 조금은 무거워졌고 느려졌으며 유연해졌다. 나에게 맞는 기풍(棋風)의 옷을 입게 된 것이다.

그리고 이때부터 본격적으로 많은 대회를 우승할 수 있었다.

결과적으로 한중전은 나에게 전화위복이 된 셈이다.

나는 종종 후배 기사들에게 말한다.

국제대회의 경험은 선수로써 큰 성장의 계기가 될 수 있다고
현재에 안주할지, 넓은 세상으로 더 뻗어나갈지
결국 선택은 스스로의 몫이다.

상성(相性)'

오목계의 재미있는 화두(話頭) 중 하나이다.

선수들은 저마다의 개성과 기풍(棋風)을 가지고 있으며 장단점도 다르기에 서로 간의 상성과 유불리가 존재한다.

예를 들어 최윤석 기사는 역대 전적에서 박정호 기사에게 10%를 밑도는 저조한 승률을 보였는데 그 역시 중상위권 기사였던 것을 감안한다면 매우 심각한 수치였다. 마치 고양이와 쥐의 천적 관계와 비슷했다.

나는 그런 박 7단에게 상성이 꽤나 좋은 편이었다.

기세를 중시하는 박 7단은 근접전에서 힘싸움을 즐겼는데, 거리를 두고 유리함을 쌓아가는 나의 스타일은 그를 자주 곤란하게 만들었다.

터프한 인파이터가 발 빠른 아웃복서에게 잡히는 모양새와 비슷했다.

반면 김병준 기사와는 나의 상성이 좋지 않았다.

나의 오목을 비교적 사정거리가 긴 창(槍)에 비유한다면 김 6단의 그것은 간격은 조금 짧지만 보다 정교한 검(劍)과 같았다. 내가 간격을 더 벌리려는 것을 허용치 않고 그의 사정거리 안에서 쿡쿡 찔러댔다.

하지만 완벽할 것 같던 김 6단도 박 7단에게는 종종 잡혔다.

뒤 없이 맞붙어서 돌주먹을 휘두르는 박 7단에게 강펀치를 자주 허용했다.

이러한 관계는 마치 '가위바위보'와 같아서 절대강자가 없던 당시에는 서로 간에 물고 물리는 현상이 종종 나타났다.

한중친선전 이후 한 달이 지나고, 제3회 최고위전이 열렸다.

타이틀 보유자는 박정호 7단

그에게 도전하기 위해서는 예선을 1위로 통과해야 했고, 그러려면 당시 세계랭킹 9위의 거함 김병준 6단을 반드시 침몰시켜야만 했다.

나는 박 7단이 김병준 6단을 이겼던 장면들을 머릿속에 떠올렸다.

'나의 상성이 김병준 기사에게 약하다면 박 7단처럼 둬보는 건 어떨까?'

그 경기에서 난 함정을 팠고, 긴 창 대신 방패와 단검을 손에 쥐었다.

박 7단과 같은 돌주먹은 없었지만 단검도 나쁘지 않을 것 같았다.

換骨奪胎

환 골 탈 태

뼈를 바꾸고 태를 빼내어 크게 발전함을 의미

제3회 최고위전

3라운드 (RIF룰 30분 + 초읽기 1회)

2005. 6. 18

김병준 6단	VS	김규현 3단
2위	한국랭킹	3위
제1회 랭킹전 우승	주요경력	제12회 랭킹전 우승
01 최고수전 우승		03 코리아오픈 우승

<2005년 6월 기준>

해설 : 김규현 8단

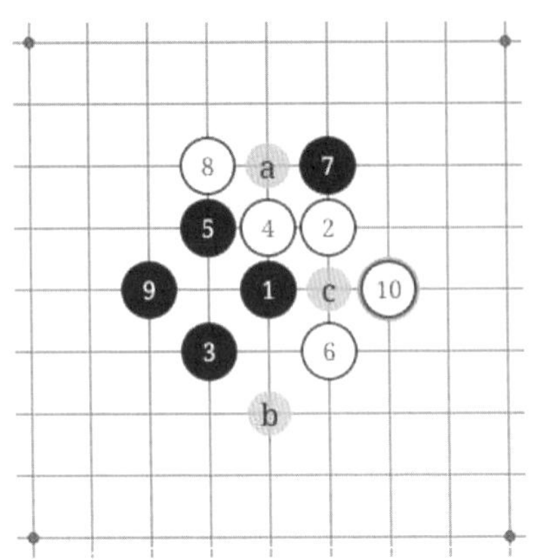

〈제1보〉 사월(I11) 오픈

김병준 기사를 상대로 제가 꺼내든 카드는 사월주형이었습니다.

5수로 두 자리를 제시해야하는 클래식룰의 특성상 사월주형도 흑이 유리하다는 것이 당시 중론이었고, 김6단도 흑번을 선호하는 선수라 흑을 잡는데 망설임은 없었던 것으로 기억합니다.

백(10)으로는 (c)로 두어 흑이 아래로 막을 때 12수로 (a)를 두는 진행이 일반적인 정석입니다.

실전에서는 위와 같이 정석에서 벗어난 백(10)을 선택하였는데 익숙하지 않은 길로 유도하여 상대를 당황케 하려는 의도였습니다.

흑은 위 상황에서 다음 수로 (a), (b), (c) 등의 자리를 생각해 볼 수 있는데 여러 방향으로 연타가 가능하고 선택의 폭이 광범위하여 적절한 길을 찾기 위해서는 많은 시간 소모가 필요한 장면입니다.

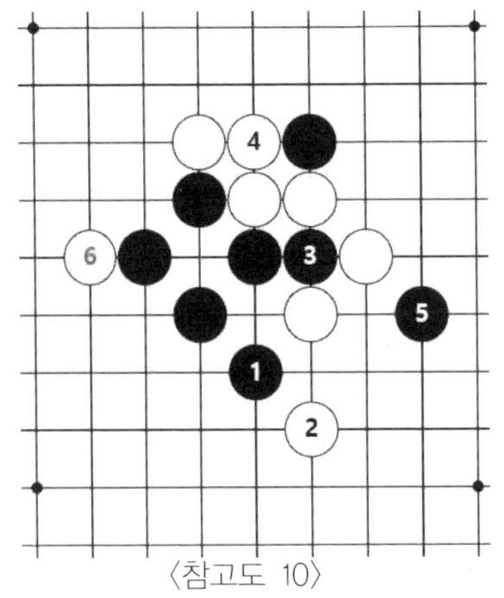

〈참고도 10〉

만약 (b)로 삽을 먼저 쳐온다면 〈참고도 10〉과 같은 진행을 예상하고 있었습니다.

백이 유리한 형세라고 말하기는 어려우나 드문 진행이니만큼 백으로도 충분히 둘 수 있다는 생각이 들었습니다.

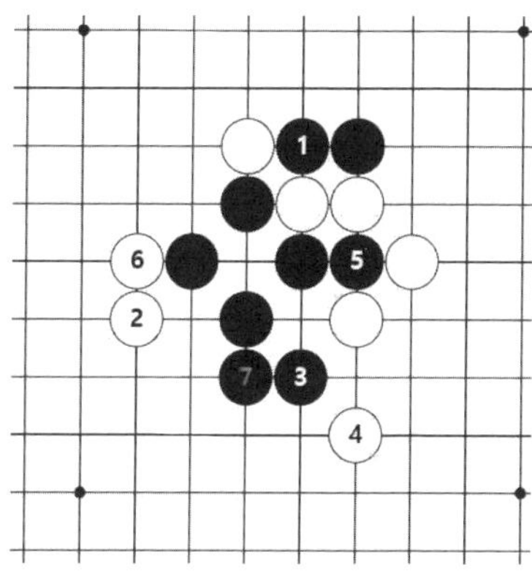

〈제2보〉 자연스러운 전개?

실전에서는 위쪽 삶을 먼저 쳤는데 백(6)까지 서로 간에 자연스러운 전개 상황입니다.

흑의 입장에서는 백(6) 위의 산를 미리 뻗을지 말지를 고민할 수 있는 장면!

흑(7)은 공격적인 성향의 포석!

그러나 여기서부터 흑에게 작은 균열이 생기기 시작합니다.

흥미로운 사실은 이 대국 바로 직전 경기에서 최윤석 기사와도 같은 진행을 두었는데 흑(7)까지 똑같은 전개가 나온 점이죠.

물론 김병준 기사는 그 경기를 보지 못한 상황이었구요.

동일한 상황에서 같은 선택을 한 것을 보면 행마감각에 있어서 선수들 사이에 어느 정도 공통점도 있다는 것을 알 수 있었습니다.

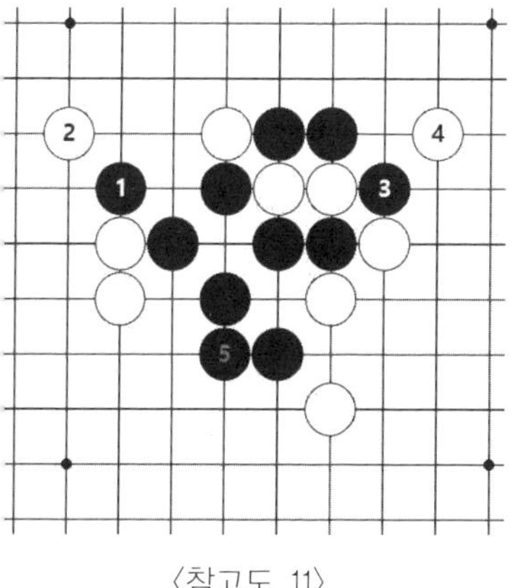

〈참고도 11〉

위 상황에서는 흑(7)로 바로 포석하는 것보다는 〈참고도 11〉처럼 흑(3)으로 백의 응수를 타진 후 흑(5)를 두는 것이 더 나아보입니다.

돌 하나 차이지만 흑은 산를 만들 수 있는 라인이 추가됨으로써 훨씬 강력한 형태를 갖춘 모습입니다.

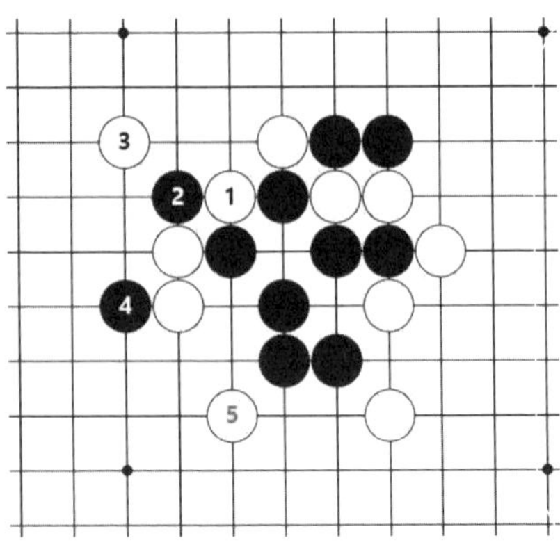

〈제3보〉 흑을 가두다!

흑의 미세한 실수로 인해 백에게도 조금은 숨통이 트였습니다.

백(1)은 당연히 두어야 할 자리!

흑 사를 뻗는 교환 후 백(5)로 아래쪽을 봉쇄하자 흑이 백에게 둘러싸인 모습입니다.

공격권은 아직 흑이 가지고 있으나 이후 전개가 쉽지 않습니다.

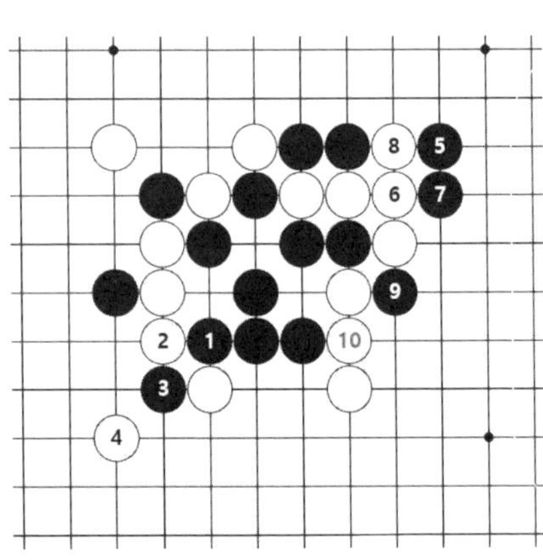

〈제4보〉 두터움을 쌓다.

흑(1)-(3)은 선수를 활용하여 하변의 모양을 정리하려는 의도.

흑(5)로 발 빠르게 이동해보지만 백(6)-(8)의 우직한 버팀이 조금씩 백의 두터움을 더해가는 모습입니다.

백(10)은 흑백 서로 간의 급소로 흑세력을 단절시킴과 동시에 백세력을 강화시킬 수 있는 절호점입니다.

흑은 상변에서 삶을 뻗을 수는 있으나 공격을 지속할 수 있을 만큼의 모양을 만들기는 어려워 보입니다.

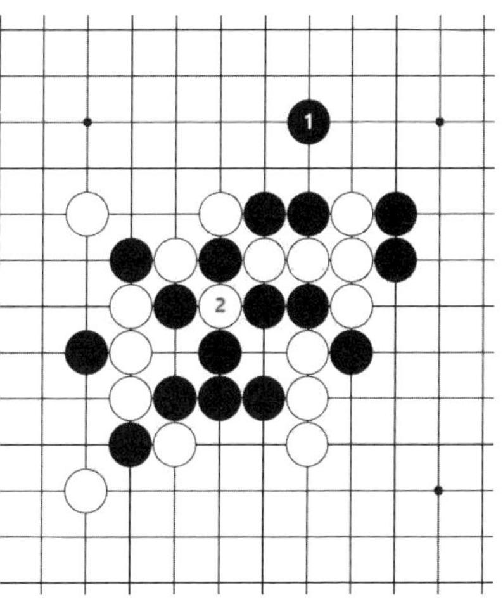

〈제5보〉 많이 참았다. 이제는 반격 타임!

흑(1)은 백의 사를 차단하면서 상변 흑의 연결 모양을 강화하려는 의도로 얼핏 보면 매우 좋은 맥점으로 보입니다.

그러나 백(2)가 반격의 시작을 알리는 회심의 한 수!

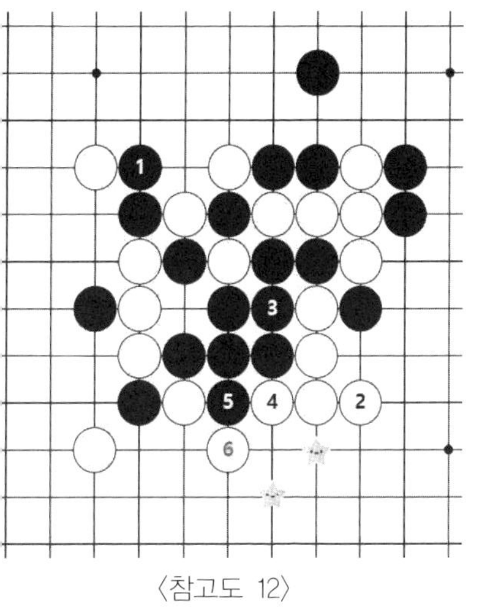

〈참고도 12〉

만약 백의 삼을 위로 막는다면 〈참고도 12〉처럼 두어 사삼노림수를 만들면 흑은 도저히 견딜 수 없습니다.

그렇다고 아래로 막는 것도 불가능한 상황이라 어쩔 수 없이 가운데를 막을 수밖에 없겠지요

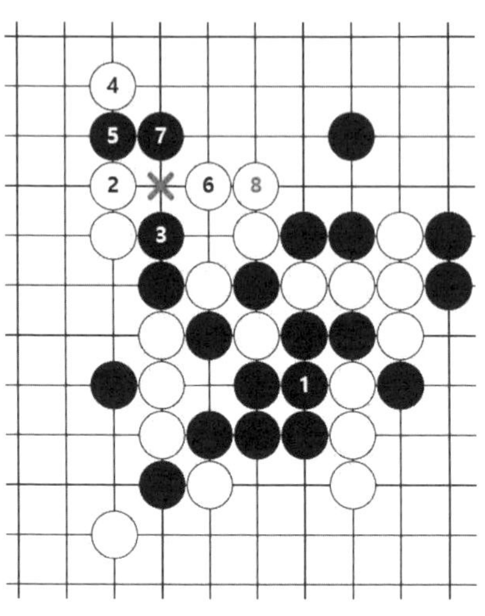

〈제6보〉 숨어있던 사연타승노림수 & 마무리!

〈제5보〉상의 백(2)를 자신감있게 결행할 수 있었던 것은 <u>사연타승노림수</u>를 찾았기 때문입니다.

만약 백(2)에 대해 흑이 무시하고 아래 〈참고도 13〉처럼 공격을 한다면 백은 <u>사연타</u>로 바로 수가 나게 됩니다.

실전에서는 흑(3)으로 어쩔 수 없이 막자 백의 <u>사사금수</u>로 경기종료

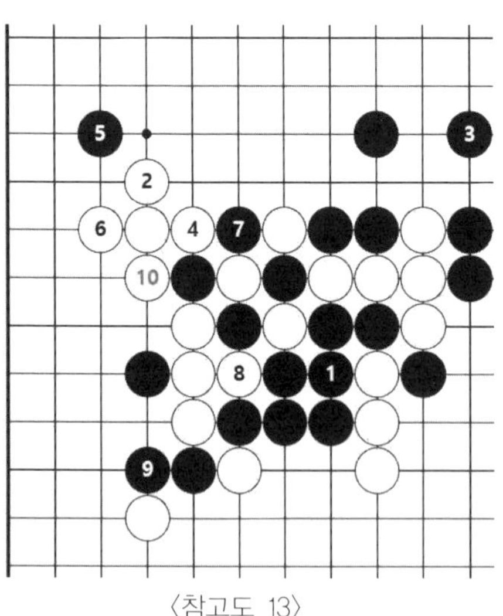

〈참고도 13〉

저에겐 언제나 철옹성처럼 느껴졌던 김병준 6단!

이 경기는 누구에게라도 승리할 수 있다는 자신감을 저에게 심어주었던 대국으로 제 오목인생에 있어서 분기점 역할을 한 의미있는 경기였다고 생각합니다.

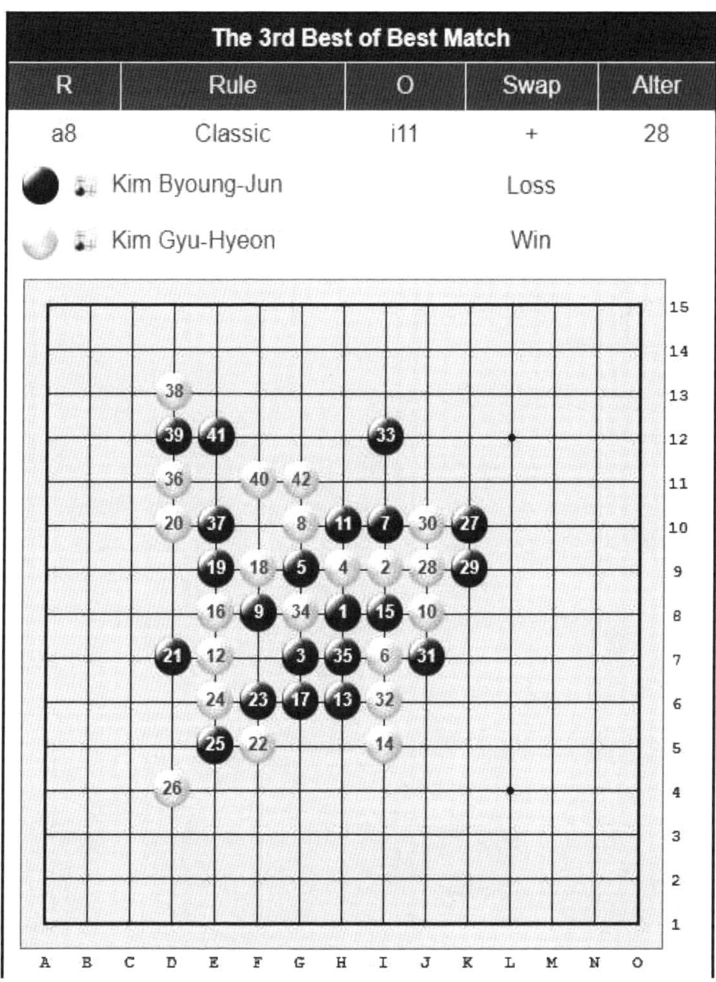

〈총보 ○김규현 3단 42수 사사금수승〉

오목계의 활로를 찾기 위해 협회 운영진은 국제대회 개최를 구상했다. 물론 국제대회를 연다고 해서 오목이 활성화된다는 보장은 없었지만, 희망회로를 돌리며 긍정적인 방향으로 부딪혀보기로 했다.

원래는 월드챔피언쉽 개최를 노렸으나 2007년 개최국이 러시아로 내정되어있다는 답변을 받고, 아시안챔피언쉽으로 방향을 돌렸다.

난 전반적인 대회 운영 및 참가국 선수단과의 소통업무를 맡았다.

처음엔 중국, 러시아 선수들도 참가를 희망했으나 대회 개막을 몇 주 앞두고 사정이 생겨 3개국 26명의 단출한 규모의 대회가 되었다.

비록 숫자는 적었지만, 선수들 면면을 살펴보면 강자가 적지 않았다.

월드챔피언쉽 단골인 Okabe hiroshi 7단을 비롯하여 Lin Huang yu, Oosur yuuki 등은 훗날 월드챔피언쉽 준우승을 두 번씩 차지한 최정상급 선수로 성장한다.

또한 당시 일본의 실질적인 일인자였던 Yamaguchi 명인은 몇 달 앞서 열린 『상하이-명인초청전』에서 중국대륙을 초토화시키며 기세를 올린 상태였다. Cao Dong, Wu Hao, Zhu Jianfeng, Wu Di 등 중국 최정예가 출전했으나 일본 명인 한 명을 당해내지 못했다.

인천공항에서 만난 그의 모습은 무척이나 특이했다. 소녀처럼 머릴 묶어서 넘겼고, 일본 전통복장에 해맑은 표정까지 범상치 않았다.

영웅(Hero)의 탄생'

우리는 김병준, 김창훈을 '국제용 선수'라고 부르곤 했다.

그들은 외국 선수들을 만나면 더 침착하고 냉정해졌으며 기대 이상의 결과를 만들어냈다. 반면 박정호 기사와 필자(김규현)는 '내수용 선수'의 대표주자였다. 대다수의 국내대회를 우승했고 한국 랭킹도 1,2위였지만 유독 외국 선수들을 만나면 작아졌고 기대 이하의 결과로 많은 이들을 실망시켰다.

이십여 년이 지난 지금에 이르러서도 아직 극복하지 못한 과제다.

Okabe hiroshi는 외국선수 중 한국선수에게 가장 많이 승리한 선수다.

필자를 비롯해 김병준, 박정호, 최윤석, 김홍순 등 여러 선수들이 그에게 발목이 잡혔다. 그는 대단한 재능과 화려함을 갖춘 선수는 아니지만 한결같은 꾸준함의 대명사와 같은 선수다. 비록 최상위 입상 경력은 많지 않지만, 월드챔피언십 결선을 아홉 번이나 올라간 소리 없는 강자이며, 베테랑 중 베테랑이다.

만약 김창훈 기사마저 그에게 패했다면 어쩌면 2006년 8월 15일 광복절 아침, 시상식 단상 위에 우뚝 선 사람은 일본 선수가 되었을지도 모를 일이다.

사실상의 한일전이라고 볼 수 있는 대회에서 광복절을 대회 마지막 날로 잡은 것은 우리 선수단에겐 뒤가 없는 '배수의 진'과 같은 상황이었다.

'스포츠와 정치는 별개' 라는 사실을 머릿속으론 충분히 인지하지만 국민 정서상 '한일전' 만큼은 언제나 예외가 아닐까 싶다.

그만큼 절실했고, 마지막 라운드까지 우승의 향방은 전혀 알 수 없었으며, 드라마틱한 경기들이 마구 쏟아져 나왔다.

그리고 마지막에 웃은 선수는 바로 김창훈 3단.

최종 6승 1무 1패로 우승을 차지하며 8단으로 승단했다.

그의 닉네임(heroabro)처럼 광복절의 영웅이 되었으며, 한국 오목 역사상 단 두 번의 승단으로 8단에 오른 유일한 선수가 되었다.

항상 말수가 적고 조용했던 그였지만 그날 아침의 함박웃음은 정말 보기에 좋았다.

건곤일척

운명을 건 한 판 승부

2006아시안챔피언십

3라운드 (RIF룰 90분)

2006. 8. 12

김창훈 3단 VS 岡部寛 7단 Okabe Hiroshi

김창훈 3단		岡部寛 7단
13위	세계랭킹	11위
제3, 4회 MSO 우승	주요경력	03 월드챔피언십 5위
천하제일정기전 우승		02 YWC 준우승

<2006년 8월 기준>

해설 : 김규현 8단

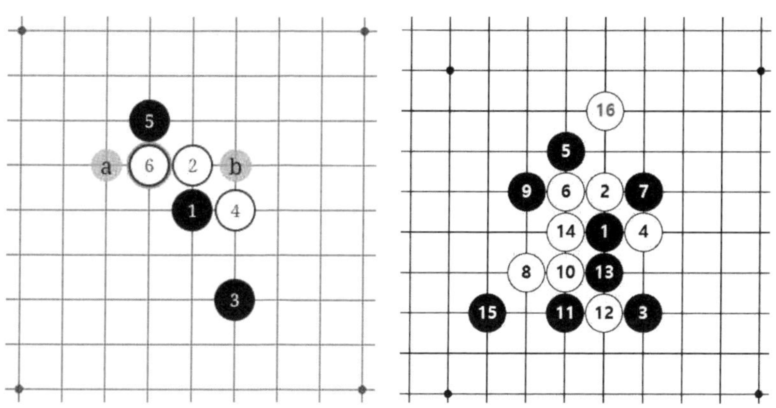

〈제1보〉 의외의 오프닝 & 흑의 둘러싸기 전략

Okabe 7단의 산월(D12) 오프닝은 의외의 선택이었습니다.
어떤 진행으로 가든 흑의 유리함이 매우 컸기 때문에 정상급 기사를 상대로는 상당히 무모해 보였습니다.
물론 그러한 의외성이 허를 찔러 통할 수도 있지만, 백으로써는 힘든 초반을 견뎌야만 합니다.
실전에서는 7수-(b)로 진행하였지만 (a)자리 역시 가능합니다.
흑돌의 행마를 유심히 살펴보면 하나의 일관성을 가지고 있습니다.
직접적인 공격에는 그다지 관심을 보이지 않고, 단지 상대 백돌을 둘러싸서 안쪽으로 몰아넣는 작업을 지속적으로 진행하고 있는 점이죠.
매우 단순하지만 효과적인 전략입니다.

초반부터 스스로 수를 내려고 노력하는 것보다는 상대에게 공격권을 주는 대신 본인은 조금씩 야금야금 유리함을 쌓아가겠다는 의도가 깔려 있습니다.
그러나 둘러싸기 전략에도 약점은 존재합니다. 만약 흑의 그물망이 헐겁게 느껴진다면 상대는 그 틈을 벌려 그물을 찢어버리려고 할 것입니다.

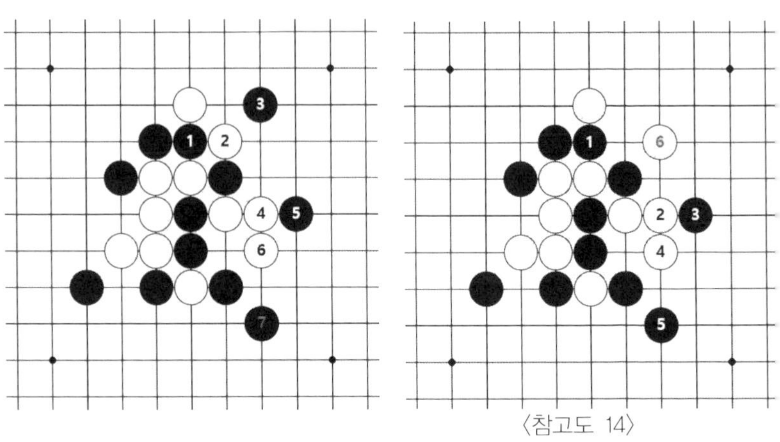

〈참고도 14〉

〈제2보〉 사를 치느냐 마느냐 그것이 문제로다!

오목을 두다 보면 당연한 자리라고 생각하고 별생각 없이 둔 수가 나중에 보면 큰 실수였다는 걸 알게 되는 경우가 많습니다.

백(2)의 사 역시 그런 자리죠.

흑도 그곳으로 삼을 칠 수 있기 때문에 미리 선점하는 것이 좋은 경우가 많지만 그렇지 않은 경우도 종종 있기 때문에 오목이 어려운 것 같습니다.

〈참고도 14〉와 비교해보면, 사를 미리 치지 않았다면 백 세로라인이 살아있어 수를 만들 수 있게 됩니다.

물론 백이 사를 치지 않았다면 흑의 다음 대응도 달라졌겠지만, 그렇다 하더라도 백이 매우 유리한 상황으로 보입니다.

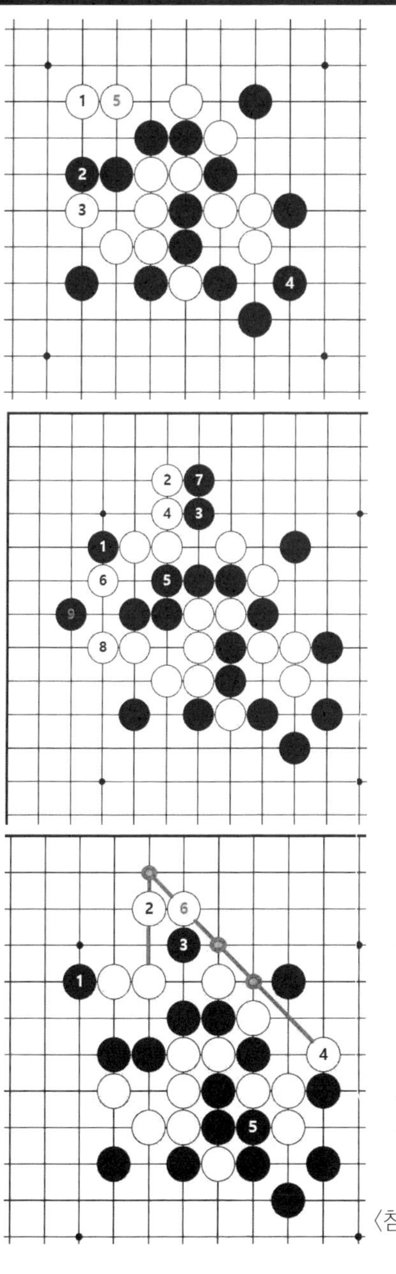

〈제3보〉 기세 싸움

상변으로 공격 범위를 확대하려는 백(1)에 대해 흑(2)는 백의 상변과 중앙을 단절시키면서 흑의 좌변을 강화하는 좋은 맥점!

백(3)으로 단단하게 막아가자 흑은 우변으로 손을 돌리고 백은 기다렸다는 듯이 상변에 삼을 치며 반발합니다.

양선수의 기세싸움이 팽팽하게 진행되는 모습입니다.

〈제4보〉 반란은 진압되고...

백은 상변과 중앙의 연결을 노리며 거칠게 몸부림쳐보지만 흑(9)로 뒷문을 잠그자 백은 더 이상 전개가 어려워진 모습입니다.

사실 백(4)로는 〈참고도 15〉처럼 우변과 연결을 노려 사삼노림수를 만드는 묘수가 숨어 있었습니다.

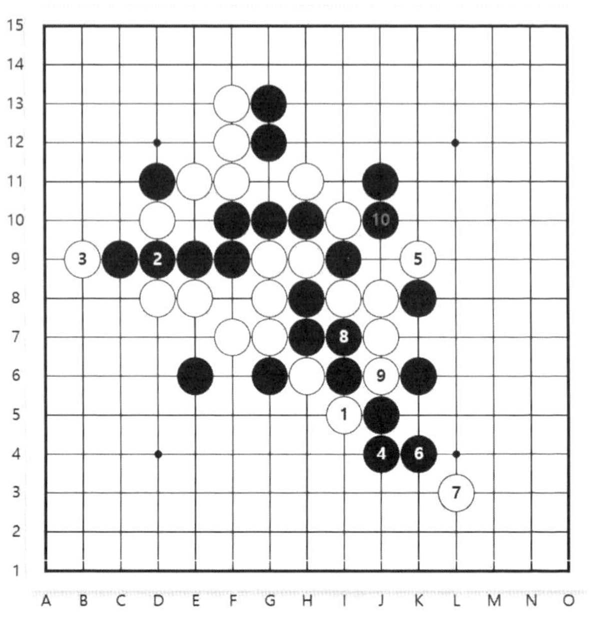

〈제5보〉 공수 전환

백으로써는 상변의 공격이 좌절되자 희망이 사라진 상황입니다.
우변의 강력한 흑세력을 최대한 막아내어 무승부를 이끌어내는 것이 그나마 최선이겠지요.
백(1)의 삼을 활용해 최대한 변수를 만들어보려고 하지만 흑이 워낙 두터운 모습이라 김창훈 3단도 흑(10)까지 차분히 두며 유리함을 이어 갑니다.
Okabe 7단은 중반 이후 두 번의 결정적인 기회를 놓친 것이 아프게 느껴질 만한 현 상황입니다

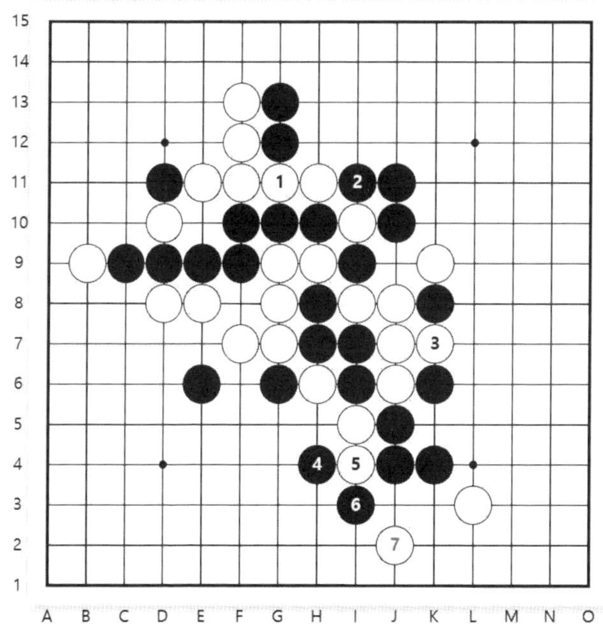

〈제6보〉 형세는 굳어져 가고

백(3)-(5)의 수순으로 흑의 세로라인을 파괴했으나 흑의 세력은 아직도 건재한 모습입니다.

흑(6)은 양방향으로 연결을 만드는 당연한 맥점!

하변의 공간이 조금 좁게 느껴진다는 것이 백에게는 그나마 위안이 라고 할 수 있겠습니다.

백(7)로 버텨보지만 힘겨워 보이는 백의 형세입니다

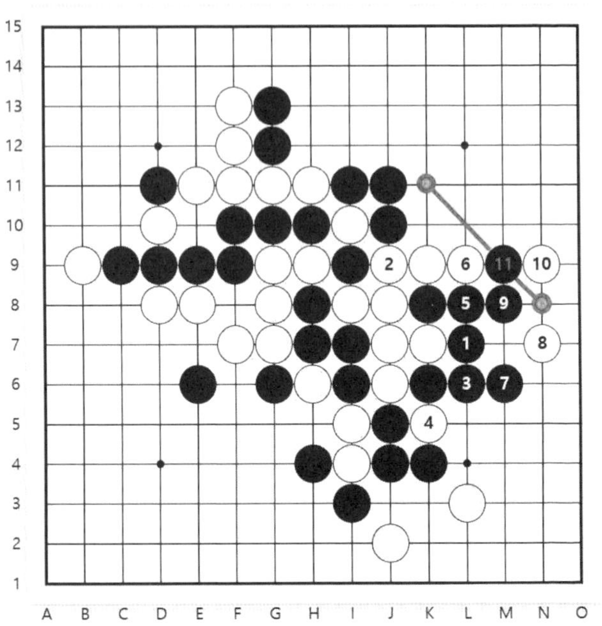

〈제7보〉 반전은 없었다. 예정된 결말!

흑(1)에 대한 백(2)는 좀 이해하기 어려운 대응.

막판 요행으로 금수를 노린 것이 아닐까 추정되지만 흑(3)에 이은 침착한 연타공격으로 대국은 마무리됩니다.

초중반 몇 차례 강렬한 힘싸움이 있었으나 기회를 살리지 못한 Okabe 7단은 점차 힘을 잃었고, 마지막까지 평정심을 유지한 김창훈 3단의 노련한 경기운영이 빛났던 한 판이었다고 생각합니다.

결과적으로 이 경기와 Yamaguchi 9단과의 경기에서 승리한 것이 우승으로 이어졌다고 볼 수 있겠습니다

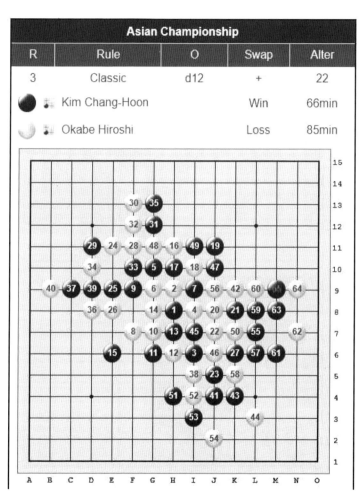

Asian Championship

R	Rule	O	Swap	Alter
3	Classic	d12	+	22
● Kim Chang-Hoon			Win	66min
○ Okabe Hiroshi			Loss	85min

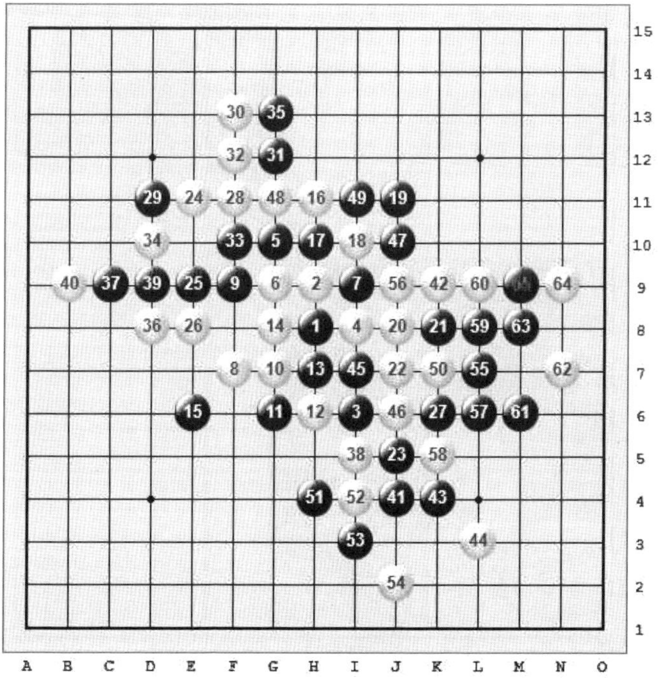

〈총보 ● 김창훈 3단 65수 기권승〉

밝은 모습으로 대회를 즐기는 각국 참가자들(위) ▲

시상식에서 우승소감 발표중인
김창훈 3단(왼쪽) ◀

이젠 떠나야할 시간'

보는 시각에 따라 부족함이 있을 수 있는 대회였지만, 국내에서의 첫 국제대회 유치였던 것을 감안하면 소수인원으로 가성비 있게 무난히 치러냈고, 세계의 강호들을 상대로 우승과 준우승을 독식했으니 결과도 좋았다고 생각한다.

하지만 대회 이후 기대했던 오목계에서의 큰 흐름의 변화는 일어나지 않았고, 협회 운영진들은 서서히 지쳐갔다.

2007년 난 취업을 하면서 오목에 할애할 수 있는 시간이 대폭 줄어들었고, 그에 비례하여 열정도 사그라졌다. 물론 바쁜 와중에도 대회는 꼬박꼬박 참가하며 우승 횟수를 늘려갔지만, 예전처럼 오목을 두는 시간이 즐겁고 유쾌하지만은 않았다.

그저 습관적으로, 그리고 협회 임원으로써 의무적으로 대회와 행사에 참여하게 되면서 온전히 즐기지 못 하고 있음을 스스로도 느끼고 있었다.

직장생활을 시작하면서 여러 가지로 생각이 복잡해졌던 것 같다.

그리고 결국 그 날이 찾아왔다.

2009년의 어느 날, 권위의식에 빠져서 공과 사를 구별 못하는 한 기사와 그를 두둔하는 다른 협회운영진을 보며 난 마음이 차갑게 식어버렸고, 마지막까지 붙잡고 있던 정(情)이라는 한 가닥 끈마저 놓아버렸다.

난 그들이 선을 많이 넘었다고 생각했고, 이러한 부조리 속에 나의 소중한 시간을 더 이상 투자할 가치가 없다고 판단했다.

그렇게 난 조용히 오목을 떠났고, 짧다면 짧고 길다면 길었던 오목선수로써의 10년을 마감했다.

그래도
봄은 온다.

겨울이 길어도
봄은 다시 오고야 만다.
그리고
새 시대는 새로운 인물들이
만들어간다!

겨울이 길어도 봄은 온다.'

내가 오목을 떠나고 1년 정도 후 협회도 활동을 중단했다. 90년대 후반 열정에 가득 찼던 청춘들이 삼사십 대에 접어들기 시작했고 다 등 이상보단 현실과 생계에 집중하게 되면서 오목을 전문적으로 두는 인원들은 급격히 줄어들게 되었다.

그렇게 세월은 유유히 흘러갔다.

하지만 모든 만물은 순환하는 것이 자연의 이치(理致).

떠나는 사람이 있다면 반대로 새롭게 시작하는 사람들도 있게 마련이다.

오목만의 재미와 매력이 없어지지 않는 한 오목을 찾는 새로운 사람들은 계속 생겨날 수밖에 없다.

90년대 후반 인터넷 보급이 전국으로 확대되면서 온라인 오목이 활성화되었던 것처럼, 이번에는 스마트폰 보급이 남녀노소를 가리지 않게 되었고 다양한 오목 어플리케이션으로 유저들의 많은 유입이 이루어지면서 모임과 대회를 향한 마니아들의 열망이 다시금 커져가기 시작했다.

2015년, 다양한 형태의 모임과 비공식 대회들이 하나둘 열렸고 협회는 시스템을 정비하여 재출범을 선언하였다.

나는 오목을 떠나 평범하게 살고 있었지만 몇 달에 한 번씩은 커뮤니티 게시판 등을 둘러보며 예전 추억에 잠기곤 했다. 내가 그 곳에 없더라도 오목계가 긍정적인 방향으로 발전하기를 바랐고, 응원하는 마음이었다.

미우나 고우나 10년간 함께 했던 곳이고 익숙한 사람들이기에 마음의 고향 같은 느낌이랄까?

협회의 재출범 소식에 나는 새로운 시대가 도래했음을 느꼈지만 예전처럼 내가 주최가 되고 싶은 생각은 없었다. 당시의 생활에 불만이 없었고, 오목으로 인해 내 삶이 흔들리는 것을 원치 않았기 때문이었다.

대한민국의 전패는 못 참지.'

2017년 3월 나도 모르게 어느 단톡방으로 초대되었다.

그 방에는 현 협회장님을 비롯해 박정호, 이윤섭, 김홍순 등 이십대를 함 했던 반가운 얼굴들이 여럿 있었다.

짧게는 수년, 길게는 십 수년 만에 이야기를 나누는 사람도 있다 보니 많 반가웠고, 오랜만에 이런 저런 살아가는 이야기들을 하다가 오목대회 관련 기도 듣게 되었다.

러시아 선수들이 친선전을 제안했고 4월에 한국을 방문한다는 내용이었다.

처음에는 그냥 '그렇구나' 하면서 담담하게 듣고 있었는데 세계대회 결선리 에서 활약했던 선수라 우리나라에선 적수가 없어보였다.(과거 활약했던 정상 한국 선수들은 활동을 하지 않고 있던 상황)

물론 당시엔 임정빈, 황도훈 등의 젊은 기사들이 주요 대회에서 우승하며 각을 나타내고 있었고 기량이 우수하다는 사실도 소문을 들어 알고 있었지 수백전의 국제대회 경력을 가진 러시아 선수를 감당하기엔 객관적인 전력상 지 않을 거라는 생각이 들었다.

여러 차례 시뮬레이션을 해봤으나 드미트리 선수가 전승하는 그림을 피하 어려워보였다. 젊은 한국선수들을 무시하는 건 아니었지만 재능을 떠나서 경 의 차이는 짧은 시간 내에 극복할 수 있는 부분은 아니라는 걸 난 잘 알고 었다.

8년간 오목계를 떠나 있었지만, 아시아를 제패했던 한국 오목에 대한 프라 드는 그때까지도 내 가슴속에 살아 숨 쉬고 있었다.

우리나라에서 열리는 대회에서 한국 선수들이 단 1승도 거두지 못하고 전패 다면 너무나 큰 굴욕이 아닐 수 없다는 생각이 들었다.

며칠을 고민 끝에 결국 난 출전하기로 결심했다.

물론 내가 참가한다고 해서 러시아선수들을 이긴다는 보장은 없었다.

오목을 두지 않은지 8년의 세월이 흘렀고 전성기를 훌쩍 넘긴 나이, 오래전 경험들과 낡은 기억의 파편들만이 남아 있을 뿐이었다.

운이 좋았다.'

Dmitry Epifanov 8단은 예상대로 강한 상대였다.
전성기 때의 내가 맞붙었더라도 객관적으로 승산은 5할 이하였을 것이다.
다행히 초반 오프닝에서 던진 승부수가 운 좋게 들어맞아 승리할 수 있었다.
하지만 그 승리가 요행이었다는 걸 증명하듯 뒤이어 Ilya 4단과의 경기에서는 운 수를 놓치며 패했다. 가까스로 한국의 전패를 모면하고, 우승도 했지만 경 력적인 측면에서 보자면 아쉬움이 남았다.

원래는 한러친선전을 마치고 다시 야인으로 돌아갈 계획이었으나 오랜만에 재 한 오목은 좀처럼 날 놓아주지 않았다.
몇 달 후 영화 '오목 소녀' 제작에 자문 및 보조출연으로 참여하게 되었고, 이듬 엔 'SBS생활의 달인'에 출연하게 되었으며 불패오목 시리즈도 집필하게 되었다.

과거 오목계의 중심에서 피로감과 자괴감을 느끼며 떠났는데 아이러니하게도 시 그 자리로 돌아오게 된 것이 모순처럼 느껴졌다.
더구나 본업과 병행하면서 여러 오목 관련 일들을 하다 보니 정작 오목 자체 즐기는 시간은 늘 부족했고 현재에 이르러서는 선수로서의 정체성마저 희미 진 것 같다.

오목계의 이세돌, 황도훈 6단'

2017년 복귀 후 난 여러 대회에서 우승할 수 있었다.

기량은 예전만 못하다고 느꼈지만, 내가 잘 해서라기보다는 젊은 선수들의 험이 아직 적은 탓에 어부지리를 취할 수 있었다.

그러나 시간은 누구에게나 공평한 것.

나의 기량은 사십대를 넘어가면서 하향곡선의 기울기가 가팔라졌고, 반면 삼십대 선수들은 경력과 경험치가 쌓이면서 자연스럽게 상향평준화되었다.

협회 재출범 이후 장원철, 김경배, 박웅배, 강상민, 류한주, 최동욱 등 여러 능 있는 선수들이 출현했으나 그중 한 명을 꼽는다면 역시 황도훈 6단이 아까 싶다.

2015년 제6회 아마최강전 우승을 필두로 많은 대회에서 우승하였고, 최근에 명인전 타이틀도 방어해냄으로써 2023년 현재 한국랭킹 1위를 지키고 있다.

필자의 어린 시절이 '신산(神算) 이창호'의 시대였다면, 황도훈 기사의 어린 절엔 '센돌 이세돌'이 있었다. 실제로 그가 이세돌 기사의 영향을 받았는지 알 수 없지만, 뛰어난 공격력과 전투를 좋아하는 거침없는 기풍은 이세돌의 둑을 연상시키기에 충분했다.

많은 사람들 가운데 뛰어난 인물

제4회 오목명인전

결승2국 (소시로프8룰 30분 + 10초/1수)

2022. 7. 2

김경배 3단	VS	황도훈 6단
9위	한국랭킹	1위
제1회 명인전 준우승	주요경력	2016 챔피언쉽 우승
제4회 월드렌주오픈 3위		제3회 명인전 우승

<2022년 6월 기준>

해설 : 김규현 8단

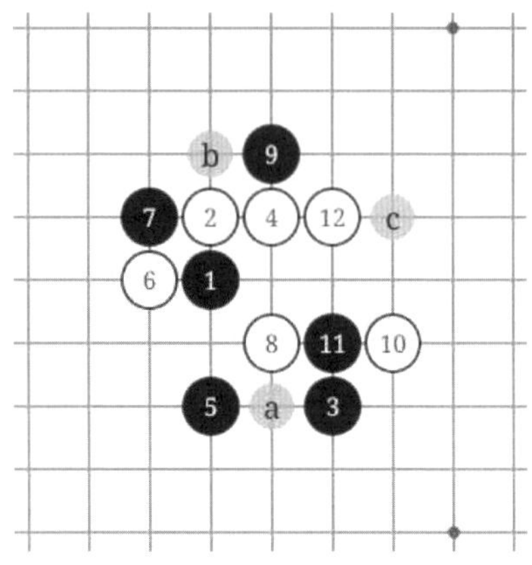

〈제1보〉 흑의 공격을 유도

1국을 빼앗긴 김경배 3단은 마음을 추스르고 유성(D13) 주형을 열었습니다.

흑(9)까지는 널리 알려진 정석 수순. 여기서 백(12)의 재밌는 수가 등장합니다.

얼핏 봐서는 다음수로 흑(a)가 연결의 맥점으로 보이기 때문에 당연한 자리 같습니다.

다음수로 흑이 (b)나 (c)로 템포를 늦추는 것은 백의 강력한 반격이 예상되기 때문에 결국 흑(a)로 둘 수밖에 없는데, 백이 흑을 유인하는 것처럼 느껴지는 것은 저만의 생각일까요?

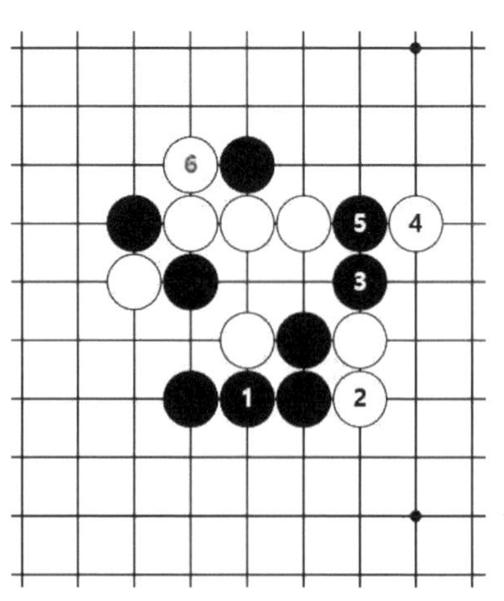

〈제2보〉 어려운 선택의 기로

이후 흑(5)까지는 자연스러운 전개. 황 6단은 백(6)으로 삼을 띄어 치며 상대를 곤란케 합니다.

흑은 백의 삼을 위로 막을지 아니면 가운데로 막을지, 그리고 막기 전에 하변에 사를 치고 막을지 치지 않고 막을지를 선택해야하는 매우 복잡하고 어려운 장면.

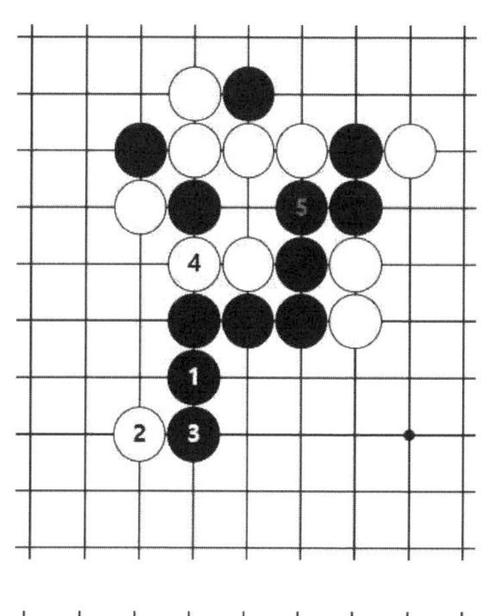

〈참고도 16〉처럼 사를 두 번 친후 가운데로 막는 것이 좋은 진행.

흑은 강력한 세력을 구축하고 있기에 백의 이후 응수가 어려운 상황입니다.

〈참고도 16〉

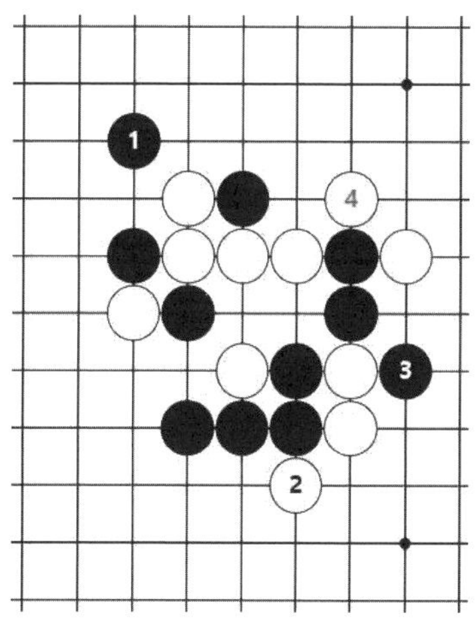

〈제3보〉 한 발 물러서다.

그러나 머릿속으로 위의 변화를 다 읽고 정확히 두는 것은 매우 어려운 과정입니다.

실전에서 김경배 3단도 결국 위의 변화를 확신하지 못하고 흑(1)로 막으며 한 발 물러섭니다.

일단은 형세를 관망하다가 더 좋은 기회가 생겼을 때 승부를 보겠다는 의도로 보입니다.

하지만 오목처럼 속도감 있고 템포의 변화가 빠른 게임에선 한 발의 물러섬이 그대로 굳어져 승패로 이어지는 경우도 많습니다.

특히나 정상급 레벨의 선수들이라면 실수가 적기 때문에 찾아온 기회를 잘 놓치지 않겠지요.

황도훈 기사도 지금이 적기라 여겼는지 백(4)로 적극적인 공격을 시작합니다.

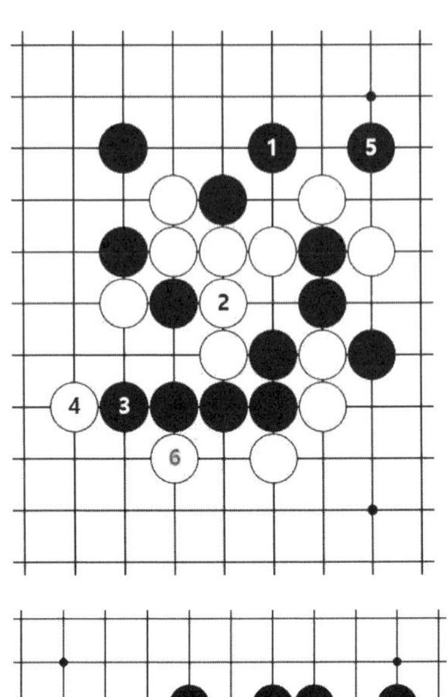

〈제4보〉 형세 역전!

백(2)의 삼을 활용하여 흑을 장목형태로 만드는 것은 매우 좋은 발상입니다.

상변의 흑은 돌 개수는 늘었지만 장목형태가 됨으로써 힘을 쓰기 힘든 폐석이 되었습니다.

백은 선수(先手)로 중앙의 급소인 백(6)을 차지하며 유리한 고지를 점령합니다.

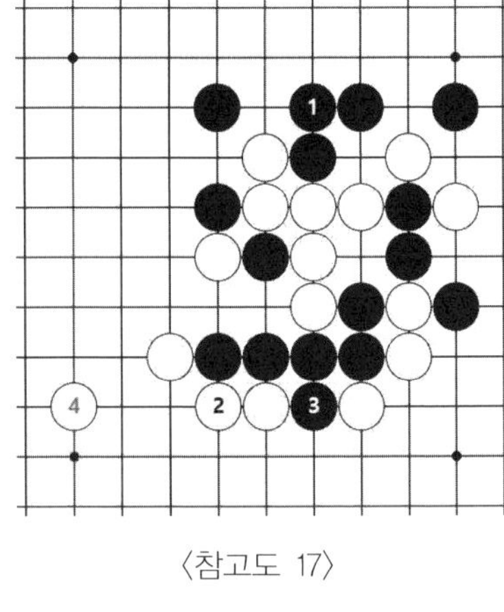

〈참고도 17〉

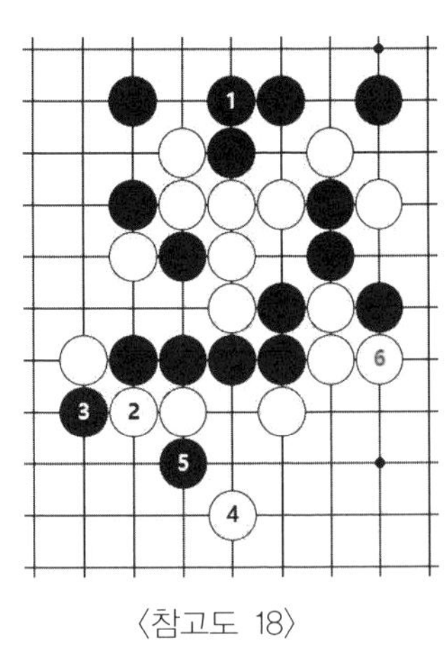

〈참고도 18〉

만약 흑이 〈참고도 17〉처럼 흑(1)로 도발한다면 백은 그것을 무시하고 백(2)-백(4)로 사삼노림수를 만들어 게임을 끝낼 수 있습니다.

흑(3)을 왼쪽으로 막을 경우는 우측 〈참고도 18〉처럼 더 쉽게 수를 만들 수 있습니다.

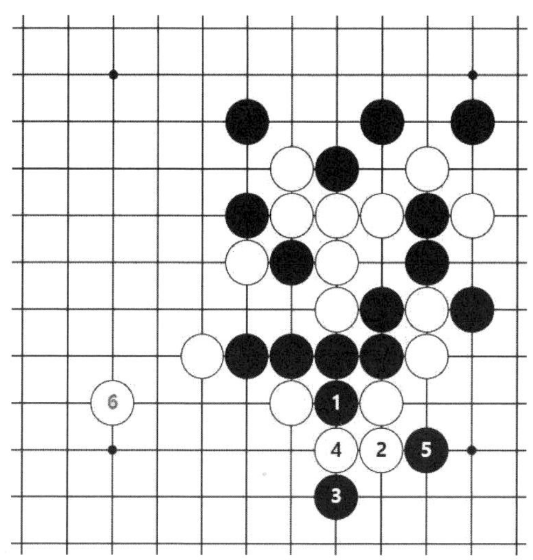

〈제5보〉 흑, 희망이 없다!

평소라면 흑(1)은 매우 두기 싫은 자리.

흑돌은 너무 뭉쳐있고 안쪽으로 배치되어 있기 때문에 매우 비효율적인 위치입니다.

그만큼 백에게 유리한 상황이라는 의미기도 하겠지요.

백은 그저 흑돌을 둘러싸는 행마만으로도 그 세력이 점점 강해지는 상황입니다.

백(4)로 흑의 응수를 묻자 흑은 오른쪽을 택했고, 이후 두어진 백(6)은 마치 승리를 선언하는 포효와도 같습니다.

흑으로써는 마땅한 대응도 희망도 보이지 않는 암울한 상황입니다.

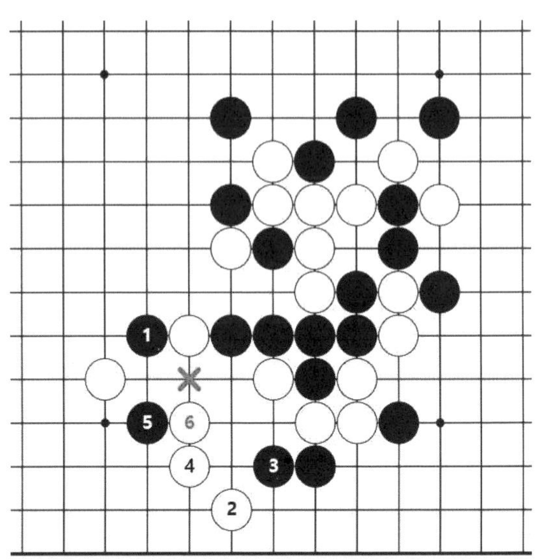

〈제6보〉 명인타이틀 방어!

두 선수가 정상급 레벨임을 감안한다면 사실상 〈제5보〉에서 승부는 이미 결정되었다고도 볼 수 있겠습니다.

김경배 3단은 흑(1)로 버텨보았으나 백의 깔끔한 연타공격으로 삼삼금수패를 당하고 맙니다.

김경배 기사 역시 좋은 경기력으로 8강전에서는 최동욱 기사를 4강전에서는 류한주 기사를 누르고 결승에 올라 생애 첫 우승에 도전하였으나 황도훈 기사는 역시나 만만치 않은 상대였습니다.

황 6단은 8강전에서 차승현 1급에게 한 경기를 내주며 위기를 맞았으나 이후 경기부터는 상대선수들을 압도하며 무난하게 명인타이틀을 방어해냈습니다.

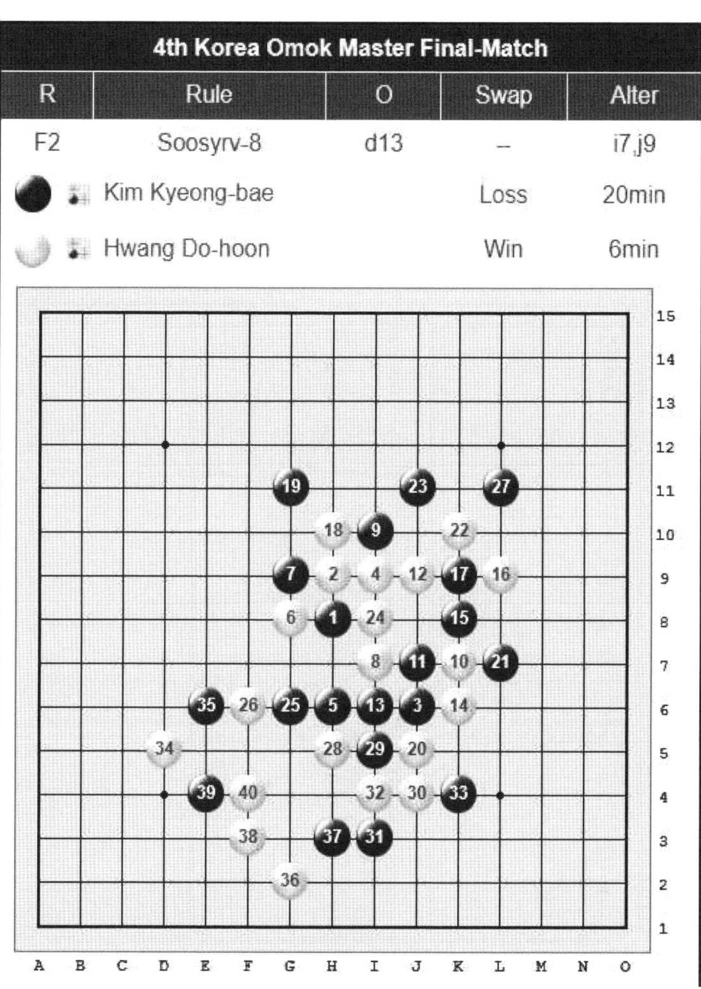

4th Korea Omok Master Final-Match

R	Rule	O	Swap	Alter
F2	Soosyrv-8	d13	–	i7,j9
● Kim Kyeong-bae			Loss	20min
○ Hwang Do-hoon			Win	6min

〈총보 ○황도훈 6단 40수 삼삼금수승〉

AI의 발전과 패러다임의 변화'

2016년 알파고와 이세돌의 세기의 대결에 인류는 주목했다.

인공지능은 더 이상 SF영화에 등장하는 먼 미래의 꿈이 아니라 이제는 사람들의 일상생활과 분리해서 생각할 수 없는 현재가 되었다.

스마트폰은 필수품이 되었고 사회 전반에 걸쳐 인공지능 기술이 확대 적용되어 일상에서도 다양한 로봇을 접할 수 있게 되었다.

체스나 바둑 못지않게 오목계도 많은 변화가 생겼다.

다양한 오목 관련 툴들이 개발되었고 인공지능 프로그램의 성능도 크게 향상되어 인간 선수의 수준을 가볍게 뛰어넘게 되었다.

정석연구에 있어서도 수십 년간 풀리지 않았던 부분들이 AI에 의해 단 몇 분만에 해결되기도 하고, 방대한 양의 기보데이터를 누구나 쉽게 이용할 수 있는 시대가 되었다.

세계 유명 선수들의 기보를 한 장이라도 더 얻기 위해 번역기능도 온전치 않았던 각 나라의 오목 사이트들을 돌며 몇 시간씩 발품을 팔았던 옛 기억을 떠올리면 세상의 빠른 변화에 감회가 새롭다.

과거에는 상수들과 자주 두면서 행마를 익히고 실전감각을 쌓아가는 학습 방식이 주류를 이루었다면, 이제는 그 역할의 상당부분을 인공지능으로 대체할 수 있게 되어 배우고자하는 의지만 있다면 예전에 비해 쉽게 실력을 향상시킬 수 있게 되었다.

다만 오프닝룰이 복잡해지고 정석의 범위가 확대되면서 이론정립의 중요성은 과거에 비해 높아졌고 필수적으로 알아야하는 정보의 양도 크게 증가하면서 전문선수가 되기 위한 진입장벽은 오히려 더 높아졌다고 볼 수 있다.

따라서 오목을 잘 두기 위해서는 수읽기와 행마의 기본기도 당연히 중요하지만 복합적인 사고와 오프닝이론, 그리고 종합적인 전략수립 능력도 필수인 시대가 된 것이다.

‘세계를 향한 지속적인 두드림’

2015년 협회 재출범 이후 월드챔피언쉽을 향한 한국 선수들의 흥미로운 도전이 시작되었다. 2017년 김수찬, 박상현, 조익현 기사 등이 첫 테이프를 끊었으며 2019년에는 김수찬, 박웅배, 장원철 기사가 출전하여 B-토너먼트 3위(장원철)에 오르며 의미 있는 성적을 남겼다.

2023년 ‘튀르키예대회’에서도 도전(강상민, 박도영, 이호준 출전)은 이어졌다. 이호준 2단이 한국선수로는 22년만에 결선리그 진출에 성공했다. 물론 2001년 김병준 기사만큼의 압도적인 본선 성적(5승1무1패, 2위)은 아니었지만 결선 진출 자체만으로도 충분히 훌륭한 결과였다. 박도영 초단도 B-토너먼트에서 선전하며 3위에 랭크되었다.

사실 2010년대 초 수년간의 협회 공백으로 인하여 다른 나라들에 비해 전반적인 수준이 정체되었음은 안타까운 현실이다. 그러나 한국인들은 지능이 높고, 그동안 다양한 지적 분야들에서 좋은 결과를 만들어냈던 것처럼 오목도 환경이 점차 개선된다면 뛰어난 인재들이 더 많이 출현할 수 있을 것이다.

〈2023WC 시상식 왼쪽부터 강상민, Ru Hai, 이호준, 박도영〉

렌주종주국에 태극기를 꼽다'

코로나 펜데믹을 분기점으로 황도훈 6단이 정상의 자리에 올랐다면, 2023년은 강상민 6단의 돌풍이 시작된 해로 기억될 것이다.

영주대회를 시작으로 국내대회 6연속 우승과 31연승(24년 1월 기준)을 파죽지세(破竹之勢)로 달리고 있던 중 그 날이 왔다.

2024년 2월 11일, 제18회 전일본선수권대회(주왕전).

우리나라의 설 연휴기도 했던 그 날, 네 명의 한국 선수들이 일본의 가장 큰 대회 중 하나인 주왕전에 도전했다.

기대를 모았던 강 6단은 1라운드부터 패하며 긴장이 덜 풀린 모습을 보였지만 이후 다섯 판을 내리 승리하며 렌주종주국의 안방에서 우승하는 역대급의 쾌거를 이루어냈다. 더구나 일본 오목을 대표하는 Nakayama 9단과 Kamiya 명인을 연파하면서 만들어낸 우승이라 더욱 놀라웠다.

항상 기본에 충실한 오목을 구사하고 있었고, 수년간의 꾸준한 노력과 경험이 더해지자 퍼즐의 마지막 조각이 맞춰지듯 2% 부족했던 부분들이 보완되어 그 잠재력이 작년부터 폭발한 것으로 보인다.

거침없이 뻗어나가는 그의 질주가 과연 어디까지 이어질지, 다가오는 팀월드챔피언쉽도 무척이나 기대가 된다.

괄 목 상 대

눈을 비비고 다시 보니 놀랄만큼 발전하다

2023서울초청대회

2라운드 (소시로프8룰 50분 + 20초/1수)

2023. 6. 4

강상민 5단 VS **舘雅也 5단** Tachi Masaya

90 위	세계랭킹	105 위
23 영주오목대회 우승	주요경력	제13회 주왕전 3위
21 가와무라컵 준우승		17 WC-QT 15위

<2023년 6월 기준>

해설 : 김규현 8단

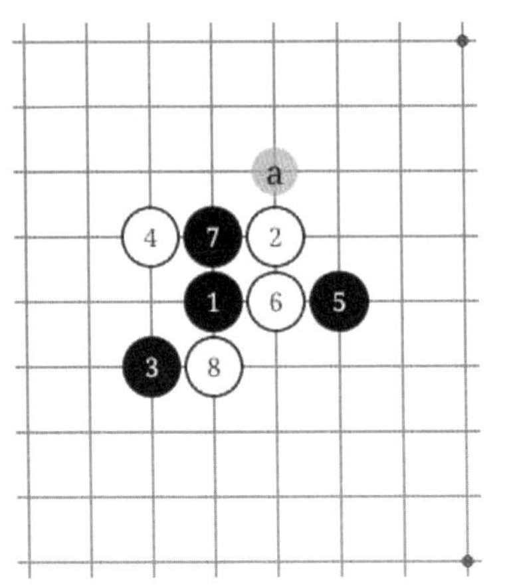

〈제1보〉 포월 변환

마사야 5단의 사월(I11)주형 오픈!

강상민 5단은 국내에서 많이 두어지는 포월(I7) 형태로의 변환을 선택합니다.

포월주형이 사월주형보다 익숙해서라기보다는 상대의 의도대로 진행하지 않겠다는 생각인 것 같습니다.

백(8)로는 대신 백(a)가 유리하게 진행할 수 있는 자리지만 복잡하고 정밀한 수순을 요구하기 때문에 실전처럼 흑에게 공격권을 내어주고 선수비 후역습의 전략을 선택하는 것도 가능합니다.

하지만 강상민 기사의 최근 기세를 감안한다면 선공을 양보한다는 것은 그다지 현명한 선택은 아니었던 것 같습니다.

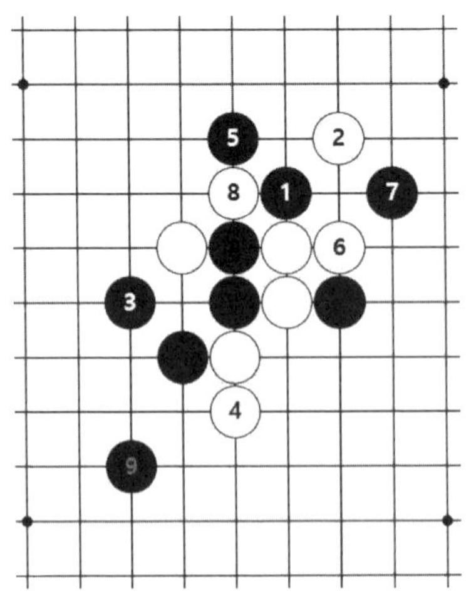

〈제2보〉 무난한 전개

흑(1)-(3)은 일반적인 정석 진행.

흑(5)-백(6)의 교환으로 상변 견제 후 흑(9)로 손을 돌려 좌중앙의 공간을 차지하는 흑입니다.

이후부터는 백의 선택에 따라 전개의 양상이 달라질 수 있기 때문에 Masaya 5단의 다음 선택을 묻는 수라고도 볼 수 있겠습니다.

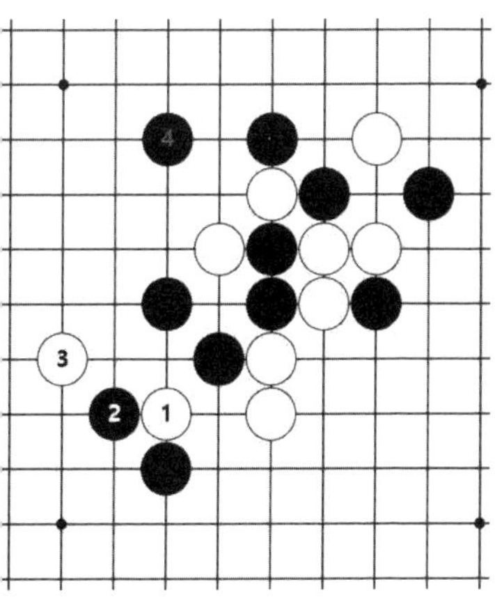

〈제3보〉 상변 장악

Masaya 선수의 백(1)-(3)의 대응은 다소 수동적인 행마

강상민 5단은 편안하게 흑(4)로 상변의 공간을 장악합니다.

최근 그의 기세를 반영하듯 행마가 자유롭고 거침이 없어 보입니다.

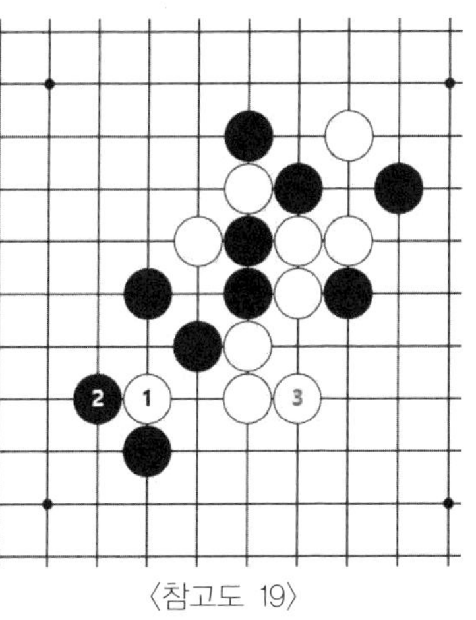

〈참고도 19〉

위의 장면에서는 〈참고도 19〉와 같이 백(3)으로 반발하는 선택도 가능합니다.

흑도 중앙이 좋은 형태지만 백 역시 백(3)으로 연결의 맥점을 차지함으로써 서로 힘 싸움을 해볼 만한 진행입니다.

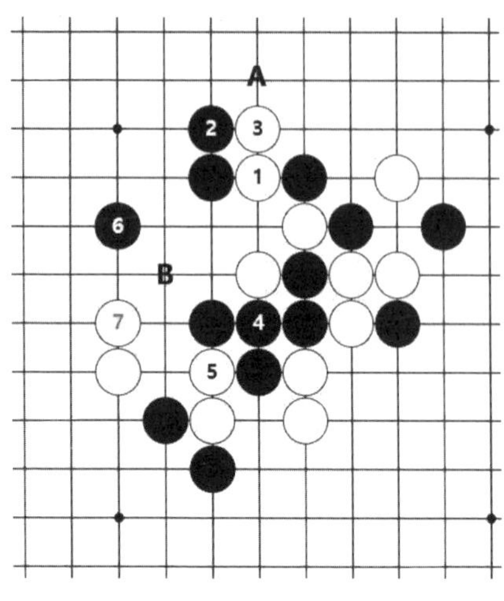

〈제4보〉 때 늦은 반발

수세에 몰린 Masaya 5단

백(1)로 수비해 보지만 흑(2) 역시 두터움이 좋은 자리입니다.

흑(6)으로는 대신 흑(A)도 간명하면서도 좋은 수.

백(7)은 수비 겸 반격을 노리려는 의도지만 타이밍이 좀 늦은 감이 있습니다. 이왕 수비적으로 컨셉을 잡았으면 일관성 있게 백(B)로 우직하게 막는 것이 나아보입니다.

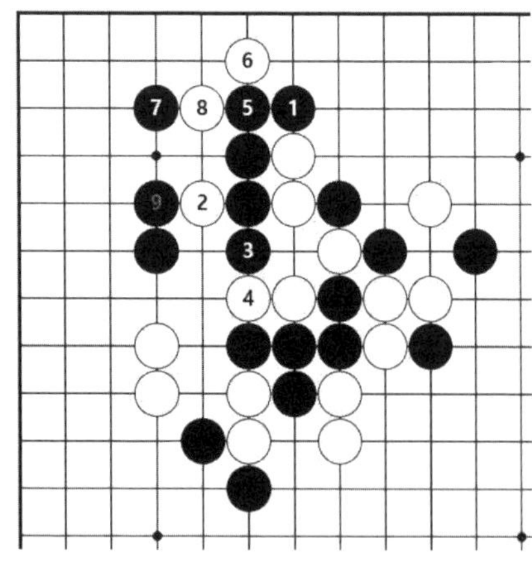

〈제5보〉 깔끔한 마무리

고수들 간의 대결에 있어서 한 순간의 실수는 때로는 치명적으로 작용합니다.

강상민 기사의 여러 장점 중에서도 특히 단단한 수읽기는 여간해서는 이런 기회를 잘 놓치지 않지요.

연타에 이은 사삼 승맥을 포착하여 상대의 허점을 바로 응징하면서 대국은 마무리됩니다.

수년 전 그의 오목이 조금 투박하고 균형감이 부족했다면, 최근에는 밸런스도 좋아졌고 전반적으로 경기를 이끌어가는 운영능력도 크게 개선된 것 같습니다.

2023 Seoul Invitation Game

R	Rule	O	Swap	Alter
2	Soosyrv-8	i11	-+	6
●	Kang Sang-min		Win	2min
○	Tachi Masaya		Loss	0min

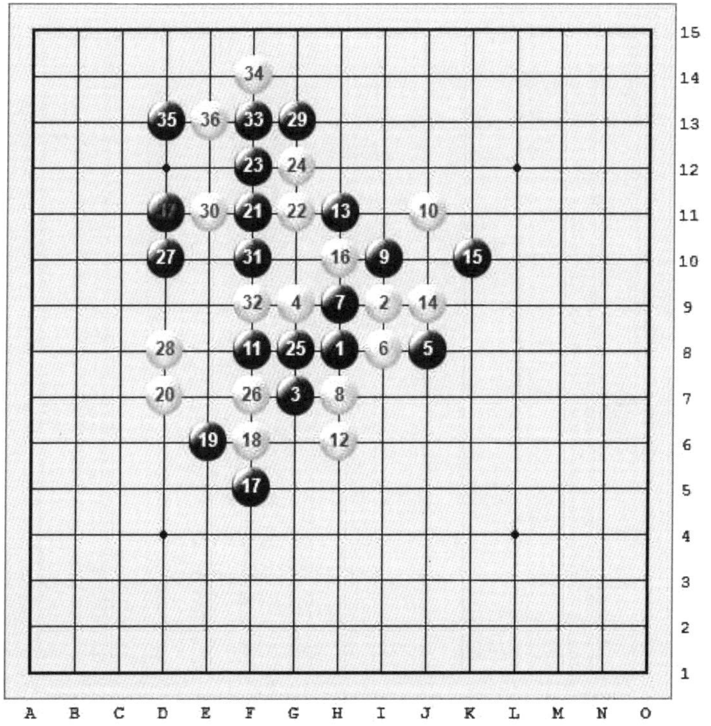

〈총보 ●강상민 5단 37수승〉

소회(所懷)'

2000년 오프라인 오목에 입문했고 어느덧 25년 가까운 세월이 흘렀습니다. 수많은 사람들과 오목을 두었고, 또한 많은 강자들도 만났지요. 그들의 재능과 발전, 흥망을 지켜봤고 함께 했습니다.

온몸이 찌릿찌릿 전율했던 순간들이 있었고, 나도 모르게 눈시울이 붉어진 장면들도 있었지요. 가슴이 웅장해질 만큼 감격한 날도 있었고, 칼날에 베인 듯 몸서리치게 상처 입은 날도 있었습니다.

넘쳐났던 열정과 겁 없던 젊음의 패기로 도전했던 대회들!
다양한 재능들과 치열한 승부욕이 어우러졌던 숨막혔던 경기들!
낭만과 우정을 벗 삼아 청춘을 함께했던 언제나 그리운 인연들!

사실 책 한 권의 짧은 분량으로 그 세월의 많은 이야기들을 모두 담아내는 것은 어쩌면 애초부터 불가능했을지도 모릅니다.
다만 필자의 기억 속에 각인되어 있던 주요 인물들과 스토리, 그리고 임팩트 있었던 대국들을 소개함으로써 한국오목이 지나온 발자취를 오목 마니아분들께 조금이나마 생생하게 전달해드릴 수 있다면 소기의 목적은 달성한 것이 아닌가 싶습니다.

또한 본서에서 언급한 인물들 외에도 뛰어난 선수들은 많았고 그 분들의 명국들은 더 많았지만 그 이야기들을 다 싣지 못한 것은 지면분량상의 한계 때문임을 독자 여러분들이 너그러이 이해해주셨으면 하는 바람입니다.

앞으로도 한국 오목과 협회의 발전을 기원하고, 대한민국을 빛낼 수 있는 새로운 강자들의 출현을 기대하면서 제 이야기는 이만 줄이겠습니다.
이어지는 황도훈, 강상민 기사의 해설도 즐겁게 감상해주시기 바랍니다.

Part TWO.

재도약의 시대

새로운 물결이 밀려온다!

TABLE OF CONTENTS P

해설 : 황도훈 6단

한국랭킹 2위 (2024년 기준)

* 주요 입상 경력

2022 제4회 오목명인전 우승
2022 제5회 남부지역대회 우승
2021 제3회 오목명인전 우승
2020 제4회 남부지역대회 우승
2020 오목슈퍼리그 우승
2018 제3회 협회장배 우승
2018 오목슈퍼리그 공동 우승
2016 오목챔피언쉽 우승
2015 제6회 오목아마최강전 우승

Episode 2016

Episode 2017

Episode 2019

Episode 2023

WE LIKE RENJU
Episode 2016
정상을 향한 무한도전!
제6회 오목아마최강전
www.omok.or.kr
Passion and Joy

2016년 초

오목 커뮤니티와 각종 SNS에는 제1회 한국오목협회장배 오목대회 개최가 공고되었다. 약 7년 만에 열리는 협회 메인 대회이자 Yamaguchi-rule[7]이 적용된 대회였기에 참가자들의 긴장감과 설렘은 날이 갈수록 깊어졌다.

한국 오목 역사에 이름을 남긴 레전드 선수들도 참가할 것인가?

신예선수들과 경험치가 쌓인 선수들의 대결은 어떤 양상을 띨 것인가?

Yamaguchi-rule을 선수들이 어떻게 활용할 것인가?

과연 우승의 영광은 누가 차지할 것인가?

오목 마니아들의 궁금증과 다양한 추리들이 오고 가는 가운데 대회 직전 분위기는 후끈 달아올라 있었다.

모바일 오목

대회가 열리기 한두 달 전 모바일 오목은 한창 오목 스파링으로 바쁘다.

승률 80~90%에 9단을 찍은 온라인에서 한가락 하는 고수들이 대회를 준비하기 위해 스파링을 하고 있다. 직전 대회인 제6회 아마최강전에서 입상한 황○훈 2단, 최석원 초단, 박한주 초단, 장지웅 초단도 이번 메인 대회에서 입상하기 위해 나름에 칼을 갈고 있다. 온라인, 오프라인을 가리지 않고 7년 만에 열리는 메인 대회 입상을 위해 다들 치열하게 준비하는 분위기다.

참가자들의 윤곽이 드러나다

오목 커뮤니티에 대회 참가자들 정보가 올라왔다.

공식적인 건 아니겠지만 어느 정도 윤곽을 살필 수 있는 정보다.

일단 드러난 정보에 따르면 김종수 5단, 김홍순 3단, 장경준 2단이 보인다.

한 때 강자로 이름을 날렸었던 선수들이다.

참가자들 윤곽에서도 알 수 있듯 이번 대회의 무게감이 아마최강전과는 차원이 다름을 실감했다.

일본의 Yamaguchi 9단이 만들었으며 2009년부터 2015년까지 국제공인규칙으로 사용됨.

대회 당일이 찾아왔다

대회 참가자들이 고대하던 그날 당일이 되었다.

지방에 사는 참가자들은 기차를 타면서 핸드폰으로 오목 연구수, 초반 유불리 대회 개요 등을 보고 있다.

그리고 오목 단톡방에서는 우승은 누가 할까?, 나는 이번에 준비 많이 안 했어, 이거 유불리가 어떻게 돼?, 위치가 어디더라?
등 설렘과 긴장의 분위기 속에서 채팅을 주고받고 있다.

서울에 열리는 대회인지라 거리가 아주 먼 경우에는 하루 전날 도착해 찜질방에서 오목을 두며 수담을 나눈 참가자들도 있었다.

현장에 도착하니 5회 아마최강전 우승자인 윤성원 초단이 보였다.

벌써 긴장감이 장난이 아니었다. 한가락 하는 온라인 고수들도 많이 참가했지만 그 누구도 대회 입상을 장담하지 못하는 순간이었다.

신흥 강자가 왕좌(王座)를 쟁취하다

대회 우승은 기존 강자가 아닌 신흥 강자가 차지했다.

4위권까지도 기존 강자는 없었다.

당시에는 그것이 큰 이변(異變)이었다고 생각했지만 입상자들의 기보 내용을 살펴보니 결코 이변이 아닌 실력이었다.

우승은 임정빈 2급 준우승은 이건 6급이 차지했고 3위는 임채훈 2급, 4위는 김민준 5급이 차지했다.

이번에 해설할 명국은 임정빈 2급과 이건 6급의 예선 2라운드다.

대회 우승자와 준우승자는 예선전부터 만났던 것인데 서로 데뷔전임을 고려해도 상당히 인상 깊은 대국 내용을 선보였다.

그러면 2016년 5월 28일 치러진 두 선수의 치열했던 대국을 감상하러 가보자

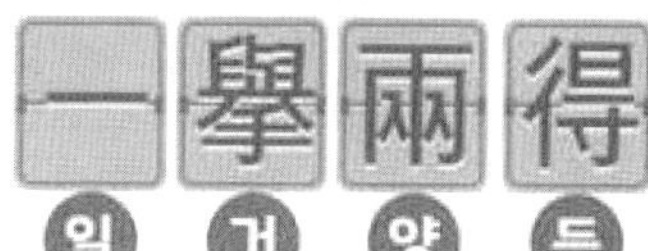

한 번에 두 가지의 이득을 얻는다.

제1회 협회장배 오목대회

예선 2라운드 (아마구치룰 20분 + 초읽기3회)

2016. 5. 28

이 건 6급	VS	임정빈 2급
4위	한국랭킹	1위
제1회 협회장배 준우승	주요경력	제1회 협회장배 우승

<2016년 5월 기준>

해설 : 황도훈 6단

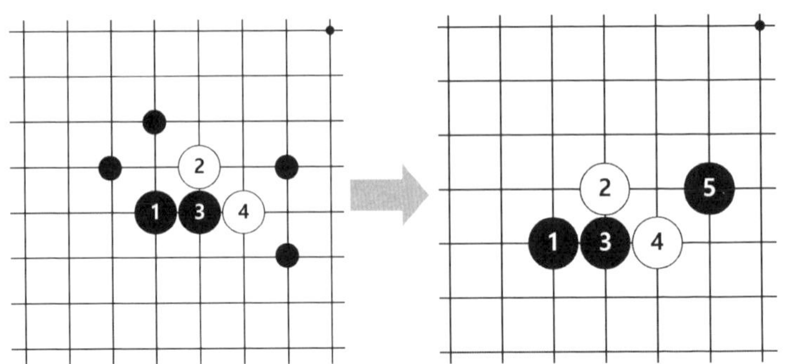

〈Point 1〉 데뷔전 선수들의 오프닝 과정

i6(운월)이 오픈된 장면입니다. 두 선수 모두 대회 첫 출전임을 고려해도 오프닝 과정에서 특별한 실착이 없는데요. 임시 흑이 5수를 4개 선택했는데 3곳은 가장 베스트에 들어가는 자리고 그런 자리들이 제외된 후 1곳이 실전에 선택된 모습입니다.

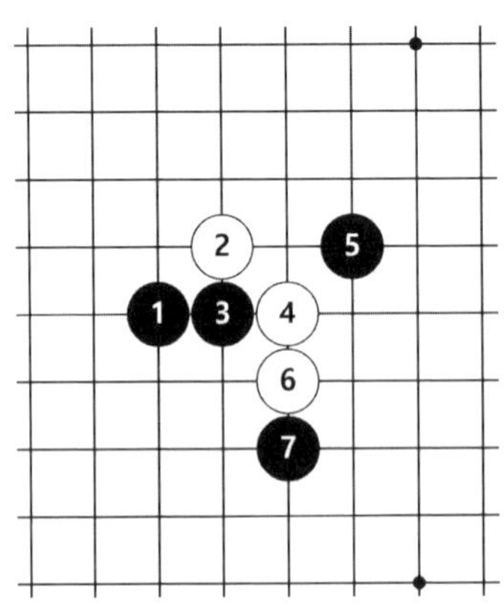

〈Point 2〉

일거양득(一擧兩得)

6번은 백의 2,4번과 연결되는 곳입니다. 형태상 일리 있는 자리인데요. 7번은 백의 강화된 곳을 막아두는 동시에 흑돌도 강화하는 일거양득의 자리로써 힘 싸움이 펼쳐지고 있습니다.

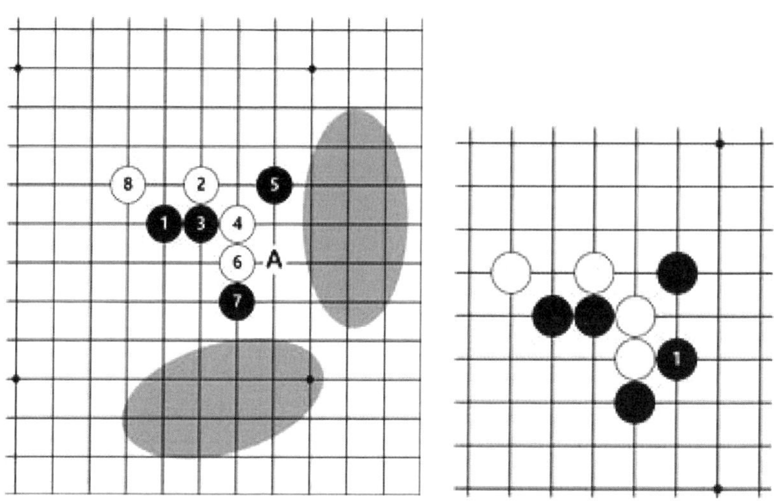

〈Point3〉 치명적인 완착! 급격히 기우는 형세

8번은 형태상 1,7번의 삼이 될 자리를 견제하며 백의 모양을 상변에 쌓는 수로 볼 수 있지만 결과적으로는 상당한 위기를 맞이했습니다.

왜냐하면 다음 흑이 대응할 수 있는 (A)는 서로 간의 맥점이 되는 자리로써 백은 (A)로 삼을 쳐야할 만한 형세였고 흑이 (A)를 선점한다면 그림에 표시된 영역이 곧 흑의 세력권(勢力圈)이 되는 매우 중요한 자리였습니다.

실전에서도 이건 6급은 기회를 놓치지 않고 맥점인 (A)를 착수합니다. 큰 위기를 맞이한 임정빈 2급! 과연 어떻게 풀어나갈까요?

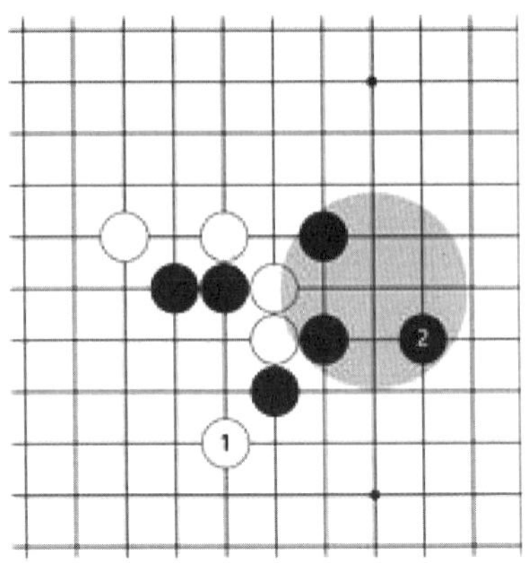

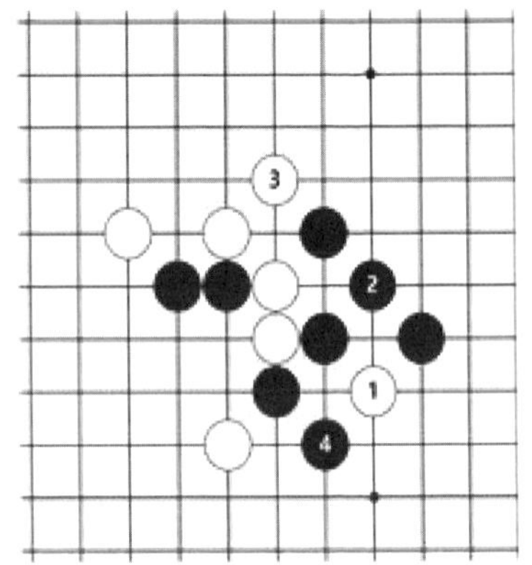

〈Point 4-1〉 흑의 독무대

늦은 감이 없지 않은 백(1)수비. 흑(2)가 두어지면서 영역 내부의 흑돌들이 백돌의 어떠한 방해도 받지 않고 효율적으로 배치되어 있습니다. 이대로 흘러가면 임정빈 2급의 패색이 짙어 보입니다.

〈Point 4-2〉 어려운 길

예상대로 우변에 흑의 독무대가 펼쳐지고 있습니다.

흑(4) 또한 흑승인 자리. 하지만 그전에 흑승이 있었는데요.

이건 6급! 쉬운 길을 놓치고 어려운 길로 갑니다.

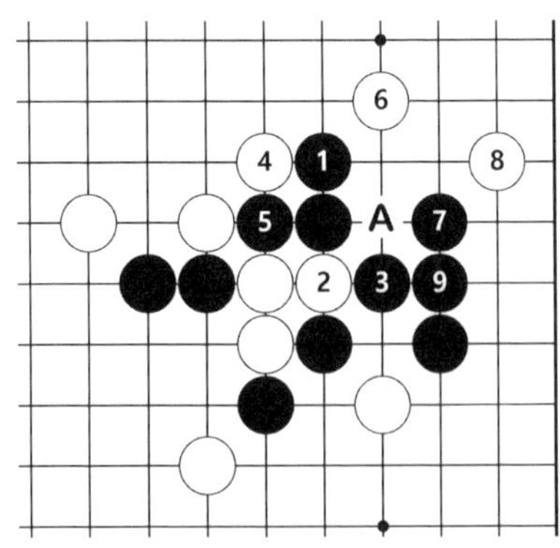

〈흑승 참고도 1〉

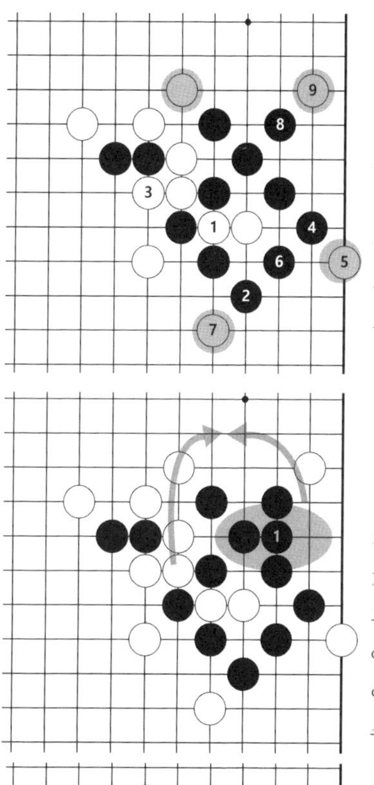

〈Point 5〉 날 듯 말듯

흑의 공격이 거셉니다. 백은 위태롭습니다. 현재도 흑승이 가능한 상황, 이제 끝내지 못한다면 흑 또한 위험한 순간을 맞이하게 됩니다. 수비를 하면서 두어진 백돌이 흑돌을 견제 및 둘러싸는 형국입니다.

〈Point 6〉기회가 사라지다

흑(1)로 공격한 상황.

이에 따라 흑승은 없어졌습니다. 결과적인 해석을 하자면 **영역 안**가로 라인이 좁다는 점 그리고 흑(1)을 둔 이상 위로 공격을 해야 하는데 왼쪽 화살표의 백돌들이 추후 흑의 공격을 방해하여 수가 나지 않습니다.

〈흑승 참고도 2-1〉

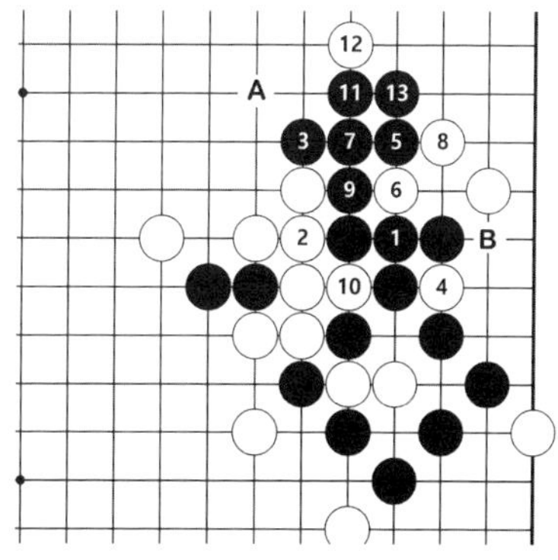

〈흑승 참고도 2-2〉

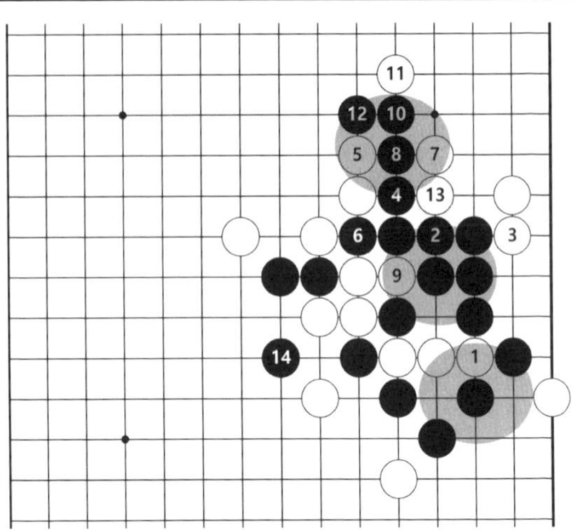

〈Point 7〉 이제 내 차례야

흑의 거센 공격이 마무리됐습니다. 그 결과 백의 형세가 유리해졌고 흑은 찬란했던 초반 형세를 찾아볼 수 없을 만큼 쫓기는 상황이 되었습니다. **영역 표시**된 부분을 보면 공격하는 과정에서 특정 공간에 흑돌들이 밀집되었음을 알 수 있습니다. 초반 강대했던 **세력**에 바탕을 둔 공격으로 마무리를 짓지 못하자 결국엔 흑에게 독이 됐고 절체절명의 위기였던 백은 매우 유리한 형세가 되었습니다. 백은 과연 이 유리함을 바탕으로 경기를 마무리를 지을 수 있을까요?

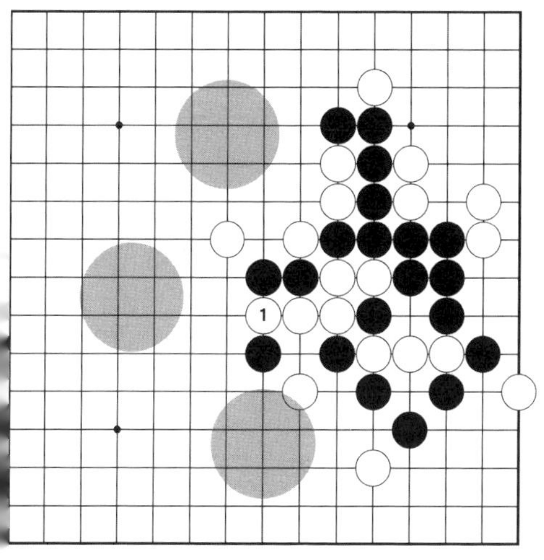

〈Point 8-1〉

반격의 신호탄 팡!

백(1)로 사삼을 막으면서 본격적인 공격 준비를 합니다. **영역표시**된 세 곳은 백이 흑을 강하게 공격할 수 있는 **세력권**입니다. 흑은 세 곳을 모두 신경써야 하기에 매우 바빠졌습니다.

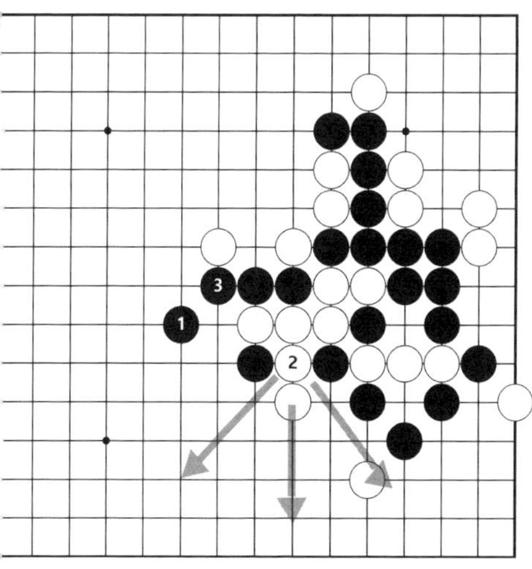

〈Point 8-2〉

최종 전장은 정해졌다

좌상단과 좌중앙의 **백 세력**은 흑(1)과 흑(3)으로 인해 약해졌습니다. 대신 백은 화살표 표시된 하단부에 마무리를 지을 만한 **공격 세력**이 확보되었는데요. 임정빈 선수의 본격적인 공격이 시작되기 일보 직전!

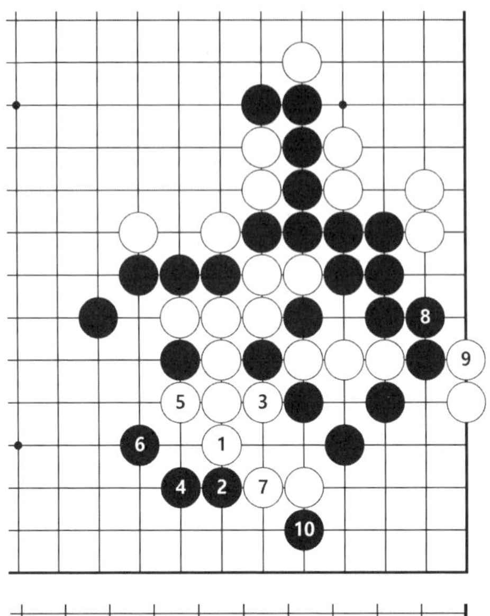

〈Point 9-1〉
백의 무차별 공격

하변에서 백은 연속 공격을 이어가고 있습니다. 초반에 당한 설움을 갚는 순간인데요. 하지만 승부의 세계는 마무리를 지을 수 있어야 합니다. 그렇지 않으면 아무리 유리했어도 의미가 없게 됩니다. 흑도 어찌 어찌 수비가 되는 상황.

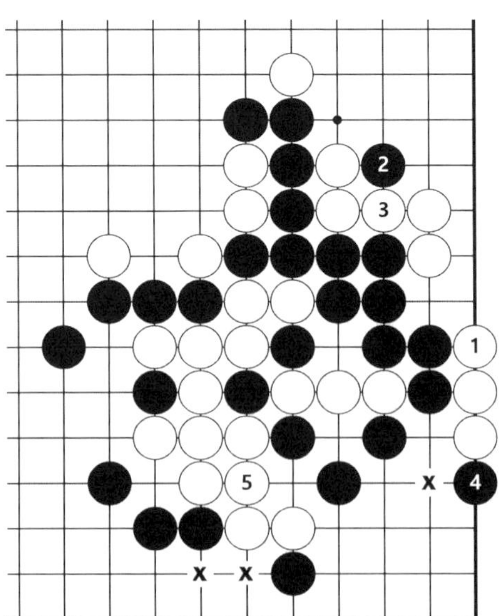

〈Point 9-2〉
승맥은 오직 한곳!

임정빈 2급이 착수한 백(5)는 놀랍게도 유일한 승 맥 자리입니다. 실제로 오목 AI[8])의 분석 또한 백(5) 외에 나머지 자리들은 백이 매우 불리하다고 나와 있습니다. 흑은 금수를 피하기가 힘들어진 상황입니다. 금수패를 당할 수 있는 부분을 (X)로 표시했습니다.

8) artificial intelligence의 약자로 여기선 오목 인공지능 프로그램을 의미함

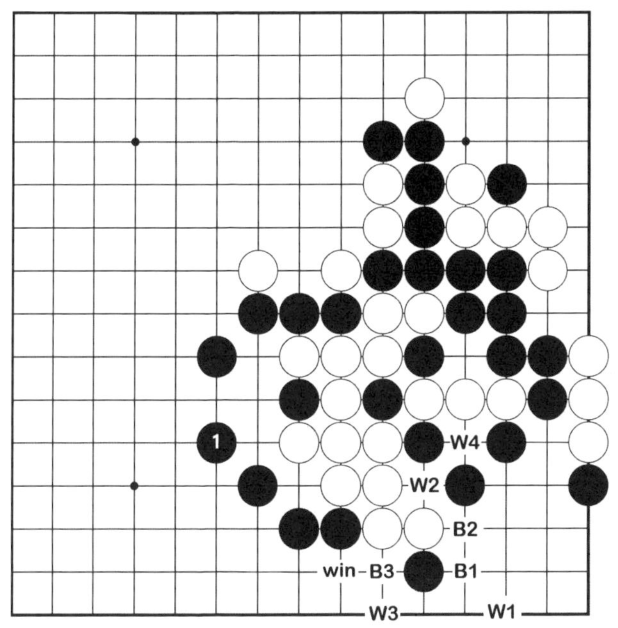

〈Point 10〉 좁은 공간에서의 놀라운 수읽기

임정빈 2급의 마무리 능력을 감상해 보겠습니다.

그림에 보이는 W1-W2-W3-W4는 백의 실전 수순입니다.

B1-B2-B3는 흑이 막으면서 두어지는 표시입니다.

최종적으로 (win)에 사사금수가 나오면서 실전에서 임정빈 2급이 이건 6급을 천신만고(千辛萬苦) 끝에 이기게 되는데요.

임정빈 2급은 수순이 꽤 진행되었는데도 집중력을 잃지 않고 잃지 않고 놀라운 수읽기로 사사금수를 발견하여 마무리를 짓게 됩니다. 이번 대회를 우승한 임정빈 2급은 3단으로 승단, 이건 6급은 2단으로 승단하게 됩니다.

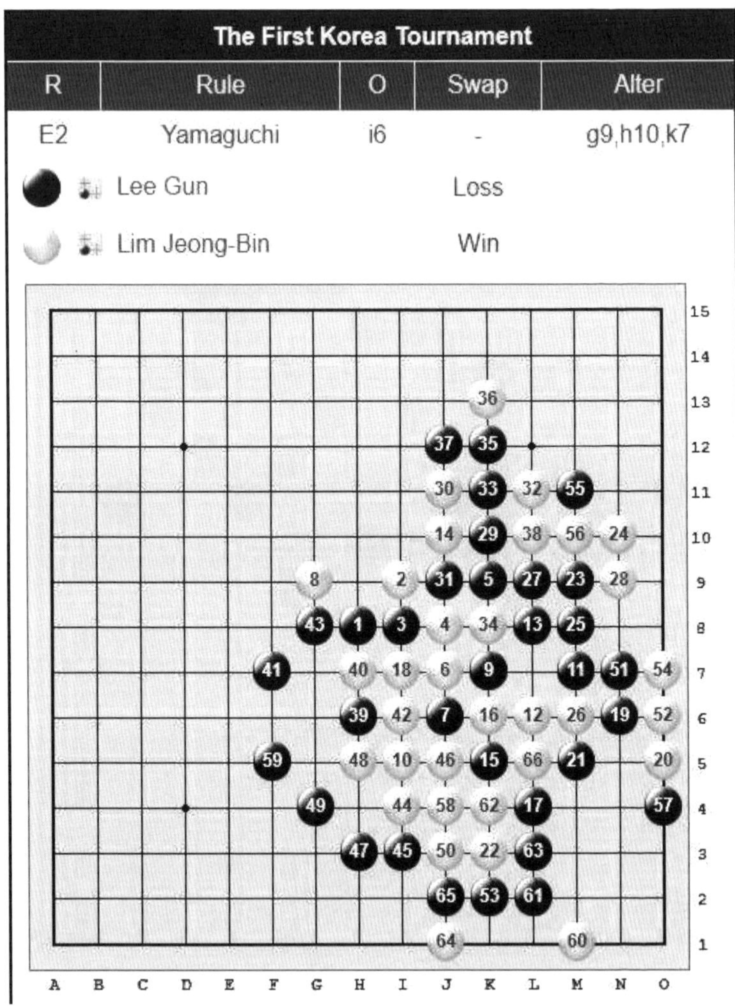

The First Korea Tournament

R	Rule	O	Swap	Alter
E2	Yamaguchi	i6	-	g9,h10,k7

	Player	Result
●	Lee Gun	Loss
○	Lim Jeong-Bin	Win

〈총보 (백)임정빈 2급 66수 승〉

한중 4대4 친선전 2탄

2016년 5월 오목협회는 한중친선전 개최를 공지하였다.
선수 4명을 선발하는데 지원자 조사 겸 추가 의견에 대한 내용이었다.
대회 일정은 11월이었으니 선수들에게는 약 6개월의 준비 기간이 있다.
약 11년 전인 2005년에도 이와 비슷한 한중 4대4 친선전이 있었다.
당시 참가했던 한국 맴버는 김병준 6단, 김규현 3단, 김수찬 3단, 최윤석 3단
이다. 실력과 열정이 충만한 멤버로 보였다.

중국오목은 너무 강하다

당시 2005년 한중 친선전은 2승 4무 11패로 한국 선수들은 아주 쓰린 결과를
맛았다. 현재도 그렇지만 과거에도 중국오목은 너무 강했다.
다른 분야도 마찬가지지만 오목도 선수로써 점점 커리어가 쌓이고 위로 올라
갈수록 결과에 대한 부담감과 책임감은 올라가면 올라갔지 내려가진 않는다.
그래서 당시 한국을 대표한 선수들은 어떤 선수보다도 몇십 배 쓰라렸을 것이
다. 나는 뒤를 잇는 오목 선수로서 비록 그들의 심정을 이해할 수는 없지만,
그래도 피하지 않고 한국을 대표하여 중국오목에 맞서 최선을 다해 임했다는
점은 분야를 막론하고 본받아야 할 자세가 아닌가 생각한다.

선배들 뒤를 이어 이제 우리가

2016년 6월 협회 게시판에는 본격적인 선수 선발 공고문이 올라왔다.
국제전 경험을 할 수 있는 흔치 않은 기회이자 한국 대표로써 자부심을 가지
고 참여할 수 있다는 점, 그리고 무엇보다도 경비 면에서 중국은 비교적 멀지
않은 위치에 있었기에 신예 선수들이 탐낼만한 대회였다.
그리고 몇 주 후 참가선수 명단이 공개되었다.
김정빈 3단, 박한주 초단, 박상현 1급, 양성모 2급이 지원을 했는데 각 선수
모두 당시 상당한 실력자로서 좋은 결과를 기대할만 했다.

드디어 출격하다

11월이 왔고 선수들은 대회 장소인 중국 상하이로 떠난다. 룰은 Soosyrv-Rule[9]이고 제한 시간은 각자 60분에 초읽기 30초다.

소시로프-8룰은 최초로 한국 선수들이 공식전에서 써보는 것이라 전략적 면에서 준비를 많이 하고 가야 한다. 나는 그 당시 친선전 대표로 지원할 있었지만 결국 하지 않았다.

지금 생각해보면 천금 같은 기회를 잡지 않은 것 같아 후회되기도 하 당시 나는 20대 중반의 신예였는데, 젊은 나이일수록 고려할 부분이 적기 때 에 어쩌면 그때가 국제무대에 도전할 최적의 시기였을지도 모른다.

좋아하는 취미로 고수가 되어 국가대표 선수가 되고, 나이와 공감대가 비슷 친한 선수들끼리 팀을 이루어 국제대회에 출전하는 것...

어쩌면 이것이 선수로서 누릴 수 있는 최고의 영예이자 즐거움이 아닐까?

그래서 그런 추억을 가진 선수들이 가끔은 정말 부러울 때가 있다.

(결과는 4승 2무 10패)

오목 연구, 중국 베테랑 선수에게 먹히다

오목 연구를 열심히 해본 선수들은 공감할 내용이다. 연구는 실전에 먹혀드 경우가 드물다. 오히려 역효과만 나지 않아도 다행일 정도로 연구가 쉽지 않 노력도 노력이고 지루하고 결과물이 잘 나오지 않는다.

그래서 몇 번 시도해보고 대부분은 연구를 포기한다. 이번에 소개할 명국 주인공인 박한주 기사는 연구를 자신의 강점으로 극대화한 선수이다.

매우 적극적이며 밝고 분위기 메이커로서 오목계의 비타민 역할을 했던 선 인데 대국 내에서의 그는 치밀하게 계산된 연구를 바탕으로 상대방이 힘을 의 쓰지 못하게 하는 오목을 구사하였다.

베테랑 중국 선수에게도 통할지는 대회전까지 물음표였지만 그는 파격적인 포먼스를 보이며 상대를 보기 좋게 꺾었다. 지금부터 그 놀라운 기보를 소가 볼까 한다.

---

9) 에스토니아 오목 선수 Ando Meritee가 고안한 국제공인규칙(2017~2023)으로 그의 절친 동료인 Ants Soosyrv의 이름을 붙였다.

磨斧爲針

마 부 위 침

도끼를 갈아 바늘을 만든다

2016 서울·상하이 친선전

3라운드 (소시로프8를 60분 + 30초)

2016. 11. 5

박한주 初단	VS	葛凌峰 5단 Ge Lingfeng
2위	자국랭킹	9위
제6회 아마최강전 3위	주요경력	2006 TWC 3위
2016 오목챔피언쉽 2위		제13회 전국오목대회 2위

<2016년 기준>

해설 : 황도훈 6단

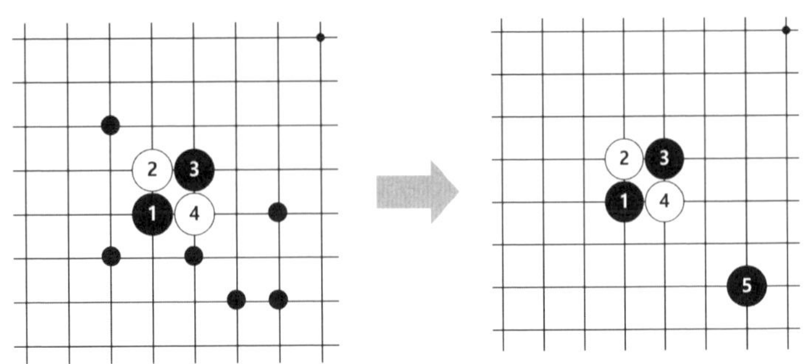

〈Point 1〉 트레이드 마크 D4(화월) 오픈

박한주 초단은 자신의 트레이드 마크인 D4(화월)을 오픈 했습니다. 상대는 중국의 베테랑 선수 Ge Lingfeng 5단. 포인트 6곳 중 5곳은 가장 흑이 좋은 자리인데요. 나머지 1곳이 실전에 선택됐습니다. 예상대로 두 선수 모두 오프닝 과정에서 한 치의 양보가 없이 팽팽하게 흘러갑니다.

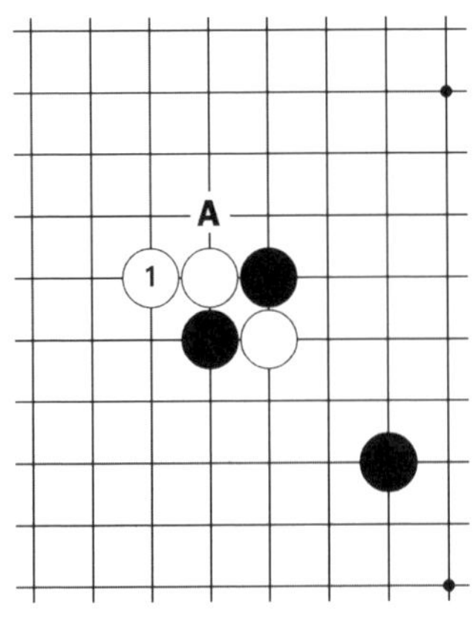

〈Point 2〉 가장 높은 승률

백(1)의 렌주넷[10]의 통계수치상 전은 64승 11무 29패(2023년 1월 기준) 다른 자리들에 비해 높은 승률을 보였니다.

즉 백이 가장 재미를 많이 본 자리라 할 수 있습니다. 반면 (A)자리는 모양 같지만 칸 차이에 의해 승률은 다르 나타납니다.

10) www.renju.net으로 국제오목연맹(RIF)에서 운영하는 공식 사이트

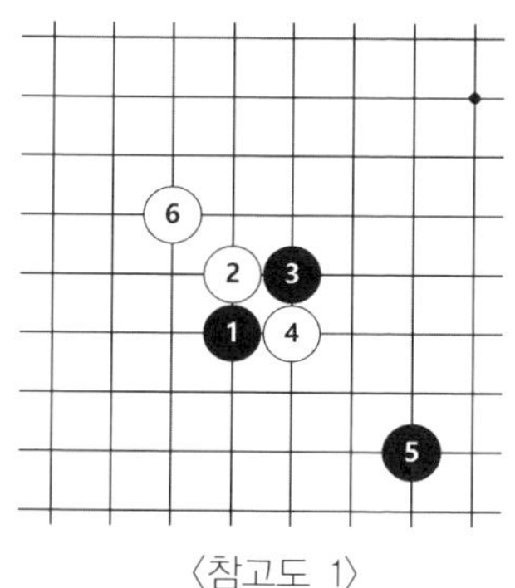

〈참고도 1〉

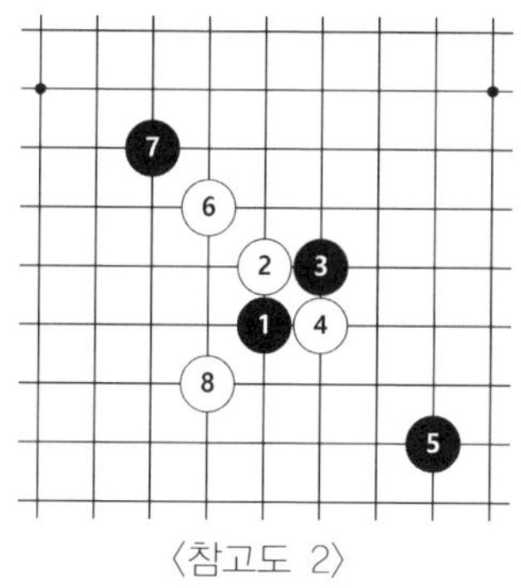

〈참고도 2〉

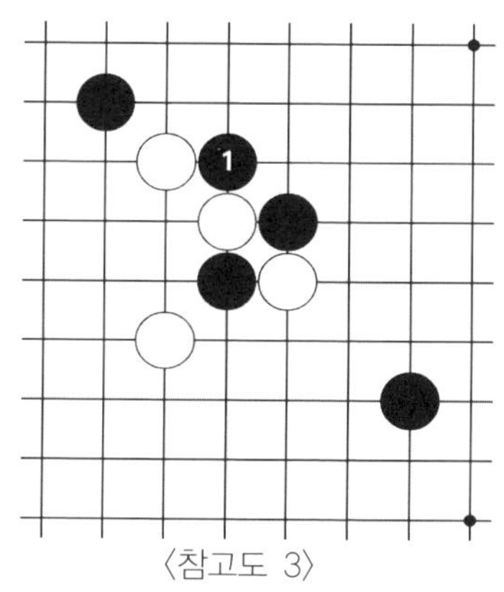

〈참고도 3〉

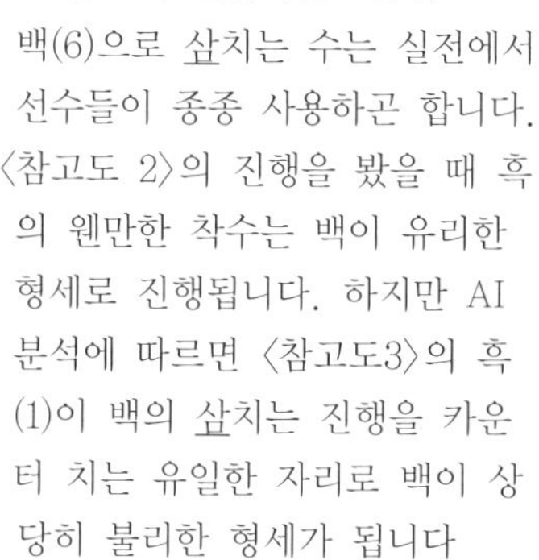

〈참고〉 삼치는 진행

백(6)으로 삼치는 수는 실전에서 선수들이 종종 사용하곤 합니다. 〈참고도 2〉의 진행을 봤을 때 흑의 웬만한 착수는 백이 유리한 형세로 진행됩니다. 하지만 AI 분석에 따르면 〈참고도3〉의 흑(1)이 백의 삼치는 진행을 카운터 치는 유일한 자리로 백이 상당히 불리한 형세가 됩니다

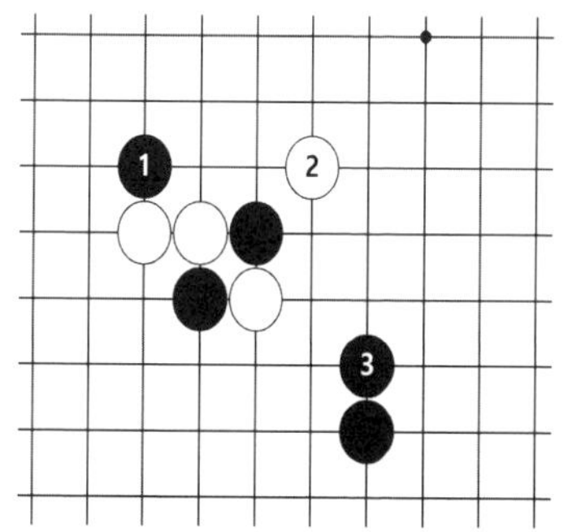

〈Point 3〉 최선수의 연속

흑(1), 백(2), 흑(3) 모두 쌍방간의 최선 자리입니다. 연구가 된 진행을 두어가는 박한주 초단과 그에 맞서듯 상대 선수도 최선으로 대응하고 있습니다. 명국답게 초반에 형세가 한쪽으로 기울지 않는 팽팽한 줄다리기가 이어지고 있습니다.

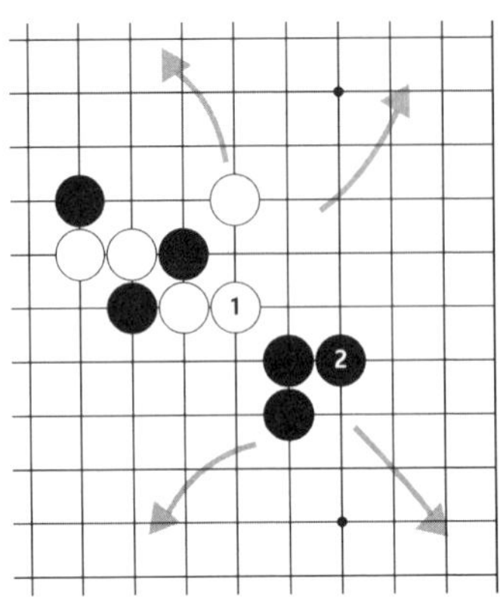

〈Point 4-1〉

백은 북쪽 흑은 남쪽

백(1)과 흑(2)는 모양상 외줄을 타듯 모두 위태롭게 보일 수 있지만 흑백 간에 초반 연구된 진행을 이어가고 있는 장면입니다.

여기까지 진행됨으로써 **흑과 백** 서로의 **영역**이 분명해졌습니다.

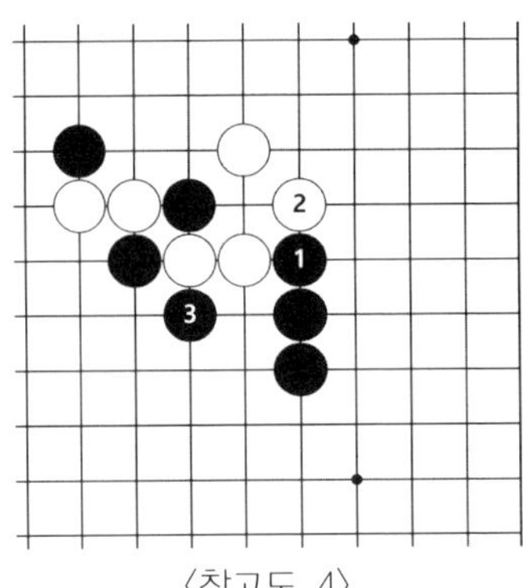

〈참고도 4〉

〈참고〉 흑의 좋은 진행

흑이 위로 삶을 치면서 하단부에 **세력**을 구축하고 모양을 결정짓는 진행도 괜찮은 방법입니다.

이 진행은 흑백 간에 형세가 거의 비슷하여 위의 진행과 형세의 큰 차이는 없습니다.

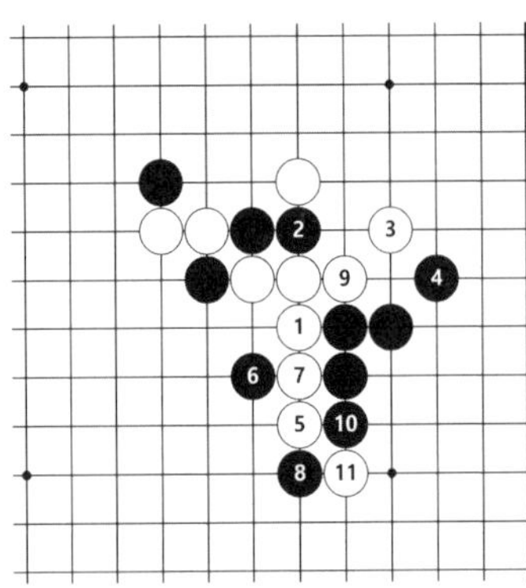

〈Point 4-2〉

흑이 칼자루를 쥐는데

백(11)까지 진행되면서 초반 진행이 일단락되었습니다.

흑이 선수를 가진 상황인데 어떻게 활용하느냐에 따라 대국의 승패가 결정되는 중요한 시점입니다.

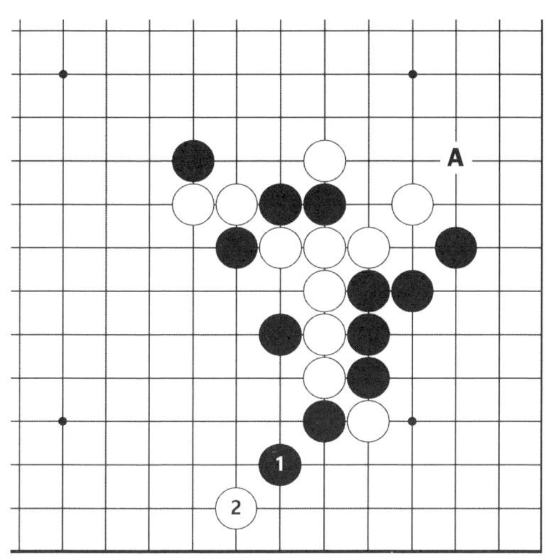

〈Point 5〉 당연해 보이지만 백이 하나 놓쳤다!

그냥 봐선 흑(1)과 백(2)의 교환이 자연스러워 보입니다. 하지만 이 교환으로 인해 결과적으로 백의 형세가 많이 불리해졌습니다. 이유는 백(2)는 필수지만 절대선수 사를 (A)에 쳐두지 않고 백(2)를 갔기 때문에 형세가 많이 기울어진 순간입니다.

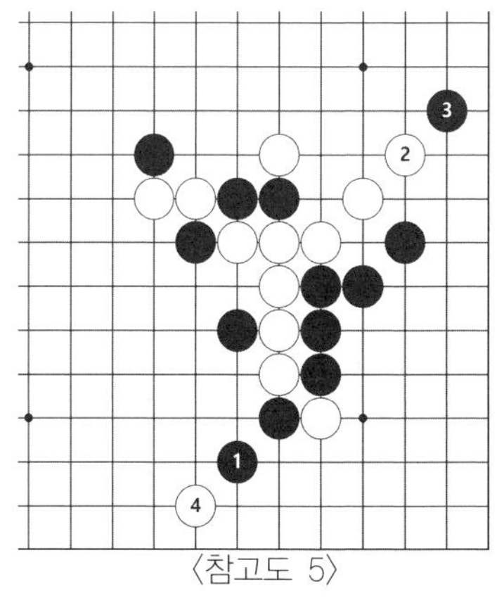

〈참고도 5〉

〈참고〉 사를 쳤다면

백(2)로 사를 선수하고 하변에 삼을 막으면 흑백 간 형세가 비슷합니다. 하지만 실전에서 이 차이를 정확히 판단한다는 것은 일류선수의 실력이라도 결코 쉽지 않은 장면이었습니다.

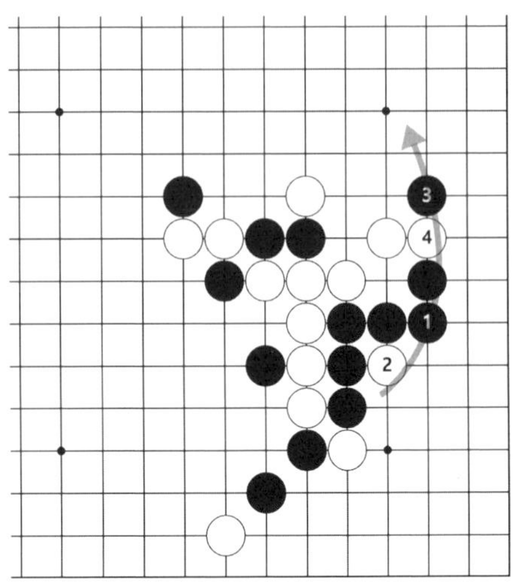

〈Point 6〉

백의 세력을 허물다

박한주 초단은 흑(1)과 흑(3)으로 정확한 교환을 합니다. 기회를 놓치지 않고 승기에 한 발짝 다가가는데요. 백은 대국판 어느 **공간**에도 **강한 세력**이 없습니다. 흑이 마음껏 공격할 수 있는 상황이 만들어졌습니다.

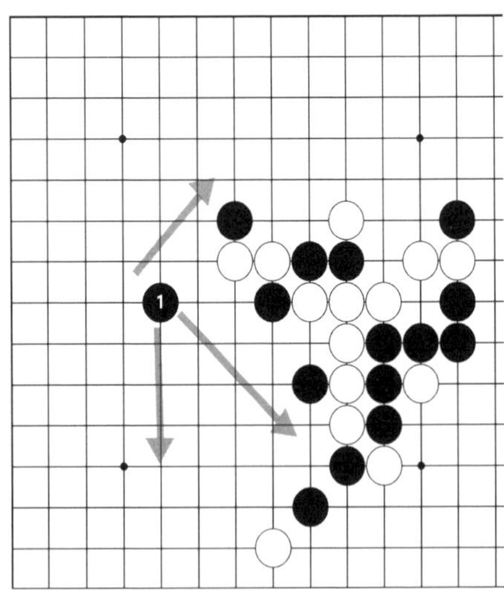

〈Point 7〉

입체적인 공격

흑(1)로 박한주 초단은 중국 베테랑 선수를 본격적으로 압박하기 시작합니다. 화살표는 흑이 공격할 수 있는 방향을 의미하는데 <u>흑(1)로 인해 여러 각도의 공격 루트가 생겨납니다.</u> 아직 끝난 승부는 아니지만 기세는 완전히 흑이 잡은 상황입니다.

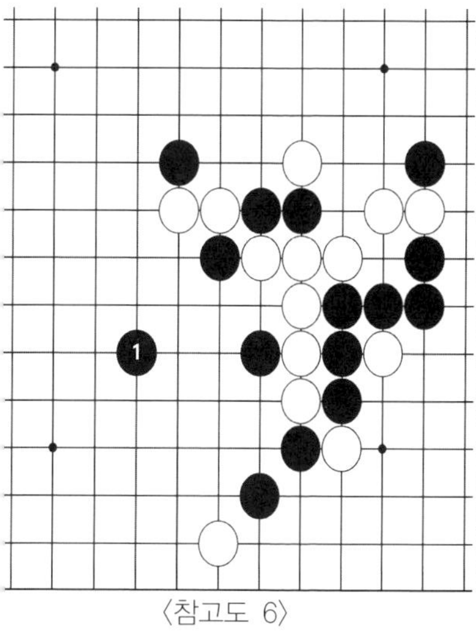
〈참고도 6〉

〈참고〉 가장 최선은?

방금 장면에서 흑(1)의 자리 중 AI가 분석한 가장 최선의 자리는 참고도 6의 흑(1)입니다. 흑승이며 그 외 자리는 흑이 유리한 정도로 분석합니다. 그렇다 해도 박한주 초단이 실전에 둔 자리는 참고도 6의 자리를 제외하면 가장 형세가 좋다고 AI가 분석하며 실전 상황을 고려한다면 상당히 날카로운 착수를 했다고 볼 수 있습니다.

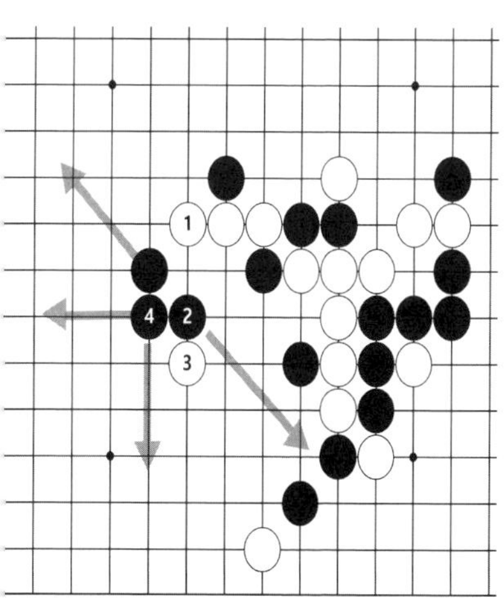

〈Point 8〉
고민이 많은 백

좌변에 예상대로 공격과 수비가 이어지고 있습니다. 흑(4)까지 두어지고 보니 백은 한수로 흑의 여러 공격 방향을 막기에는 힘겨워 보이는데요. Ge Lingfeng 5단에게 큰 위기가 찾아왔습니다. <u>입체적인 흑의 공격 루트를</u> 최선으로 수비해야 합니다.

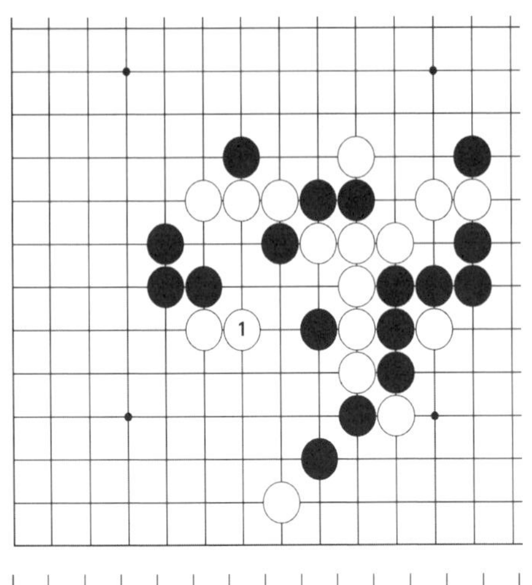

〈Point 9〉
진짜 이기는 것인가?

실전에서 중국 선수는 백(1)을 뒀습니다. 이에 따라 흑승을 만들 수 있는 상황이 되었습니다.

과연 박한주 초단은 백의 빈틈을 놓치지 않고 흑승을 만들어 낼 수 있을까요? 이제 승리까지 얼마 남지 않았습니다!

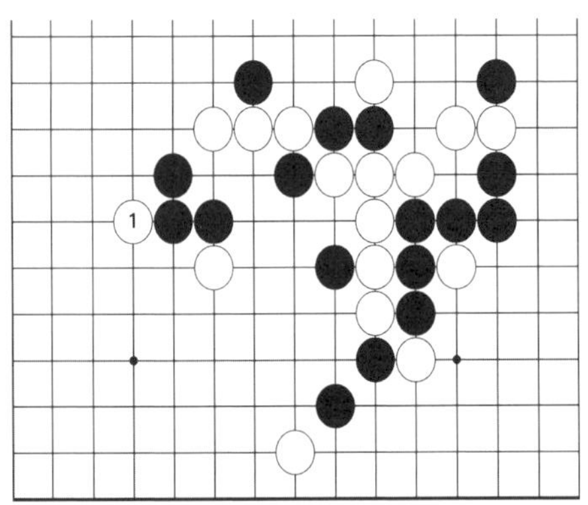

〈참고도 7〉

〈참고〉 백이 버틸 수 있는 유일한 곳은?

직전 상황에서 백이 버틸 수 있는 곳은 오직 하나입니다. 바로 참고도 7의 백(1)입니다. 하지만 그 외에 자리는 모두 흑승인데요. 비록 Ge Lingfeng 5단이 실전에서 참고도 7의 자리를 찾지 못했지만 기세가 밀렸다는 점과 형세의 어려움을 고려한다면 백에게 있어서 상당히 어려운 장면이었다고 볼 수 있습니다.

〈중국의 탑클래스 선수들과 치열한 수 공방전을 벌이고 있는 한국 대표 선수들. 상하이 선수들은 모두 호락호락하지 않다. 그러나 철벽같은 중국 선수의 벽을 허물어뜨리기 일보 직전의 박한주 초단!〉

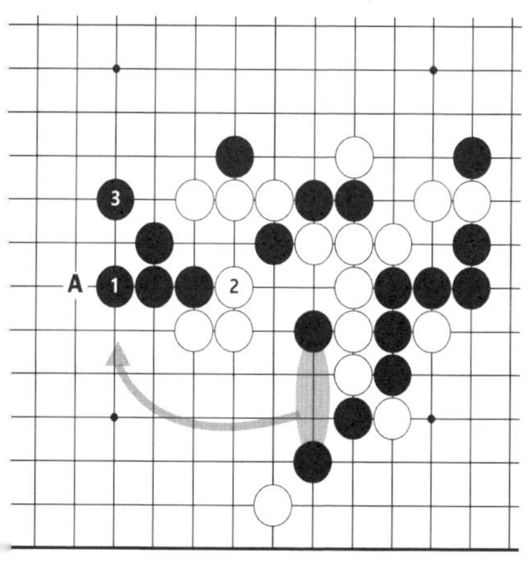

〈Point 10〉완벽한 곰보

백은 흑(1)의 삼을 (A)로 막지 않으면 **좌변 흑 세력**이 커지기 때문에 (A)로 막아야 하는데 만약 그렇게 막는다면 영역에 접한 두 개의 흑돌이 활용되어 막을 수 없기에 백(2)로 막은 상황입니다.

이후 이어지는 흑(3)은 완벽한 곰보로 작용합니다.

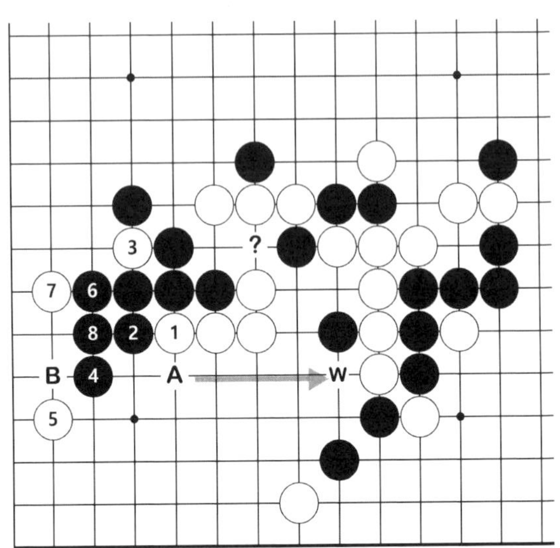

〈Point 10〉 연구, 중국 상하이에서 결실을 보다

흑(8)까지 진행된 장면입니다. 백은 삼을 막아야 하는데 A-B로 사삼이 나오게 되어 Ge Lingfeng 5단은 기권합니다.

물론 물음표로 사를 선수하여 당장 버틸 수는 있지만 이후 (W)에 사삼이 나오는 수도 다 읽고서 기권한 것으로 보입니다.

박한주 초단의 연구가 상하이 베테랑 중국 선수에게 충분히 통한다는 것을 증명한 순간인데요. 더군다나 이 대회는 중국에서 치른 대회이고 상대 선수들도 평균 오목 경력 20년 이상의 노련한 세계랭커였기에 그 당시엔 국제 대회 경험이 없었던 상태에서 중국 선수에게 놀라운 경기력으로 한국의 저력을 톡톡히 보여준 보물 같은 명국이었습니다. 연구를 벗어난 장면에서도 박한주 초단의 공격 감각은 상당히 날카로웠는데 연구량뿐만 아니라 수읽기 형세 판단 감각 등이 골고루 어우러질 때 비로소 나올 수 있는 훌륭한 대국이었습니다.

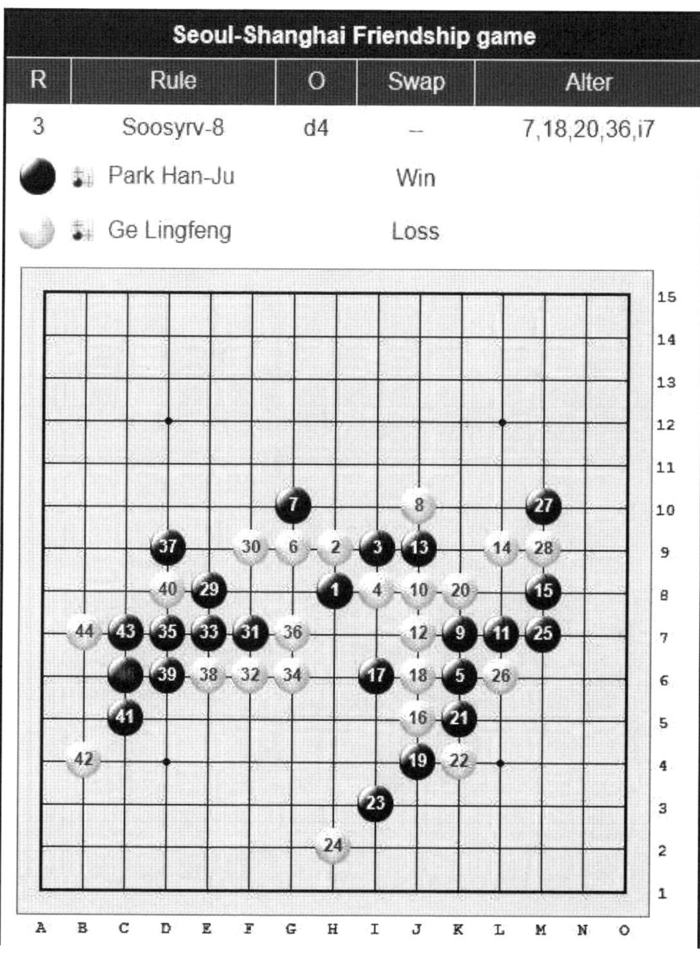

Seoul-Shanghai Friendship game				
R	Rule	O	Swap	Alter
3	Soosyrv-8	d4	--	7,18,20,36,i7

Park Han-Ju — Win

Ge Lingfeng — Loss

〈총보 (흑)박한주 초단 45수 승〉

〈2016오목챔피언쉽〉 밝은 표정의 참가선수들(위) ▲

〈제7회 오목아마최강전〉 진지하게 수읽기 중인 선수들(아래) ▼

전하고자 하는 핵심: 세력(勢力)

오목은 턴제(순서대로 번갈아 가면서 진행하는)의 규칙으로 진행되기에 선수 先手)의 개념이 매우 중요합니다. 제가 전하고자 하는 세력의 개념은 매 순간 수인지 아닌지 판단하는 데 있어 핵심적인 역할을 담당하며 행마(行馬)에도 접적인 영향을 미칩니다.

그렇기에 저는 개인적으로 몇 가지 안 되는 핵심 줄기 중에 하나를 세력으로 했습니다. 물론 세력에 상응하는 중요한 개념들도 더 있지만 다양한 실력의 자분들을 아우를 수 있으면서 글과 기보를 통해 직관적으로 전달하기 좋은 념이라고 판단했기에 제 기보 해설에서는 세력을 핵심 메시지로 염두에 두신 면 도움이 될 것으로 생각합니다.

세력, 영역, 공간을 핵심메시지로 진하게 표시했고 세력이란 돌들의 힘, 영역 그런 힘들이 실질적으로 미치는 범위이며, 공간은 오목판상의 15x15 범위를 미합니다.

아마최강전 전승 우승자 vs 떠오르는 신성 임채훈 초단

이번에 소개할 명국은 제7회 아마최강전에서 무려 7전 전승으로 우승을 한 김 우 초단과 2014년부터 여러 소모임 및 공식 대회에 참가해 준수한 성적을 여준 강자 임채훈 초단의 대국입니다.

둘은 2016년 오목챔피언쉽에서 3라운드에서 만나게 되었는데요.

당시 김영우 초단은 직전 대회인 아마최강전에서 전승 우승의 퍼포먼스를 보 줬으며 임채훈 초단은 직전 대회인 1회 협회장배때 쟁쟁한 선수들을 제치고 위를 차지했었습니다.

두 선수 모두 기세가 충분히 올라온 상태였는데요. 대회 결과는 두 선수가 공 2위를 차지하게 되었고 2016년도의 대회 성적을 놓고 본다면 둘 다 국내에 손꼽힐만한 선수의 면모를 보여줬었습니다.

경기 내용 또한 재미있고 치열한 양상으로 흘러갔었는데요.

반의 긴 정석 진행 이후 흑의 폭풍 같은 공격과 이를 수비하는 백의 치열한 국을 감상하러 가보시죠

더 낫고 더 못함의 차이가 거의 없음

2016 오목 챔피언쉽

3라운드 (아마구치룰 40분 + 초읽기1회)

2016. 12. 10

김영우 初단	VS	임채훈 初단
공동 7위	한국랭킹	공동 7위
제7회 아마최강전 우승	주요경력	제1회 협회장배 3위
2016 챔피언쉽 공동2위		2016 챔피언쉽 공동2위

<2016년 11월 기준>

해설 : 황도훈 6단

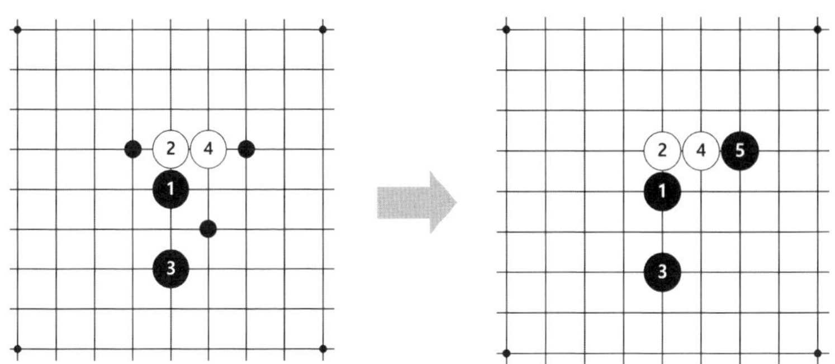

〈Point 1〉 클래식한 주형이 오픈되다

김영우 초단은 D11(서성)을 오픈 했습니다. D11(서성)은 클래식룰 시절부터 단골로 사용된 주형인 만큼 긴 역사를 자랑하고 수많은 기보들이 남아있는데요. 백(4) 또한 클래식한 수이고 실전에 선택된 흑(5)는 흑과 백이 최선으로 진행할 시 형세가 비슷합니다.

베스트 두 곳이 제외된 후 실전의 흑(5)가 선택되었습니다.

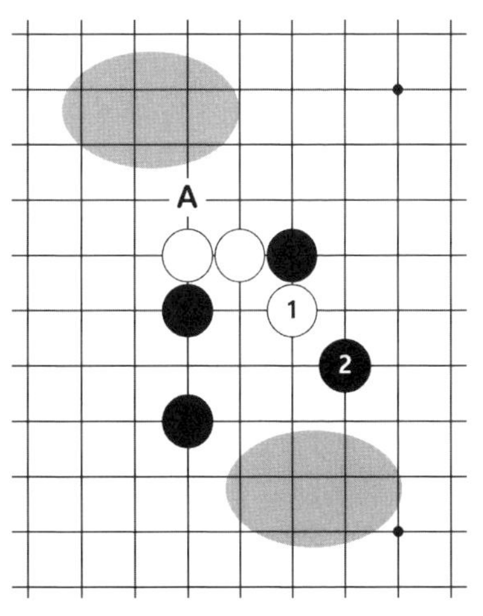

〈Point 2〉 아래 영역을 선택

백(1)은 최선의 수입니다. 다음 흑의 대응은 두 가지가 있는데 표시된 (A)와 실전에 두어진 흑(2)입니다. 실전에서 둔 흑(2)의 의도는 <u>아래 영역을 가져가고 위의 영역은 백에게 넘겨주어 일련의 정석 진행을 밟아보</u>자는 뜻이 담겨있습니다.

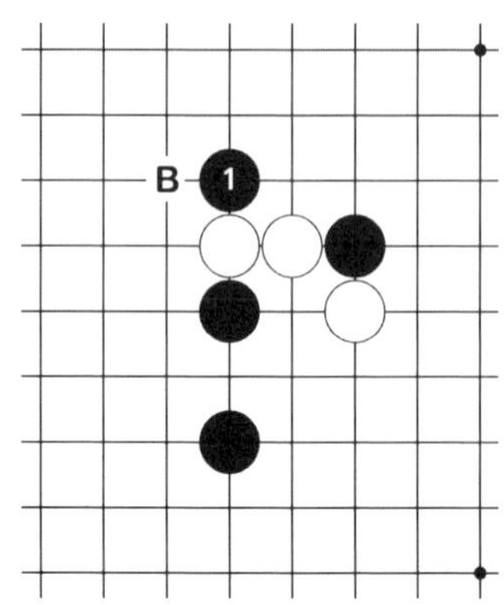

〈참고〉 A로 진행한다면

(A)로 진행한다면 백은 표시된 (B)가 최선입니다. 〈Point 2〉 때의 흑백 형세와 거의 비슷하다고 볼 수 있지만 흑 입장에서는 판을 어떤 흐름으로 진행하고 싶은지에 따라 두 경우 중에 하나를 선택할 수 있다는 점에서 이점으로 작용할 수 있습니다.

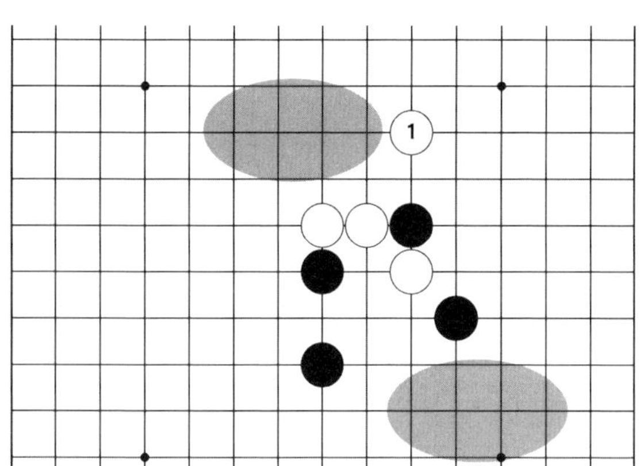

〈Point 3〉 적진에 맞서려면 아군부터 집결하자

백(1)은 형태상 날카로운 공격을 했다고 볼 수도 있지만 본질적인 의도는 상변의 **백 세력**을 강화하여 당장엔 감당하기 힘든 **흑 세력**을 견제하고 깎아 먹기 위한 목적이 담긴 고급 행마 중 하나입니다. **아래 영역**은 **흑 세력권**인데 만약 백(1)이 **흑 세력** 쪽에 두어진다면 적들이 가득한 적진에 아군 한 명이 달려드는 모양새가 됩니다.
즉 폐석이 되어 백이 상당히 불리해지게 됩니다.

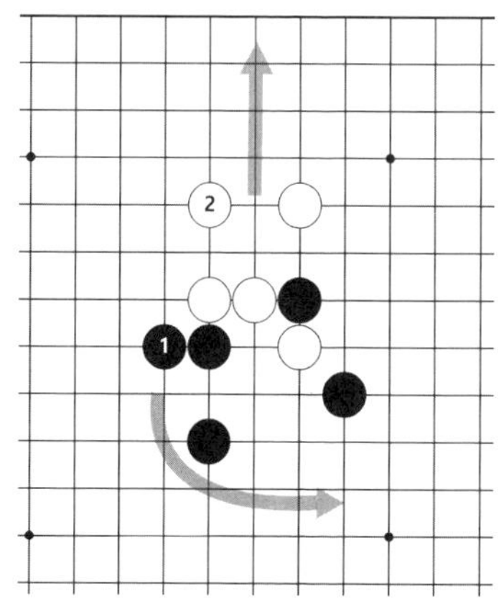

〈Point 4〉 세력 싸움

김영우 초단과 임채훈 초단은 각각 흑(1)과 백(2)를 주고받으며 **세력**을 강화하고 있습니다. 흑은 **아래 세력** 백은 **위 세력**이 강하고 정석 진행 중 하나이기 때문에 형세는 여전히 팽팽한 상황입니다.

서로 초반에 한 치의 실수 없이 진행되고 있습니다.

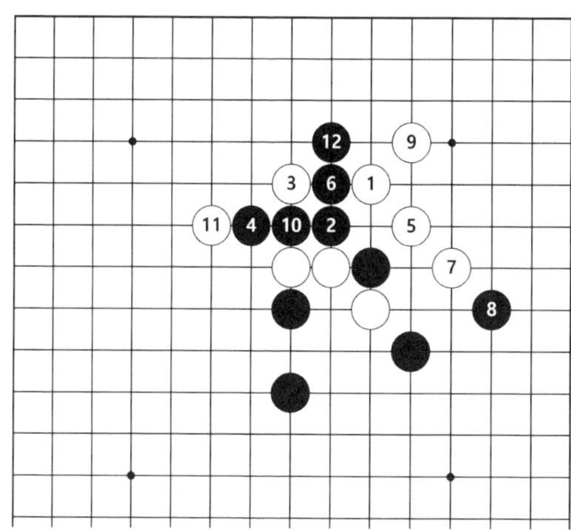

〈참고도 2〉

〈참고〉 최근 트렌드

〈참고도 2〉의 진행은 2016~2022년까지 총 10국이 두어졌습니다. 대부분 중국 선수가 둔 진행이며 그 중 절반인 5국이 2022년도에 두어졌습니다. AI로 형세를 분석해보면 한쪽으로 기울지는 않지만 실전에서는 무승부 대국이 없는 만큼 꽤 진행이 어렵고 그만큼 연구가 안 된 상대에게는 먹혀들기 쉬운 진행으로 보입니다.

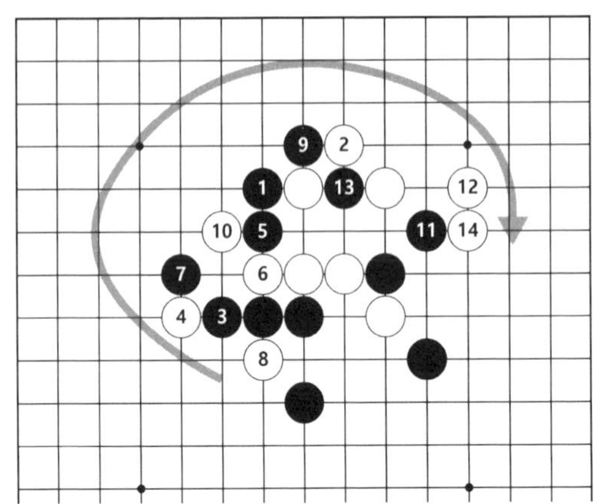

〈Point 5〉 흑백 세력이 상쇄되어 균형을 잡다

흑(1)부터 백(14)까지는 실수가 없는 정석 진행입니다. 두 선수 모두 한 치의 양보 없는 무결점 진행을 하고 있습니다. 초반 강했던 흑의 **아래 세력**과 백의 **위 세력**은 싸우는 과정에서 힘이 비슷했는지 어느 한쪽으로 기울지 않는 형세의 균형을 이루었습니다. 실전에서도 수 많은 선수가 둔 진행인 만큼 흑 백간 균형이 매우 좋은 유명한 진행인데요. 흑을 기준으로 약 270도의 전투 동선을 이동한 모습입니다.

〈2016오목챔피언십 中〉 임정빈 3단 VS 임채훈 초단

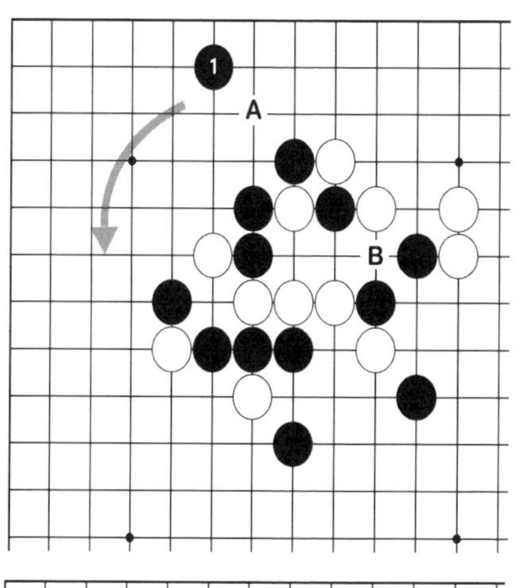

〈Point 6〉 함정

김영우 초단은 흑(1)로 공격적인 진행을 택했습니다. 백에게는 당장 위험한 장면입니다. 흑(1) **주변 세력**이 강하기 때문에 무심코 (A)로 막았다간 흑승이 되며 백은 (B)로 막아두는 것이 정수입니다. 과연 임채훈 초단은 함정을 피해 (B)로 착수할 수 있을까요?

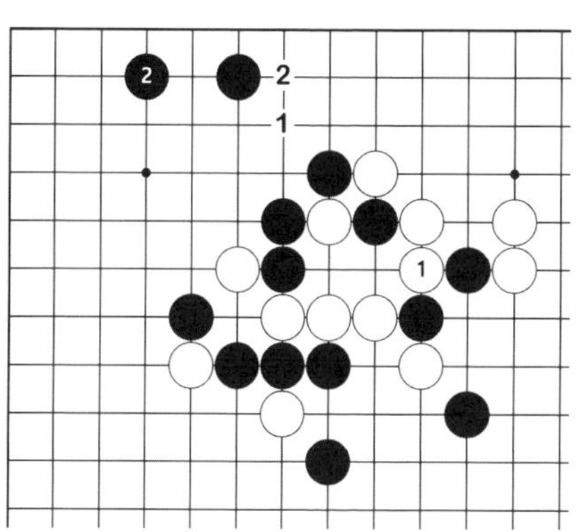

〈Point 7〉 상변 공격

임채훈 초단은 함정에 빠져들지 않고 정수인 백(1)을 착수합니다. 흑도 상변에 돌을 투자했기 때문에 일관성을 유지 하고자 흑(2)인 사삼노림수 공격을 합니다. 상변의 흑 공격 여하에 따라 형세의 큰 흐름이 결정될 듯 보입니다.

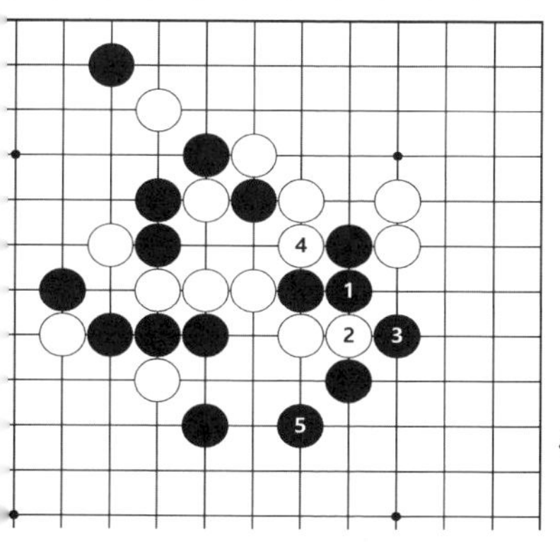

〈Point 6의 A로 착수 시 흑승 진행〉

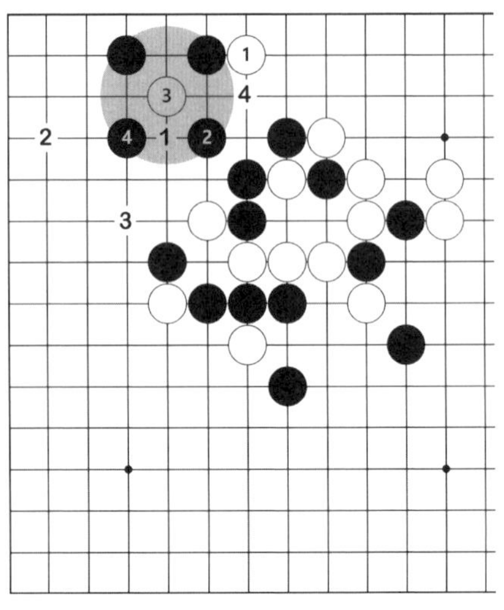

〈Point 8〉세력의 중앙

흑은 흐름대로 상변에 공격을 이어가고 있습니다.

흑(4)는 1-2-3-4의 사삼노림이 가능한 공격입니다. 하지만 AI 분석에 따르면 흑(4)에서 형세는 백승을 나타내는데 **세력**의 관점에서 해석하자면 백(3)이 **흑세력**의 중앙에 자리 잡고있고 이는 상당한 효과를 발휘합니다.

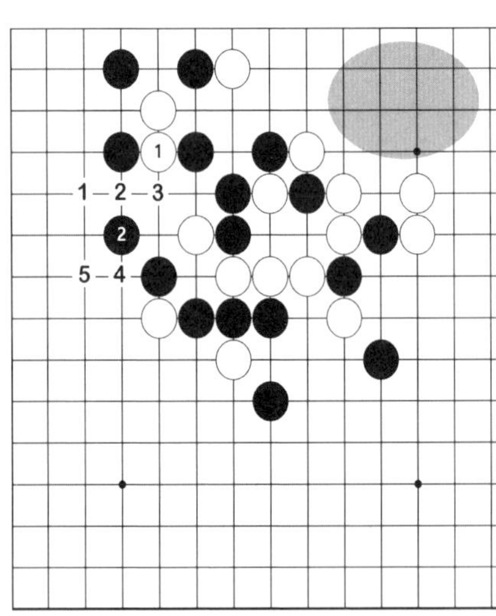

〈Point 9〉 몰아치지만

흑(2)는 1-2-3-4-5의 사삼노림을 보고 있습니다.

선수를 유지하면서 끊임없이 날카로운 공격을 하는 김영 초단입니다.

그렇지만 백이 최선으로 수 한다면 막히게 되고 결국 백 **우상변 세력**을 감당하기가 들어지는데요.

임채훈 초단의 실수가 나와야 하는 상황입니다.

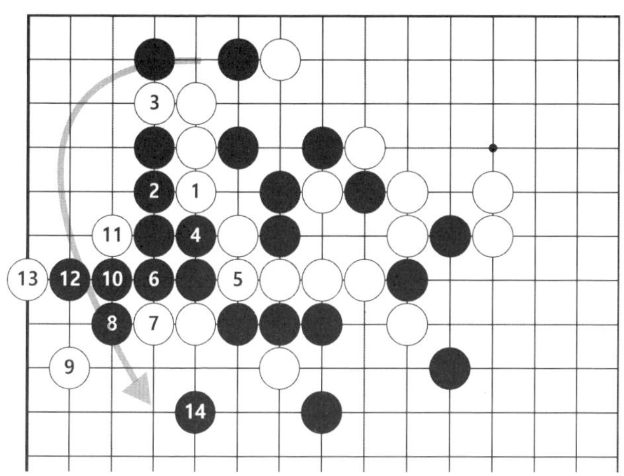

〈Point 10〉 수비하기엔 늦었다!

백(1)부터 흑(14)까지 진행되면서 흑의 공격은 이어지고 있지만 임채훈 초단의 빈틈없는 수비에 성과를 내지 못하고 있습니다. 그렇지만 김영우 초단의 공격은 직전 대회의 결승전에서 많이 기운 형세인데도 공격으로 역전을 만들어 낼 만큼 상당히 날카로운 면모가 있는데요.

이미 너무 강해져 버린 백 **우상변 세력**은 손대기엔 늦었고 흑은 하변에서 승부를 봐야 하는 장면입니다. 과연 김영우 초단은 역전을 만들어 낼 수 있을까요?

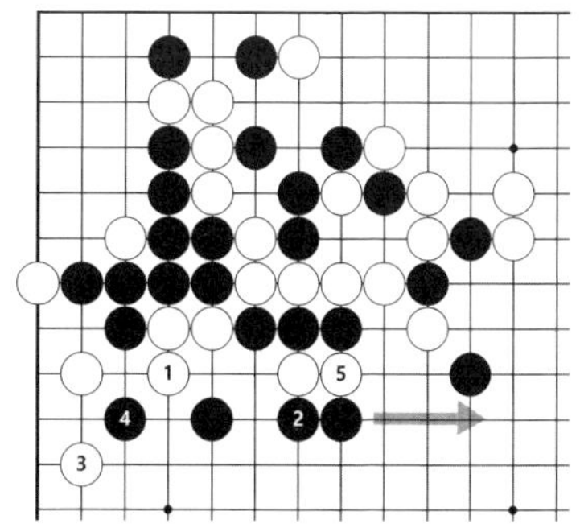

〈Point 11〉 사를 활용?

흑의 공격이 거의 막히는 상황입니다. 하지만 사를 활용하여 백의 **우상변 세력**을 막을 수 있다면 얘기가 달라지는데요. 흑에게 있어선 사를 활용하는 것이 유일한 수단입니다.

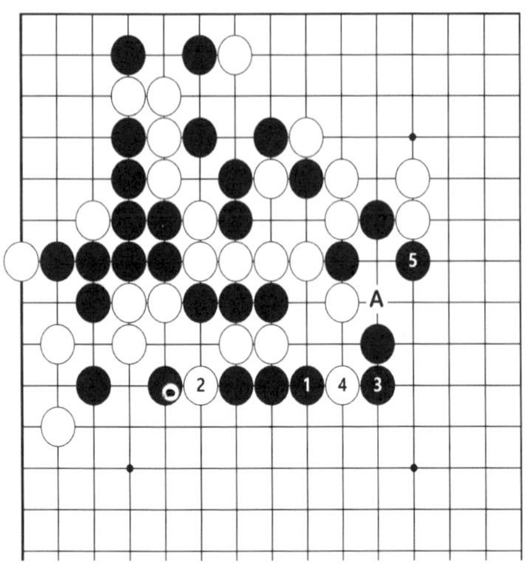

〈Point 12-1〉 타개(打開)

김영우 초단은 하변 공격을 바탕으로 백 **우상변 세력**을 수비하기 위해 타개를 하고 있습니다. (A)는 사삼이 되는 자리라 흑(5)가 두어짐에 따라 성공적인 타개의 수로 보일 수 있지만 임채훈 초단이 둔 다음 수는 흑에게 카운터펀치로 작용합니다.

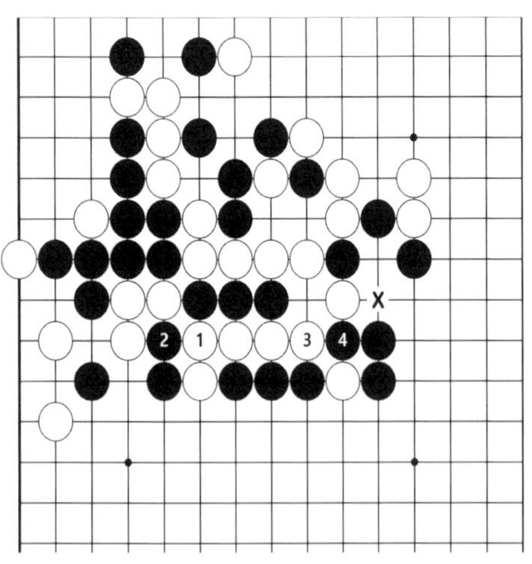

〈Point 12-2〉 카운터

백(1)과 백(3)의 선수 활용으로 인해 흑이 원래 사삼 자리였던 곳이 사사가 되어 금수가 되었습니다.

이에 따라 선수는 백이 가져가게 되는데요. 흑의 폭풍 같던 공격이 끝났고 백은 우상변에 마무리 펀치를 날릴 수 있는 상황입니다.

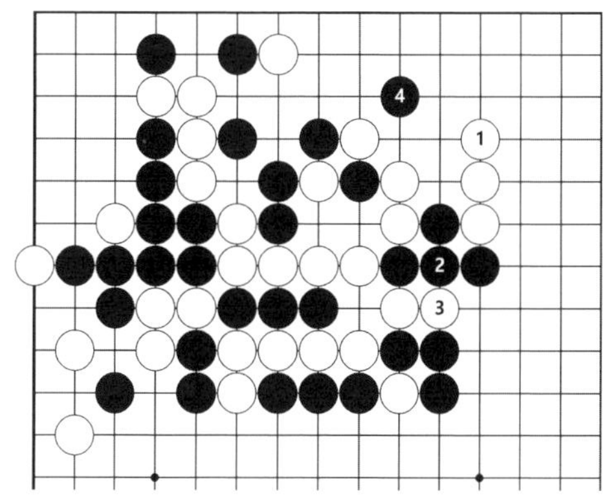

〈Point 13〉
마무리가 눈앞에

백(1)의 공격이 강합니다. 하지만 흑(2)로 선수를 활용하고 흑(4)로 수비를 하여 포기하지 않는데,

백은 경기를 잘 마무리 할 수 있을까요?

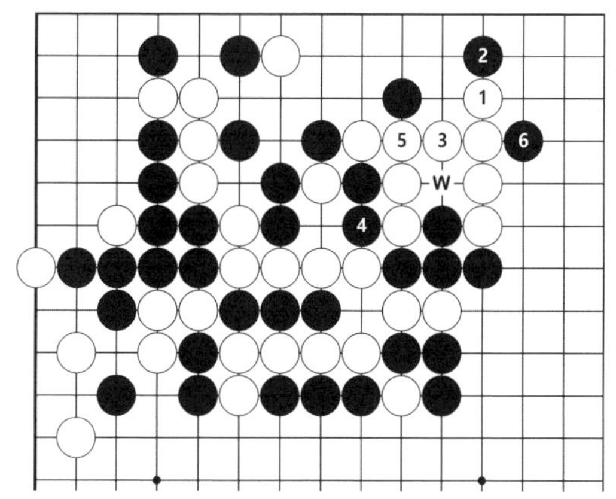

〈Point 14〉 전승 우승자를 이기다

임채훈 초단은 사연타 승을 정확하게 읽으며 직전 대회의 전승 우승자인 김영우 초단을 이기게 됩니다. 초반부터 이어진 김영우 초단의 날카로운 공격을 중반까지 한 치의 실수 없이 막아내며 수준 높은 수비를 선보였습니다. 김영우 초단도 상당한 강자답게 이번 판을 패배했지만 결국 임채훈 초단과 함께 공동 2위를 차지해 2016년 챔피언십 대회가 정말 치열했음을 알 수 있는 한판의 수준 높은 대국이었습니다.

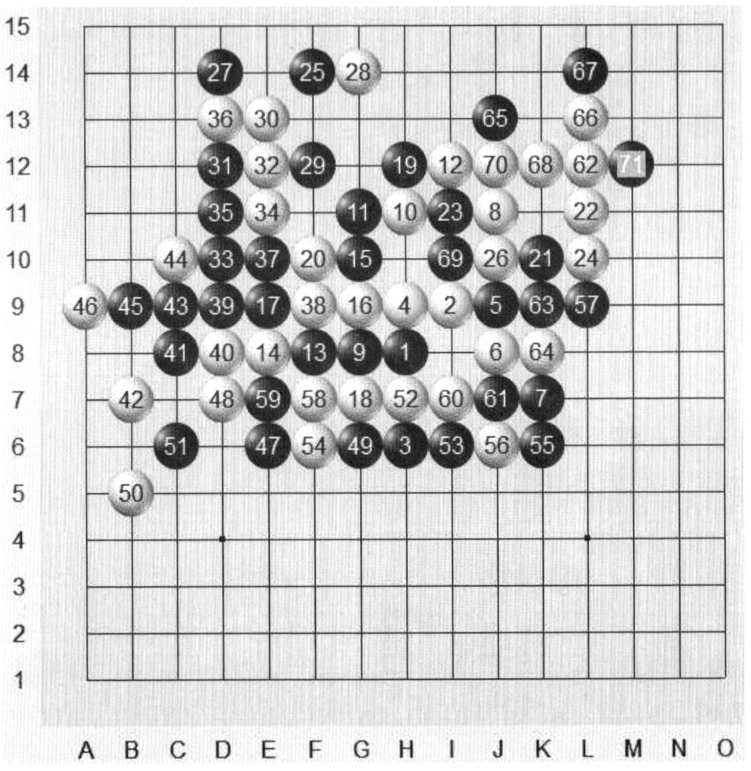

〈총보 (백) 임채훈 초단 71수 기권승〉

별 들 로 하 늘 에
오 목 을 둘 수 있 다 면
에피소드 2017
러시아 오목을 만나다

분석력이 발군(拔群)인 승부사(勝負師)

'승부사'라는 표현은 초대명인 '김규현 기사는 과연 어떤 선수인가?'에 대현 필자의 결론이다.

장기간 한국랭킹 1위(2018~2021)를 유지하며 당시 대다수의 메인 대회를 석? 하였으며 복귀 후 28연승을 기록하기도 했다.

과거로 좀 더 거슬러 올라가면 2006년에는 세계랭킹 6위에 오르는 등 '최? 의 선수'라는 표현에 부족하지 않은 커리어를 갖추었다.

하지만 국내 오목 전체의 역사로 보자면 그의 커리어와 비견되거나 오히려 ? 가할만한 업적을 만들어낸 선수들도 있었다.

김병준 기사의 '한국 선수 최초 월드챔피언쉽 결선 진출', 김창훈 기사의 '? 시안챔피언쉽 우승', 박정호 기사의 '국내 대회 10회 연속 우승'이다.

즉 커리어만으로 판단하기에는 다양한 업적들이 있었고 관점에 따라 여러 ? 지 견해가 존재할 수 있을 것이다.

그렇다면 그 만의 독특한 장점은 과연 어떤 것들이 있을까?

필자는 그것을 **'분석력이 발군인 승부사'**로 표현했다.

첫 번째 일화 : 약점을 정확히 공략하다

분석에도 여러 종류가 있다.

김규현 8단은 그 중에서 어떤 부분이 뛰어난 것일까?

필자는 그가 상대와 자신의 장단점을 예리하게 분석하여 실전에서 괴리 없 적용하는 능력이 어떤 선수들보다도 뛰어나다고 생각했다. 이는 타고났다는 각이 들 정도로 그 만의 독창적인 영역이라고 생각한다.

6년 전 제2회 협회장배 때 필자는 4강에서 그의 노련한 플레이에 힘을 쓰 못하고 탈락했었다. 그 당시 나는 공격력만큼은 누구도 뚫을 수 있다고 자신 지만, 실전에서는 분명 공격은 하고 있는데 뭐랄까? 정확히 말로 표현하기 든 압박감이 느껴졌다.

그는 나의 강점이 공격력이라는 것을 알고 있었을 것이다. 하지만 이를 뒤 어서 본다면? 그만큼 나의 약점 또한 잘 알고 있다는 의미도 된다.

필자는 2016오목챔피언십에서 임정빈 4단과의 대국 중 무리하게 공격하다가 형세가 상당히 불리해진 순간이 있었는데 김규현 8단은 아마도 그 기보를 보고서 나의 약점을 정확하게 파악했을 것이다. 그리고 실전에서 나에게 수로써 물었다. '자 공격이 잘 안 되는 상황일 겁니다. 과연 도훈기사는 이 상황을 풀어나갈 방법이 있나요?'

두 번째 일화 : 연속 무패 우승

김규현 8단은 2005한중친선전 이후 국내에서 무패의 기록으로 연속 우승을 차지하는 놀라운 퍼포먼스를 보여줬다. 그는 2006년 당시 공식 레이팅 2,552점을 찍어 세계랭킹 6위에 랭크되었는데 이는 지금까지도 대한민국 선수 중 역대 최고 순위이다. 이것이 과연 우연일까? 필자는 결코 우연이 아니라고 본다. 그는 한중친선전 이후 자신의 약점을 정확하게 분석하여 보완했고 이것을 결과로 증명해낸 것이다.

세 번째 일화 : AT 플레이어의 빈틈을 찾다

2017년 4월 1일 한국과 러시아의 친선 매치가 시작되었다.
당시 Dmitry 8단은 월드챔피언 Sushkov Vladimir 8단을 누르고 러시아 대회 우승을 차지한 탑레벨의 선수였기에 다수의 한국선수들에게서 승산이 적을 것이라는 예측이 나왔다.
이후 김규현 기사의 대회후기에 따르면 그가 오픈 한다면 승산이 있을 거라고 예상했지만 불운하게도 오픈은 Dmitry 선수가 하게 되었다.

하지만 그의 강점이 무엇인가? 바로 상대의 장단점을 예리하게 분석하는 능력이다. '대회 당시 Dmitry 8단의 대국모습을 유심히 지켜봤고 그가 승부처에서 수읽기로 승맥이 보일 때까지 장고하는 스타일임을 알아챘다' '60분 이하의 대국에서는 시간부족 문제가 생길 수 있다' '이론상 지는 수지만 공식 대회에서 실로 두어진 적이 없고 어려운 외길 수순인 형태를 선택하기로 했다'는 그의 대회후기를 통해 정말 대단한 분석이라고 생각했다.
그리고 지금부터 그 기보를 해설해보려 한다.

상 옥 추 제

지붕위에 오르면 사다리를 치운다

2017 한러친선전

3라운드 (소시로프8룰 60분 + 초읽기1회)

2017. 4. 1

김규현 7단	VS	Dmitry Epifanov 8단
17위	세계랭킹	52 위
06, 08 오목비상전 우승	주요경력	13 월드챔피언쉽 7위
3,4,5,10회 최고위전 우승		13,14러시아 하이리그 우승

<2017년 4월 기준>

해설 : 황도훈 6단

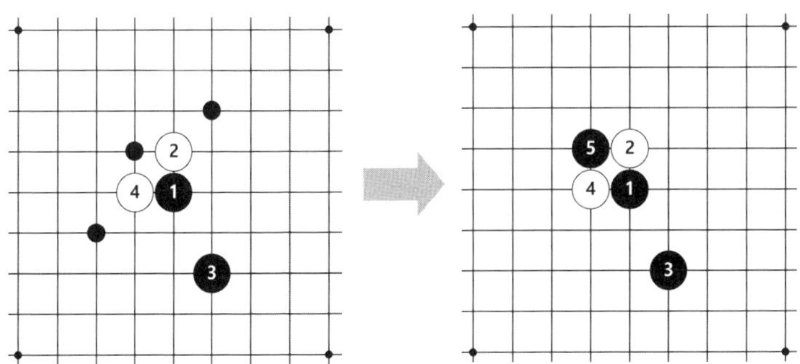

〈Point 1〉 5번은 이론상 패착! 그러나 그것은 전략

Dmitry Epifanov 8단은 D12(산월)를 오픈 했습니다. 그는 AT급 플레이어이며 상당한 연구파이고 모든 주형에 탄탄한 지식을 가지고 있습니다. 그런데 김규현 7단이 둔 4번은 이론상 5번 수가 2개는 흑승, 3개부터는 백승이라 위험성이 큰 자리입니다. 하지만 김규현 7단이 그걸 모르고 선택했을 리는 없기 때문에 패착의 포인트 속에 상대가 곤란해질 만한 전략이 있을 것이라고 볼 수 있습니다. 예상대로 흑이 이론상 지는 수인 5번이 선택됐습니다.

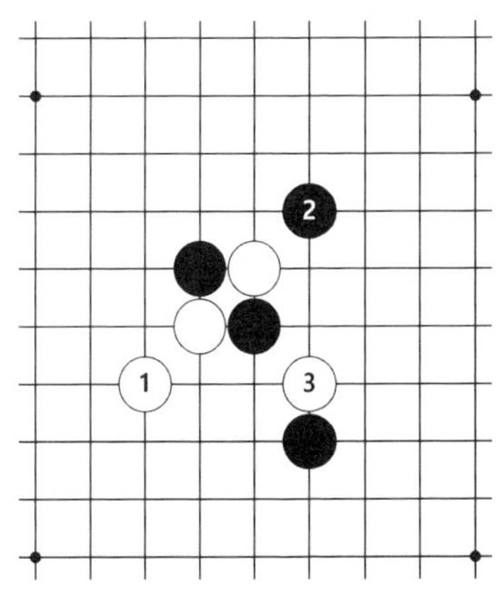

〈Point 2〉 빈틈이 없다

Dmitry 8단은 백(1)로 삼을 친 후 백(3)을 두며 백의 모양을 갖췄습니다. 초반 수많은 변화 중 최선의 길만 찾아가고 있습니다 수순이 길게 진행된 것은 아니지만 빈틈이 없습니다. 이후에도 백의 착수는 최선으로 진행될 가능성이 커 보입니다.

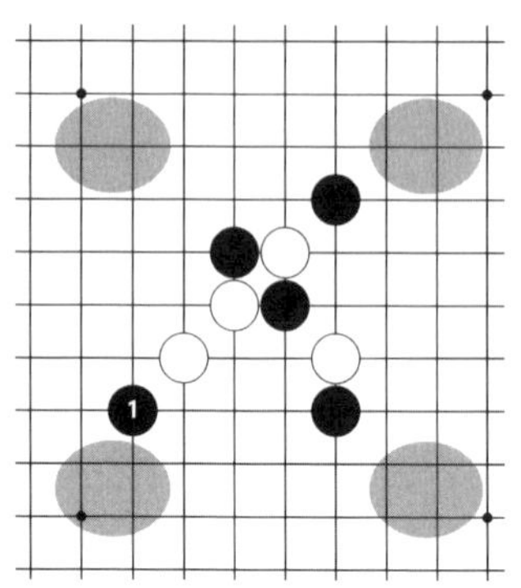

〈Point 3〉 사방으로 둘러친 형태

흑(1)은 백의 공격 루트를 막는 자리. 형태상 흑은 외곽(外廓)에 돌들이 위치하고 있기에 백은 **특정 공간**에서 집중적인 공격으로 판을 풀어야 하는 장면입니다.

이론상 백승이 될 곳은 여러 개가 있지만 백 또한 세밀한 수읽기가 받쳐주지 않는다면 위험에 빠질 수 있습니다.

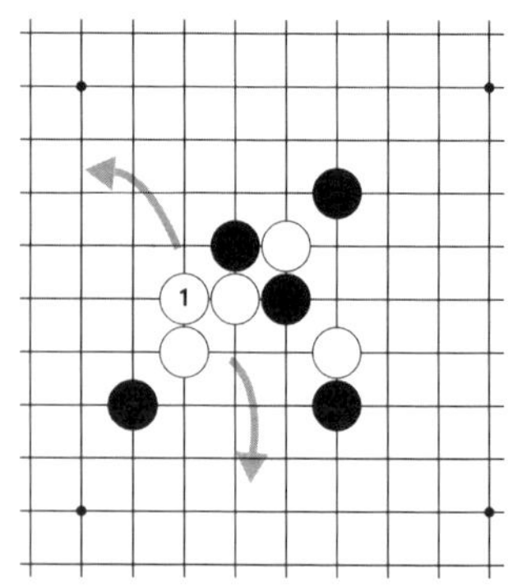

〈Point 4〉 외곽의 틈

백(1)로 인해 흑돌이 위치하였던 외곽에 틈이 생겼습니다. 화살표는 백이 강하게 공격할 수 있는 방향을 의미하는데 흑은 위기입니다. 여러 군데의 틈을 한수로 수비해야 하는 상황이라 흑은 어쩔 수 없이 백에게 한 루트는 내줘야 하고 이를 선택해야 하는 장면입니다.

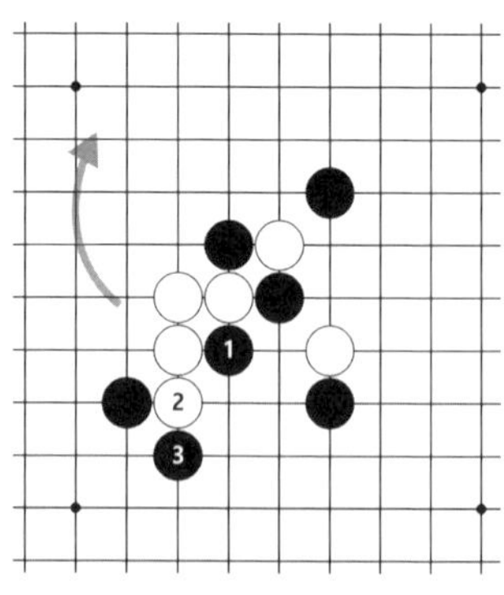

〈Point 5〉 한 방향으로

흑(1)은 백(2)의 삼을 강요하는 수비. 김규현 7단의 초반 수비 전략은 비록 백에게 공격권은 주더라도 여러 방향의 공격만큼은 하지 못하도록 한 방향의 공격을 강요하는 수비 전략입니다.

백이 뚫느냐 흑이 막느냐의 승부가 펼쳐질 듯합니다.

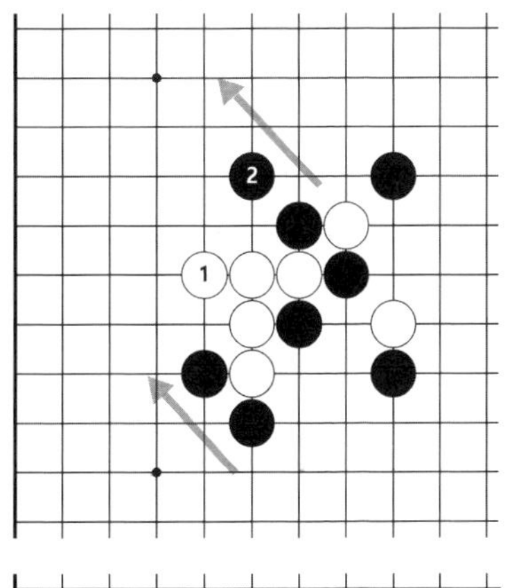

〈Point 6-1〉 공격하시오

Dmitry 8단이 둔 백(1)은 놀랍게도 유일한 백승자리입니다.

흑도 이에 굴하지 않고 흑(2)를 두며 기세로 나아가는데요.

마치 '공격하시오.' 라는 메시지를 던지는 듯합니다.

백은 과연 어떻게 공격을 풀어갈 것인지?

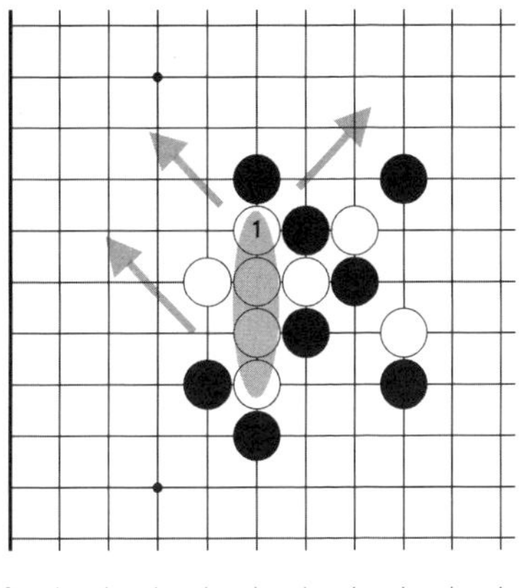

〈Point 6-2〉 집중된 세력

Dmitry 8단은 백의 **집중된 세력**을 강화하는 백(1)을 뒀습니다.

두 군데의 공격 루트가 생기는 장점이 있지만 단점은 영역에 표시된 백돌 4개가 오목으로 치면 막힌 형태라 좋지 않습니다.

결과적으로는 백(1)로 인해 매우 불리해지게 됩니다.

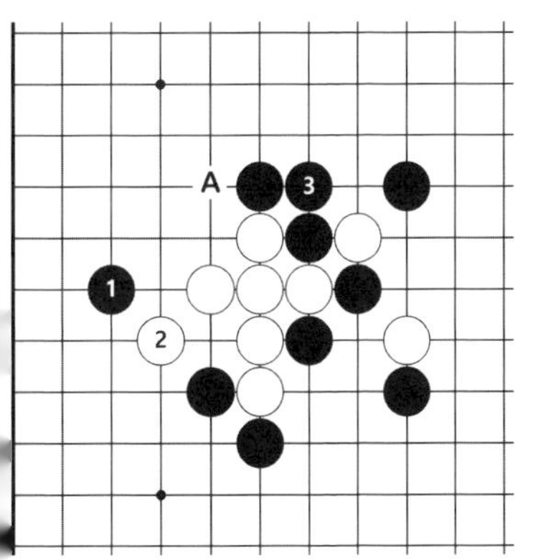

〈Point 6-3〉 선수활용

김규현 7단은 흑(1)로 삼을 선수활용하여 백(2)를 두게 했습니다.

이후 흑(3)을 둬서 백은 다음에 (A)로 둬야 합니다. 실제로 삼을 치는 선수 활용이 최선의 수비자리였으며 백이 반대로 위험해진 상황이 찾아왔습니다. 흑의 전략이 통하는 걸까요?

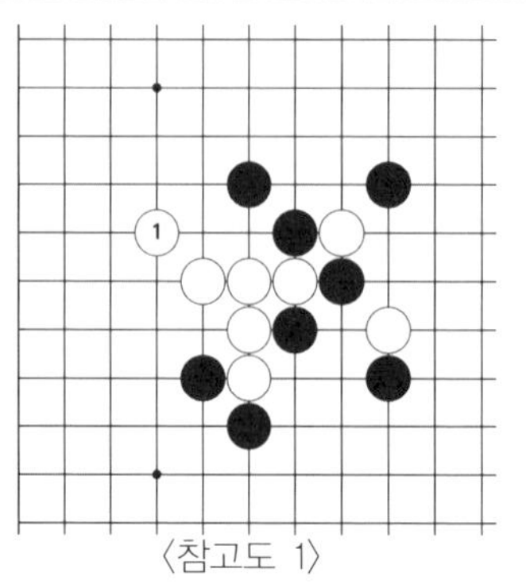

〈참고도 1〉

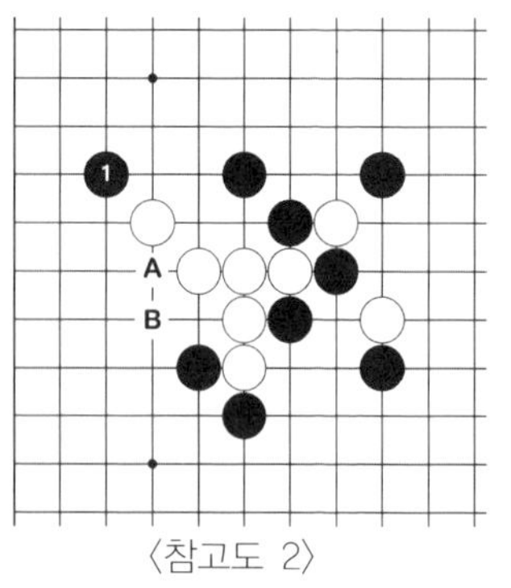

〈참고도 2〉

〈참고〉 백승은 그럼 어디인가?

Dmitry 8단은 실전에서 백승을 놓쳤습니다. AT급 플레이어도 백승을 놓칠 정도로 상당히 어렵습니다.

백승은 〈참고도 1〉의 백(1) 이후 〈참고도 2〉의 (A)와 (B) 모두 백승이 되는 자리입니다. 그냥 봐서는 '그렇게 어려워 보이지 않는데 왜 놓쳤을까?' 싶지만 이것이 바로 오목이 진정 어려운 이유고 초심자의 레벨에서는 수를 깊게 못 보기 때문에 무심코 둘 수도 있지만 탑클래스의 레벨에서는 수를 깊게 읽기 때문에 그만큼 안 되는 수도 읽히기 마련이고 그래서 두지 못하게 되는 경우가 많습니다. 실제로도 백승 진행은 상당히 까다롭고 경우의 수도 많아서 대표적으로 두 가지 진행만 간략하게 첨부합니다.

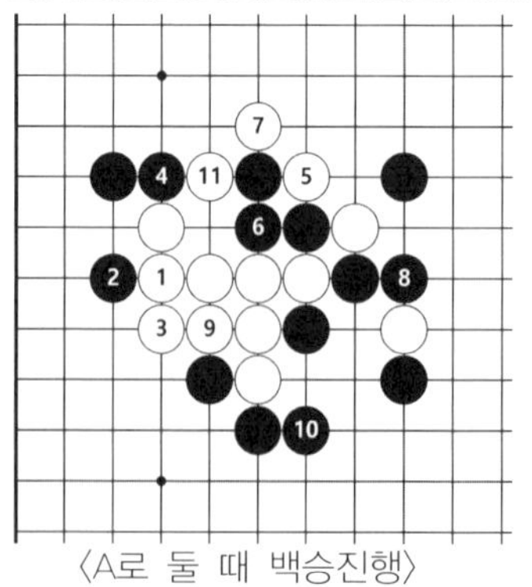

〈A로 둘 때 백승진행〉

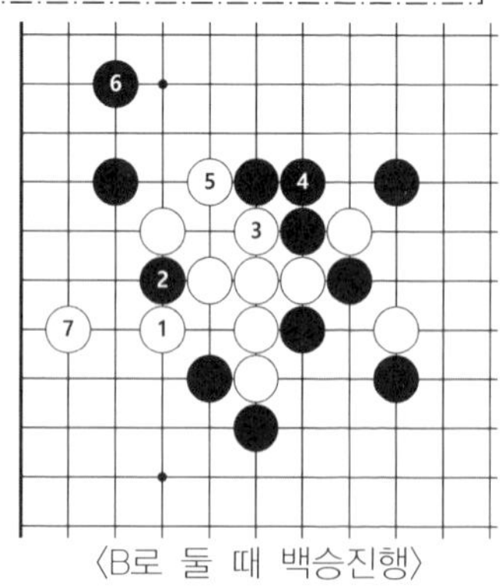

〈B로 둘 때 백승진행〉

▲ 〈2017 한러친선전 中〉
김규현 7단과 Dmitry 8단의 불꽃 튀는 경기 장면! 두 선수 모두 집중하여 대국에 임하고 있는 모습에 기품(氣品)이 느껴진다.
대국 흐름은 김규현 7단이 매우 유리한 상황인데

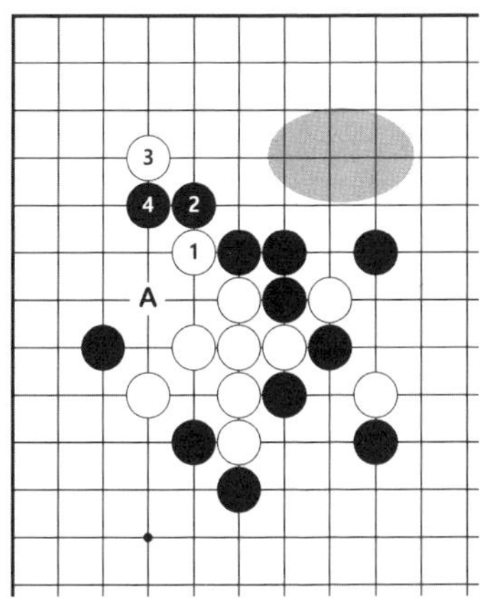

〈Point 7〉 끝내지 못하면

흑(4)까지 진행되면서 흑은 **우상변 세력**이 강해졌습니다. 그렇다고 백이 우상변을 막으러 가는 것은 중앙에 쌓인 백돌들을 무색하게 합니다.

백은 A로 삶을 쳐서 끝내지 못 한다면 흑에게 둘러싸이게 되고 결국 **사방의 세력**을 감당하지 못하여 힘든 상황이 됩니다.

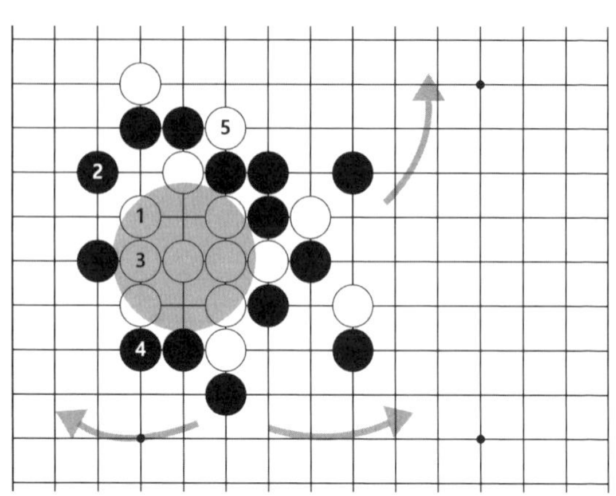

〈Point 8〉 상옥추제(上屋抽梯)

Dmitry 8단은 백(1)-백(3)으로 삼을 활용하여 공격을 시도했지만 결국 수가 없는 것을 읽고 뒤늦게 백(5)로 수비를 했습니다. **영역표시**된 부분에는 백돌들이 밀집되었고 반대로 흑은 외곽에 자리하여 백돌들을 감싸는 모양이 되었습니다. 상옥추제란 지붕 위로 유인한 뒤 사다리를 치운다는 뜻으로써 여기서는 적에게 달콤한 이득을 주어 유인한 뒤 적을 위기에 빠뜨린다는 의미로 사용되었고 김규현 7단이 이론상 백승을 넘겨줬지만, 전략적 선택이었고 결국 상대가 그 전략에 넘어간 상황입니다.

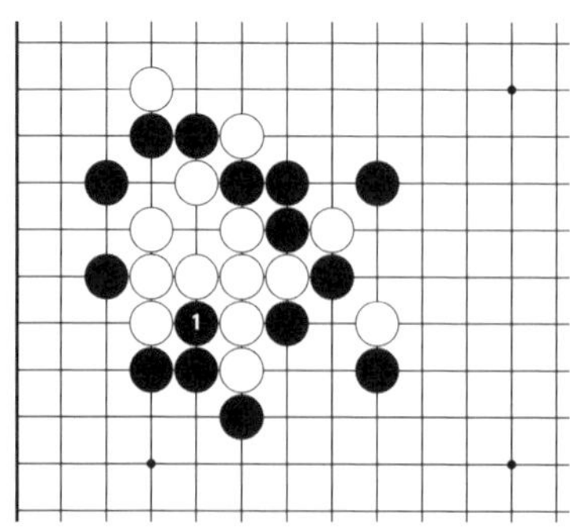

〈Point 9〉 잡음제거

김규현 7단은 흑(1)로 혹시나 모를 백의 반격을 제거했습니다. 잡음제거를 한 것인데 형세를 굳히는 데 있어서 좋은 선택으로 볼 수 있습니다. 역시 노련함이 담긴 수입니다.

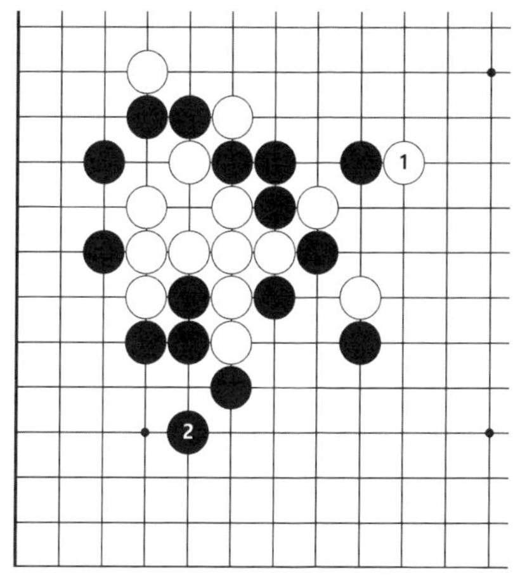

〈Point 10〉 골인 직전

Dmitry 8단은 어쩔 수 없이 백(1)로 우상변을 수비했습니다.

하지만 하변 흑(2)로 인해 흑 세력은 감당할 수 없을 만큼 커졌고 두 선수의 레벨에선 이미 흑승임을 알고 있을 만한 형국입니다.

김규현 7단! 승리하기 직전 입니다.

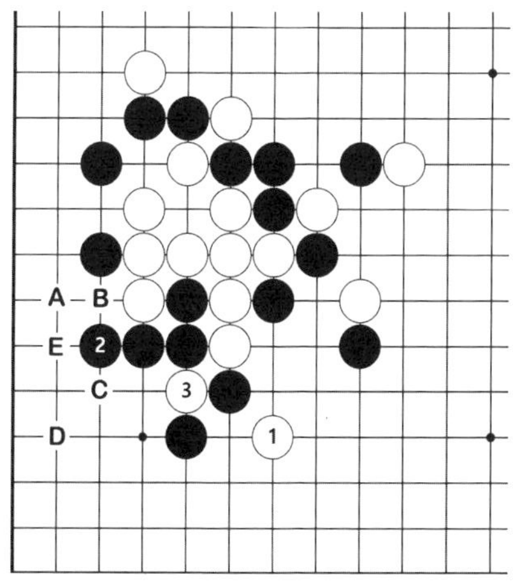

〈Point 11〉 나이스 샷!

흑(1)-백(3)까지 진행된 장면 입니다. 실전에서는 (A)-(B) -(C)로 Dmitry 8단은 기권 합니다. 그의 분석력이 AT급 선수에게도 통한다는 것을 증명한 순간이자 그의 저력을 볼 수 있는 대국이었습니다.

이 승리로 김규현 7단은 한러친선전 우승을 차지하게 됩니다.

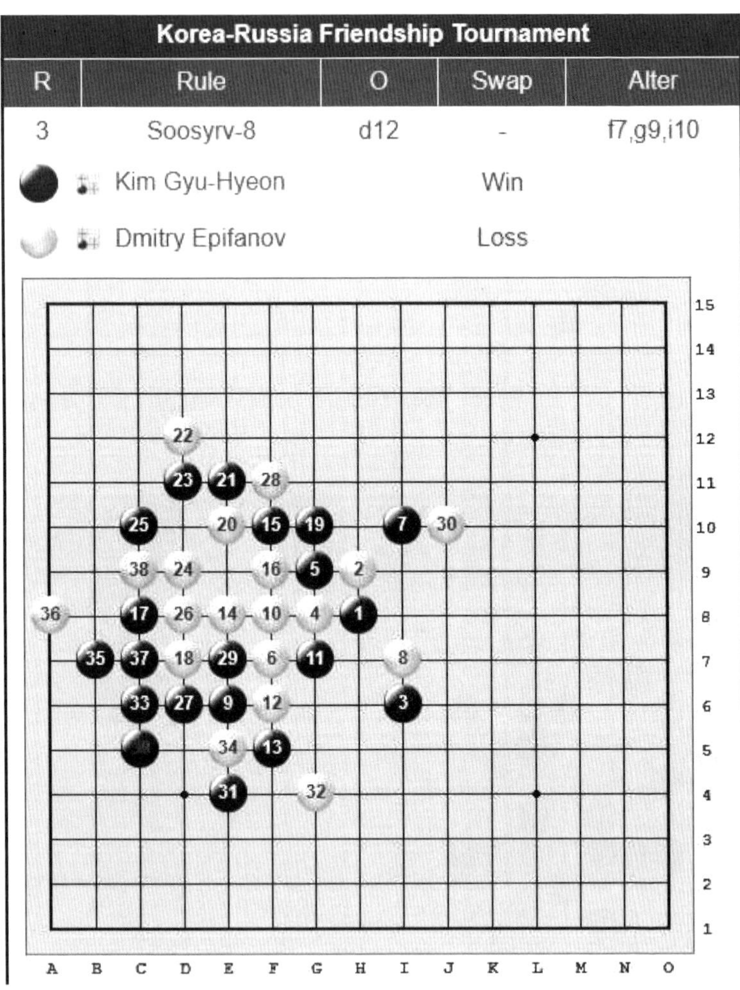

〈총보 (흑)김규현 7단 39수 승〉

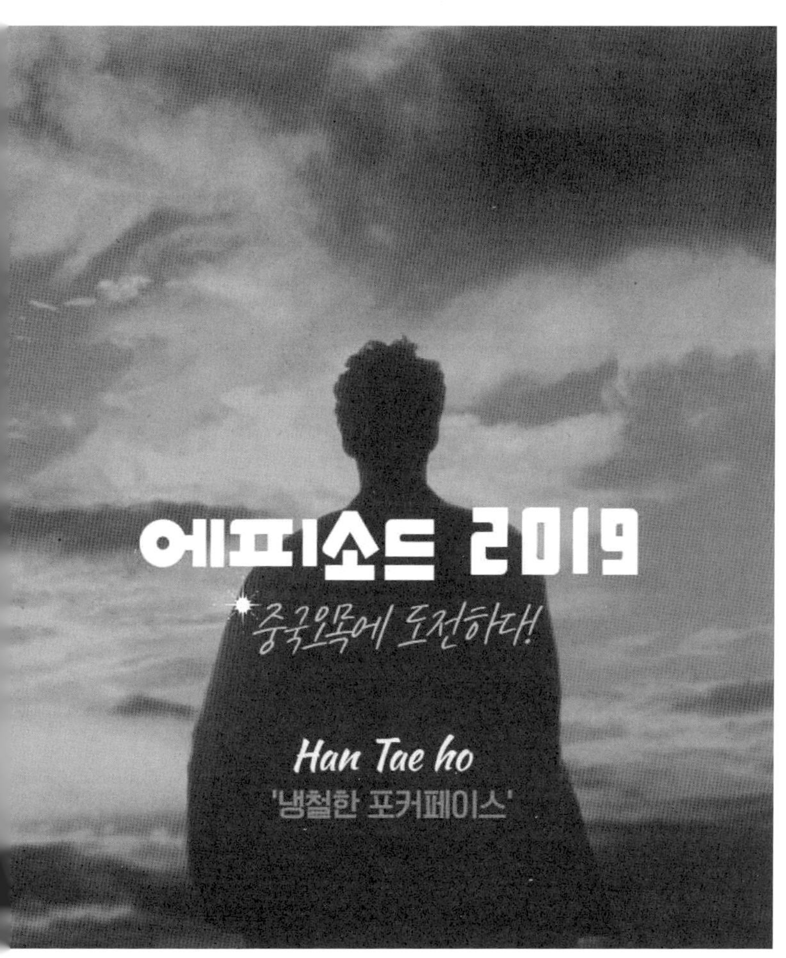
에피소드 2019
중국오목에 도전하다!
Han Tae ho
'냉철한 포커페이스'

〈2019 제2회 월드렌주오픈에 출전한 한태호 3단〉

Poker Face

무표정한 얼굴, 마음의 동요를 표정에 나타내지 않는 얼굴 등의 의미를 지닌 !어다. 이런 의미를 승부에서 강점으로 살린 선수가 있었다.

나는 국내대회에서 이 선수와 총 5번을 만났는데 늘 이런 강점 때문에 심리 ᅥ 압박감을 느꼈었다.

2022년 12월 기준 필자와의 상대 전적 3:2, 어느 정도 앞서지만 메인대회를 기준으로 했을 때 1:1로 동일하다. 그리고 renju.net에 기록된 나의 83경기 중 ᅥ단 수순인 11수만에 나의 기권을 받아낸 선수이다.

이쯤 되면 눈치 챈 사람들도 있을 것이다. 바로 한태호 4단이다.

심리적 우위를 점할 수 없는 선수

오목 승부에서는 둘이 붙는다면 필연적으로 강자와 약자가 나뉘게 된다. 유는 레이팅이 서로 같기도 힘들 뿐더러 설령 같다고 해도 상성의 차이가 있 에 누군가는 조금이나마 우위에 있게 된다.

그런데 상대적인 차이가 어느 정도 있는 경우에는 약한 선수가 강한 선수에게 실력을 발휘하는 것이 보통 쉽지 않다.

왜냐하면 오목의 승부는 드러나 있는 전적이나 커리어도 중요하지만, 그에 못 않게 심리적인 부분도 중요하기 때문이다. 승부에서 강자가 실제로 치밀하지 은 전략을 가지고 있어도 약자의 입장에서는 상대를 과대평가하기 십상이다. 즉 강자와 붙는다는 것 자체로 약자의 입장에선 심리적으로 복잡하다는 뜻이 . 이것이 강자의 이점 중 하나인데 한태호 4단은 달랐다.

필자는 다수의 우승 경력이 있는 강자의 입장이었으나 그에게서는 심리적으로 요될 때 보이는 표정 변화나 제스처를 거의 찾아볼 수 없었다.

그런 냉철함이 필자에겐 낯설었으며 심리적으로도 오히려 그에게 밀리지 않았 생각한다.

리스크있는 진행도 거리낌 없이 구사

한태호 기사는 전략적으로 아주 까다로운 선수다.

한성, 명성, 람월, 직접유성, 혜성 등 상대가 꺼릴 만한 여러 주형을 자유자재로 사용하며 연구가 바탕이 되지 않는다면 실전에서 매우 리스크있는 진행도 거리낌 없이 구사하기 때문이다.

게다가 한태호 기사 특유의 냉철함이 더해지기 때문에 그 까다로움은 훨씬 강화된다.

그는 실패를 두려워하지 않고 매우 공격적이며 또한 변화무쌍하다.

그를 상대하는 입장에서는 표정 변화나 제스처에서 심리를 파악하기 어려울 만큼 냉철한 모습을 유지하는 반면 실제 구사하는 수는 변화무쌍하며 저돌적으로 다가온다.

그런 상반되는 점들로 인해 상대하는 입장에서는 더욱 까다로운 것이다.

'월드챔피언쉽 3위' 선수와의 승부

월드렌주오픈 대회는 중국에서 개최되지만, 다양한 나라의 세계적인 선수들이 참여하는 메인 국제대회다.

한태호 3단은 2019년 9월 개최된 제2회 대회에 한국 대표로 홀로 출전했다. 함께 참가한 동료가 없다는 점과 첫 국제대회라 긴장하여 실력 발휘가 어려울 수 있다는 점에서 아마도 쉽지 않은 여정이었을 것이다.

1,2라운드는 중국 선수에게 승리, 3라운드에서는 중국랭커 Li Yi 6단을 상대로 아쉽게 패배. 그래도 비교적 좋은 출발이다.

4라운드 상대는 2015년 AT 3위를 차지한 중국랭커 Lan Zhiren 6단.

객관적으로 어려운 상대고 더구나 오프닝이 마무리되고 보니 상대 선수는 이론상 흑승으로 출발하여 한태호 기사의 승산이 적어 보였는데...

과연 어떤 이야기가 펼쳐질 것인가?

바로 그 기보를 감상하러 가보자~

침착하여 당황하지 아니함

제2회 월드렌주오픈

4라운드 (소시로프8룰 90분 + 30초/1수)

兰志仁 6단 Lan Zhiren — 2019. 9. 13 — 한태호 3단

VS

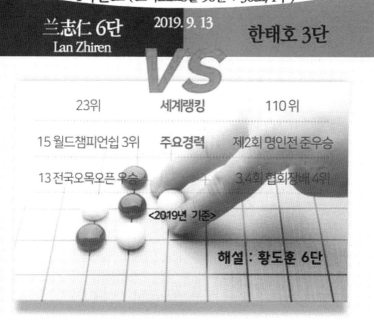

兰志仁 6단		한태호 3단
23위	세계랭킹	110위
15 월드챔피언십 3위	주요경력	제2회 명인전 준우승
13 전국오목오픈 우승		3,4회 협회장배 4위

<2019년 기준>

해설 : 황도훈 6단

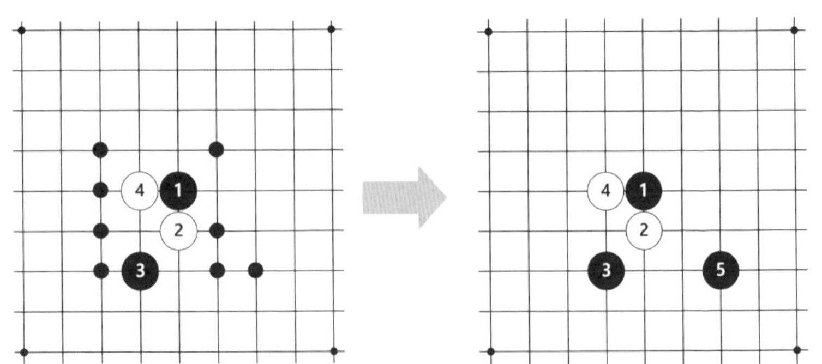

〈Point 1〉 Lan 6단의 D2 오픈, 5번은 이론상 흑승

Lan 6단은 D2(계월)를 오픈했습니다. D2는 흑(1)-흑(3)의 배치가 날일진 형태로써 **백(2) 주변 세력**을 단단하게 견제할 수 있습니다. 그래서 다른 주형들과 비교해도 D2는 상대적으로 흑이 유리한 5수 자리가 많은 편입니다. 백(4)를 착수한 한태호 3단, 이후 착수된 임시 5번 8개중 이론상 6개는 흑승이고 동등-흑유리 자리가 하나씩 착수되었는데 한태호 3단은 흑승자리중 하나를 최종적으로 선택했습니다. 어떤 전략을 가지고 온 것일까요?

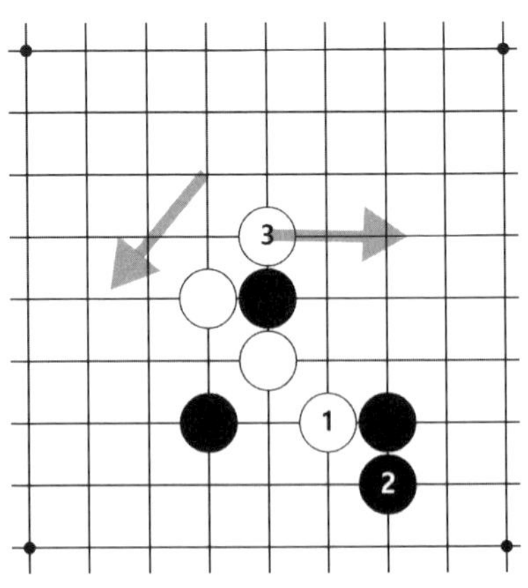

〈Point 2〉 최대한 어렵게

한태호 3단은 백(1)으로 삼을 친
아래 흑 세력을 수비하지 않고 백(
으로 공격적인 수를 뒀습니다.
이는 행마의 일관성을 유지했다고 볼 수 있고 흑 대각선 삼 공격과
세로 띈 삼의 공격을 견제할 수
는 효과적인 착수라 최대한 어렵
만들었다고 볼 수 있습니다.

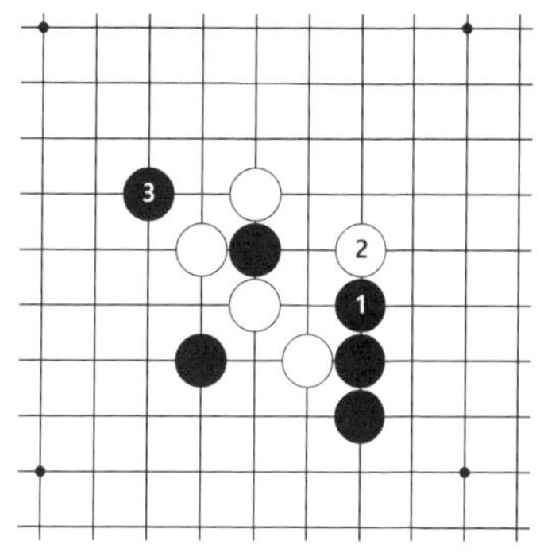

〈Point 3-1〉 예정된 최선

Lan 6단이 실전에서 둔 흑(1)은 외길 흑승이며 최선입니다. 이후 백은 수비를 했으며 흑(3) 또한 외길수순.

이 정도면 두 선수 모두 연구가 되었다고 봐야 하고 흑이 매우 유리한 상황이지만 한 3단의 숨겨둔 전략이 있다면 흑도 방심할 수는 없습니다.

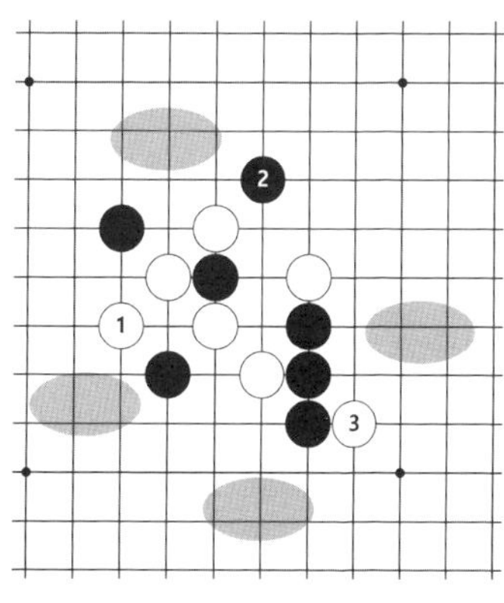

〈Point 3-2〉 행복한 고민

한태호 3단은 백(1)로 삶을 친 후 흑의 **우측 세력**을 수비했습니다. 당장 흑이 수를 낼 수 있는 상황은 아니지만 표시된 영역 모두 흑이 우세를 점할 수 있는 곳이며 어딜 두든 백은 어려운 형국을 맞이하게 됩니다.

Lan 6단! 둘 수 있는 좋은 자리가 많기에 행복한 고민이 될 듯합니다.

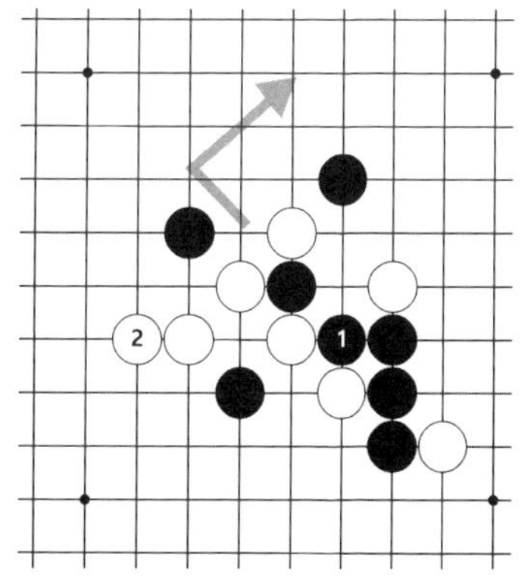

〈Point 3-3〉 초반 타개

흑(1)은 백 공격의 맥(脈)을 막는 동시에 상변 공격을 노리는 좋은 자리입니다. 난국에 봉착한 백은 어떻게 이를 타개해 나갈까요?

고민 끝에 백(2)로 공격적인 행마를 합니다. 무난하게 수비해서는 마땅한 해법이 없다는 결론을 내린 듯 보입니다.

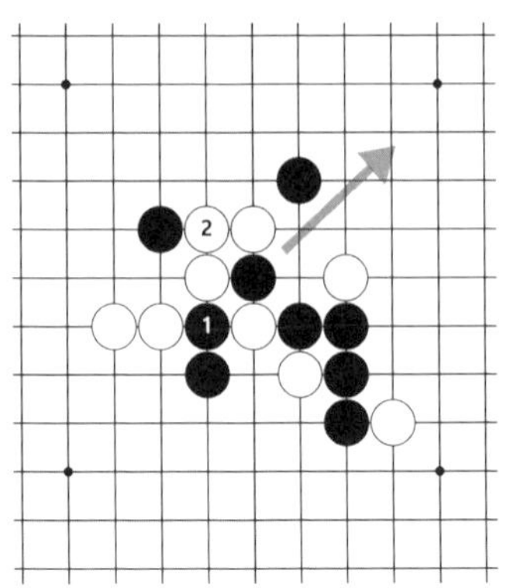

〈Point 4-1〉 칼을 빼 들까?

Lan 6단은 배테랑 선수답게 당장 무리하지 않고 흑(1)로 침착하게 막아둡니다. 한태호 3단도 수비 겸 백을 강화하는 백(2)를 착수. 흑은 화살표 방향의 공격이 눈에 들어오는데요. 칼을 뺄 수 있는 타이밍이 찾아온 듯합니다. 한태호 3단! 여전히 어려운 상황입니다.

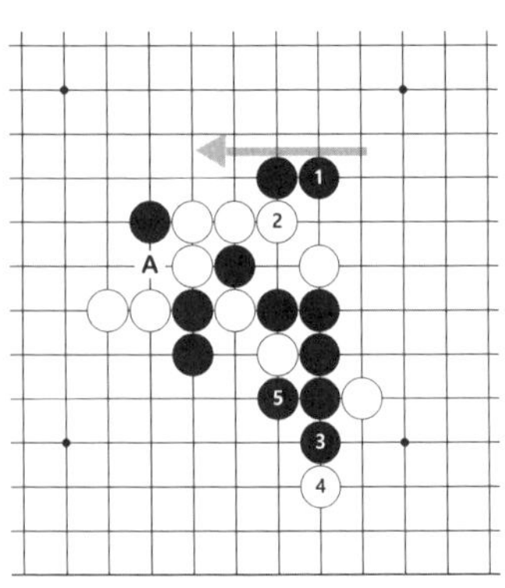

〈Point 4-2〉 칼을 빼 들다

Lan 6단은 흑(1)로 뛴 삼을 치고 흑(3)-흑(5)로 수를 내기 위한 공격을 하는데 백은 위기입니다. 흑(1)로 인해 백은 (A)로 삼을 치면서 막을 수 없기 때문입니다. 막는다고 해도 흑은 여전히 선수를 유지하며 공격할 수 있습니다.

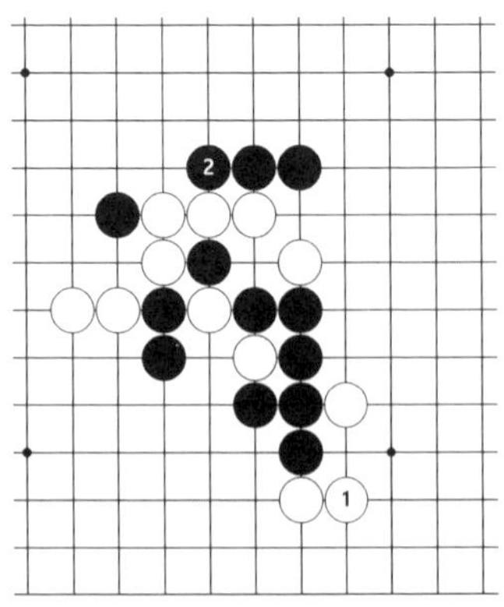

〈Point 5〉 여전히 좋은데

백(1)은 당장 급한 불을 끄는 수비. 여전히 흑은 수를 낼만한 공격들이 남아 있습니다. 흑(2)는 백의 삼삼을 막으면 선수를 유지하게 하는 수입니다.

그러나 Lan 6단도 확실히 이기는 길은 못 본 것일까요? 여전히 좋지만, 흑은 결정적 펀치를 날려야 합니다.

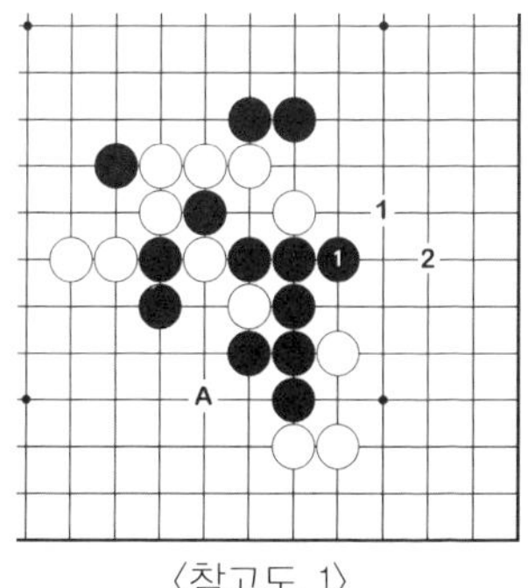

〈참고도 1〉

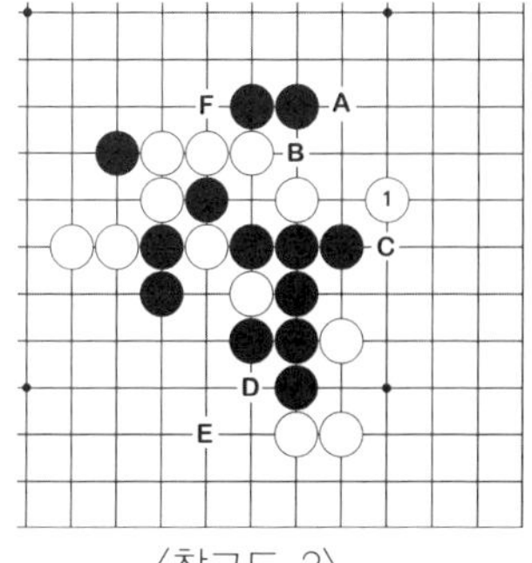

〈참고도 2〉

〈참고〉 수가 보일 듯한데 의외로 까다롭다

〈참고도 1〉의 흑(1)은 흑승을 만들 수 있는 공격입니다. 백이 (A)로 막는다면 1-2로 당장 사삼이 나오게 되어 백은 〈참고도2〉의 백(1)로 수비를 해야 합니다. 그래도 흑이 이기는 길이 많은데 표시된 (A),(B),(C),(D),(E),(F) 모두 흑승이 될 수 있는 자리들입니다.

실전에는 Lan 6단이 (F)를 착수하여 흑승을 벗어나진 않았지만, AI로 분석하면 (F)는 흑승을 만드는 과정이 비교적 어려운 편이라 실전적으로는 추후 흑이 수를 만드는 데 있어 실수할 가능성을 내포한다고 볼 수 있습니다. 그럼, Lan 6단은 비교적 덜 어려운 자리들을 왜 두지 않은 것일까요? 필자의 생각은 수읽기를 하는 과정에서 수가 날 만한 부분에 백의 반격이 있고 이후 흑승이 불확실하다는 판단에 (F)로 안정적인 선택을 한 것으로 추측합니다.

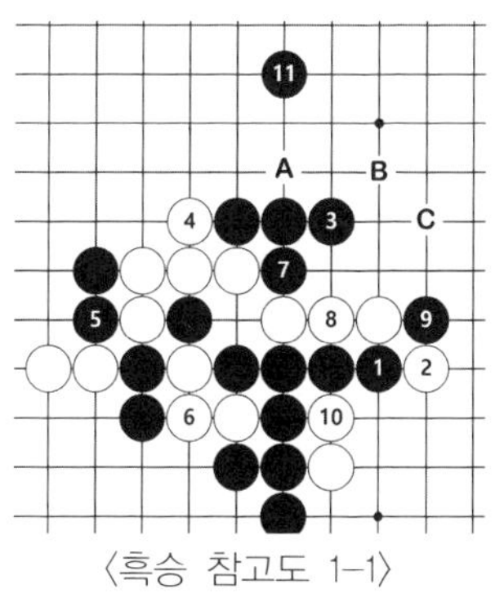

〈흑승 참고도 1-1〉

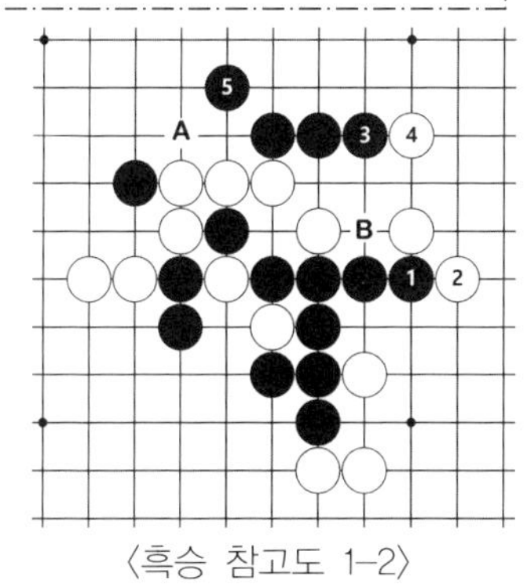

〈흑승 참고도 1-2〉

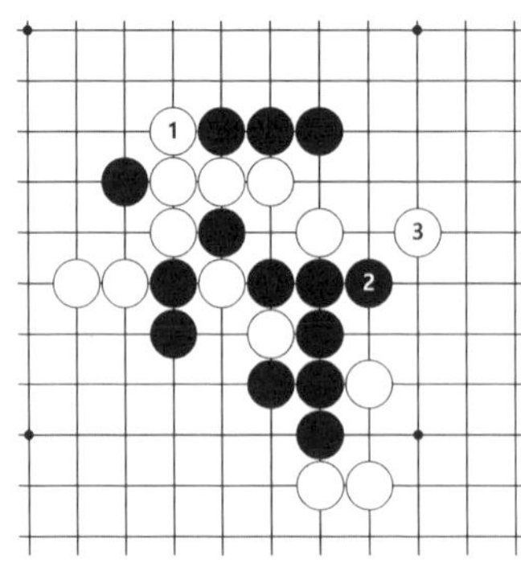

〈Point 6-1〉 다시 원점으로?

한태호 3단은 고민 끝에 좌측을 수비했습니다. 우변에 수가 없다고 본 것일까요? Lan 6단은 흑(2)로 삼을 치며 공격을 시도합니다.

그러나 백(3)의 수비 이후 흑승의 길이 더 멀어지는 것으로 보입니다.

상황은 다시 원점으로 흘러갈까요?

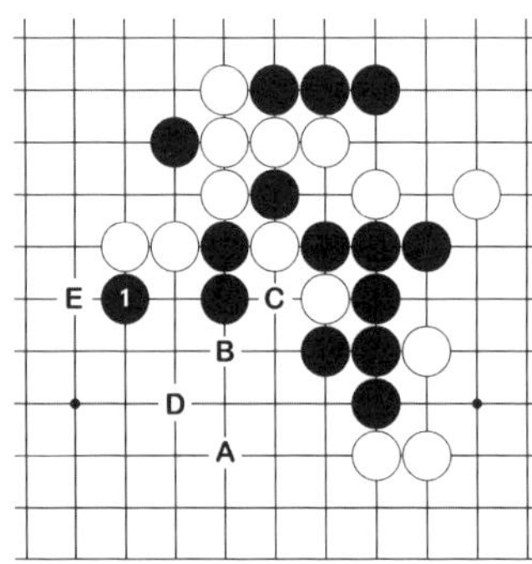

〈Point 6-2〉 다시 원점으로

흑(1)은 (A)-(B)-(C)-(D)-(E)의 사삼노림이 되는 수입니다. 그러나 흑(1)을 기점으로 흑승은 없어졌습니다.

Lan 6단이 공격으로 수를 내기에는 힘들다고 판단한 듯 합니다.

한태호 3단! 냉철함을 유지하며 판을 풀어간다면 어찌 될지 모릅니다.

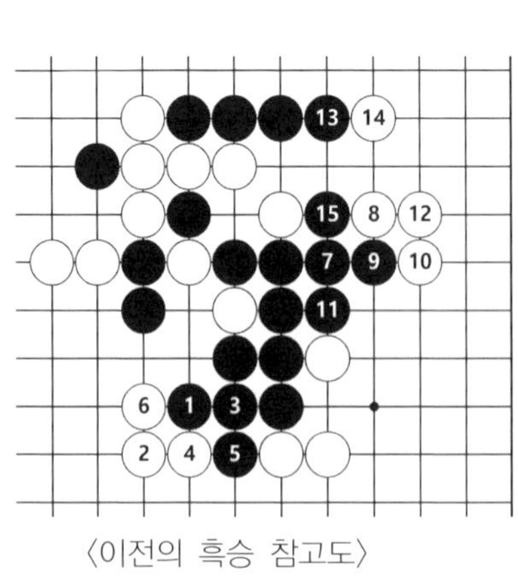

〈이전의 흑승 참고도〉

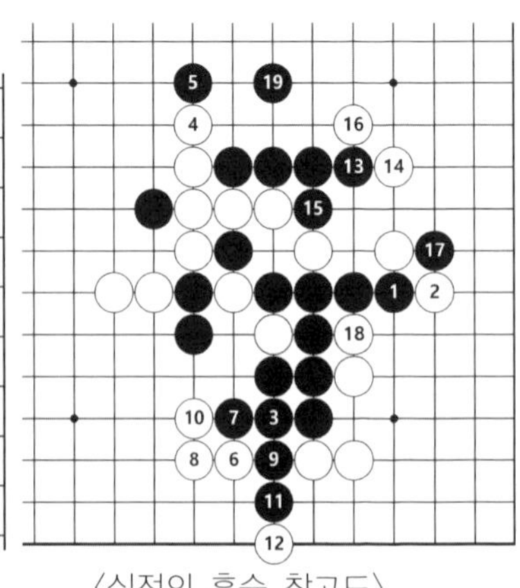

〈실전의 흑승 참고도〉

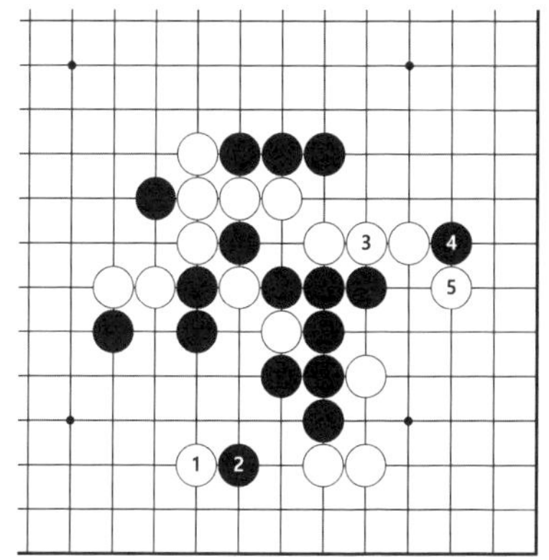

〈Point 7〉 난전(亂戰)

백(1)은 한태호 3단의 정확한 응수. 이후 흑과 백은 수를 주고받으며 팽팽한 싸움을 하고 있습니다.
흑이 아주 좋았던 상황에서 난전으로 형세가 바뀌었기 때문에 심리적으로 Lan 6단이 한태호 3단보다 더 압박감을 느낄 수 있습니다.

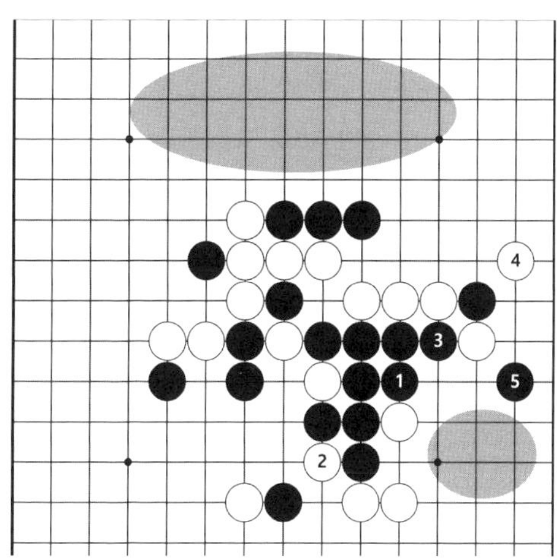

〈Point 8〉 형세 역전

흑(1)~백(4)가 이어지는 가운데 형세는 점점 흑이 불리해지고 있습니다. 결정적으로 흑(5)가 두어짐에 따라 형세는 백승으로 바뀌었는데 **세력의 관점**에서 보면 상변 일대가 넓고 흑(5) 주변은 너무 **좁은 공간**이라 반드시 둬야 하는 곳이 아니라면 패착으로 봐도 될 만큼 비효율적인 곳입니다. Lan 6단이 점점 무너지고 있습니다. 한태호 3단! 이 기회를 살릴 수 있을까요?

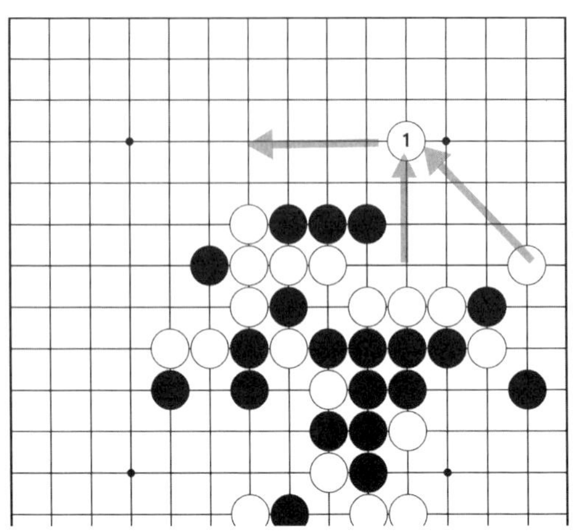

〈Point 9〉 불황불망(不慌不忙)

한태호 3단은 백(1)로 상변의 주도권을 잡았습니다. 두 군데의 공격 루트가 생기며 좌변으로 뻗쳐 나갈 수 있는 좋은 수입니다. 불황불망(不慌不忙)이란 침착하여 당황하지 않는다는 뜻으로써 초반 흑승 형세에서 여러 번 큰 위기를 맞이했지만, 한태호 3단의 강점인 냉철함을 바탕으로 당황하지 않고 침착함을 유지하여 형세를 역전시키고 좋은 자리를 찾아 기세를 잡은 한태호 3단의 저력을 표현한 사자성어입니다.

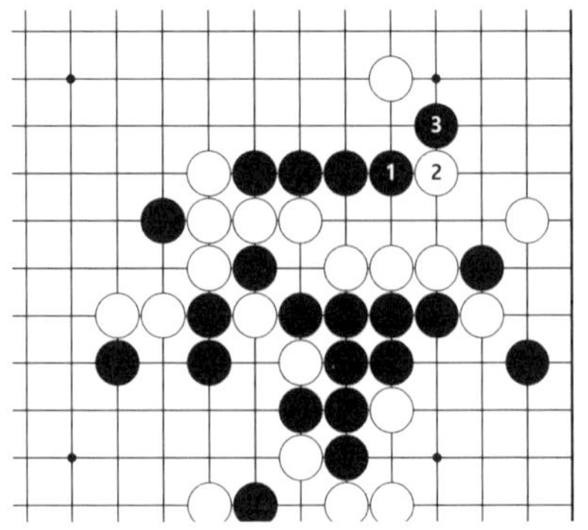

〈Point 10〉 칼자루는 백

Lan 6단은 흑(1)로 사를 활용 뒤 흑(3)으로 수비했습니다. 칼자루는 백이 쥐고 있는데 연 결정타를 날릴 수 있을까요? AT 3위 세계랭커를 이길 수 는 절호의 기회입니다.

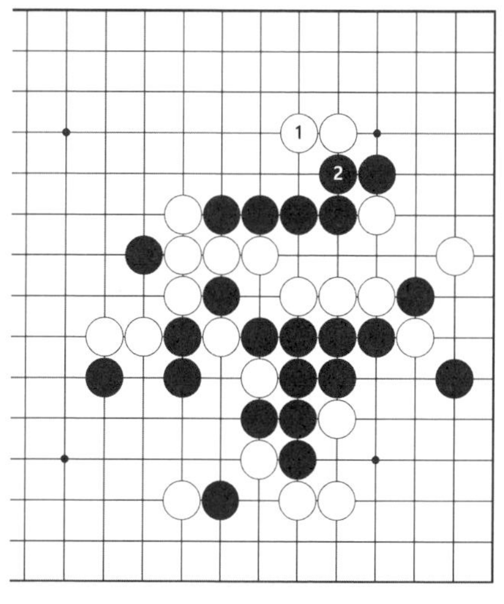

〈Point 11〉 결정타

한태호 3단이 둔 백(1)은 AI가 추천하는 베스트 자리입니다. 결정타라고 봐야 하는데요.

Lan 6단은 어쩔 수 없이 흑(2)로 수비를 합니다.

흑세력은 전체적으로 수 내기엔 힘들지만 백은 현시점에서 무승부가 아닌 수를 만들어 이겨야만 여태까지 힘들게 위기를 넘긴 보람이 있을 것입니다.

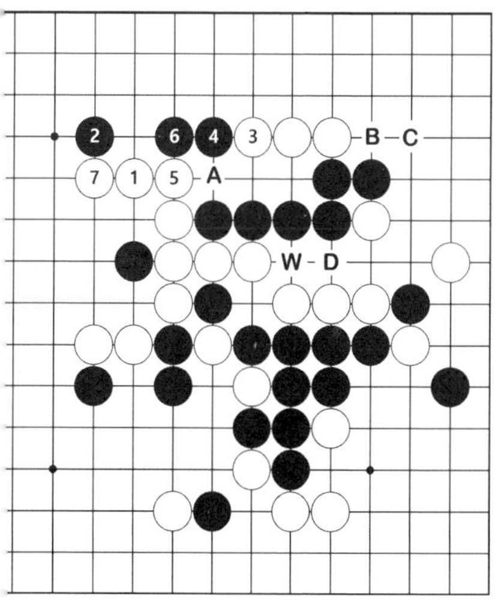

〈Point 12〉이걸 본다고?

실전은 백(1)–백(7)로 수순이 진행되었고 Lan 6단은 기권을 합니다. 한태호 3단! 여러 번의 위기 상황을 침착하게 타개하고 공격 타이밍과 마무리까지 삼박자가 어우러진 명국입니다. (A)–(B)–(C)–(D) 이후 (W)에 사사금수가 나오게 되어 이를 읽고서 상대가 기권한 것으로 보입니다.

The Second Anji World Renju Open				
R	Rule	O	Swap	Alter
4	Soosyrv-8	d2	--	f6,f7,f8,f9,i6,i7,i9,j6
●	Lan Zhiren		Loss	29min
○	Han Tae-ho		Win	19min

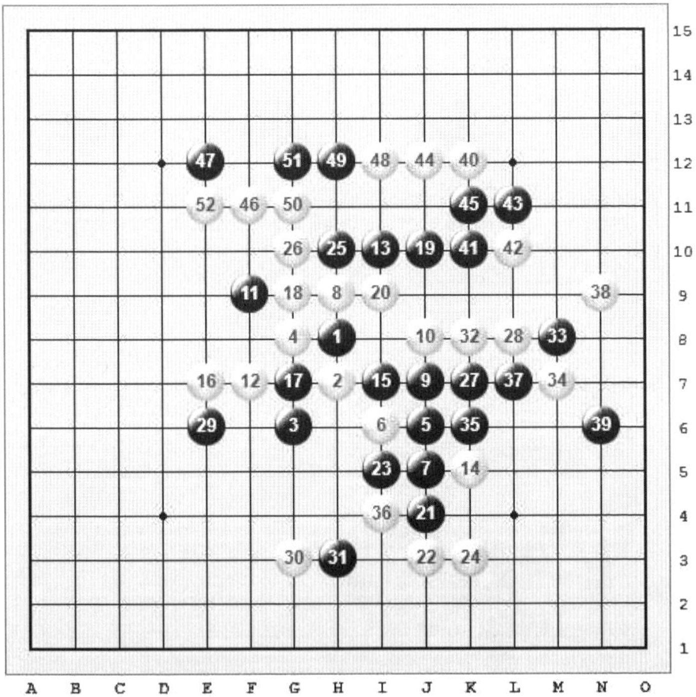

〈총보 (백)한태호 3단 52수 승〉

에피소드 2023

Kang Sang Min

한국 오목의 미래를 향한 '무한발전모드'

튀르키예 여성선수와 대국중인 강상민 5단 〈2023월드챔피언십〉

2023년은 이십대 기사들의 약진이 눈부신 한 해였다.

강상민, 이호준, 장은민 기사 등을 필두로 여러 젊은 선수들이 많은 대회에서 활약했으며, 활동력 뿐 아니라 실력적인 측면에서도 가파른 성장세를 보이고 있다.

◀ 대한민국 선수로는 22년만에 월드챔피언쉽 결선리그(AT)에 진출한 이호준 2단 (5단으로 승단)

영주 선비문화축제

선비문화축제는 우리나라의 대표적인 지역 문화 행사의 하나로써 많은 지역 시민들과 관광객들이 어울리는 축제의 장이다. 이렇게 활기가 넘치는 공간에서 오목대회를 치른다는 것은 생경하지만 한편으로는 신선한 충격이다.

또한 이번 영주대회는 지자체와 협회가 협력하여 주최하는 첫 대회로 향후에 개최될 다른 지역 대회들의 좋은 선례가 되지 않을까 싶다.

이번 해설은 개인적인 이유로 기존 형식과는 달리 약식으로 써보려 한다.

육각형 기사

여러 능력치가 고루고루 우수한 기사를 뜻한다.

이번에 소개할 사람은 강상민 기사다. 영주배 대회에서 한국랭킹 1위였던 필자를 백을 잡고 이겼으며 결승전에서는 베테랑 박웅배 기사마저 압도하며 우승을 차지했다.

영주배대회, 며칠간의 집중호우로 많이 추웠다. 어쩌면 핑계로 보일 수 있지만 결승전에서 패한 원인 중 하나는 **"추위"**로 인한 컨디션저하 때문이라고 생각한다. 필자의 뛰어난 재능 중 하나가 **"집중력"**인데 체온저하로 영향을 받았던 것이다. 아마도 다른 선수들 역시 전체적인 컨디션 저하가 일어났을 것이다.

그럼에도 불구하고 강상민 6단은 필자의 예상을 어느 정도 뛰어넘었다.

많이는 아니더라도 예상치를 벗어난 것은 사실이었다.

육각형의 고른 우수한 능력을 가졌지만 어찌 보면 애매할 수 있다는 점을 영주 대회에서 그렇지 않다며 내용과 결과로써 증명한 것이다.

육각형이지만 애매하지 않다

강상민 기사는 나와 같이 6~7년가량 동시대에 활동했다.

솔직한 마음은 승부적 재능은 애매하다고 생각했었다.

편견일 수도 있지만 전체적으로 재능이 우수하다는 말은 뒤집어 말하면 한쪽 능력은 특출하게 뛰어나다고 보기엔 애매할 수 있기에 필자의 판단은 그러했다.

하지만 승부는 누가 어떻게 생각하든 간에 늘 결과로써 증명하는 것이고 그 결과가 가장 객관적인 지표라고 할 수 있다.

어떻게 나의 예상치를 뛰어 넘을 수 있었는가?

영주대회 이전 여러 친선모임이 있었다. 거기엔 늘 강상민 기사도 있었다. 그의 **뛰어난 장점**이라고 생각하는 부분 중 하나는 **순수함**과 그 순수함을 바탕으로 둔 **배우고자 하는 진지한 태도**이다.

누구나 오목을 두고 익히다보면 자연스럽게 자신만의 스타일과 고집도 생길 수 있다.

만약 어떤 사람의 오목을 진심으로 배우고자 한다면 자신이 기존에 가지고 있었던 **"자기만의 오목"**을 일단은 뒤로 밀쳐 두고 "그 사람의 오목"에 집중할 수 있어야 한다.

적어도 그 사람의 오목을 배우는 동안은 자신이 가지고 있던 고정관념이나 생각을 배제해야 하는 것이다.

그러나 현실적으로 자신의 생각을 뒤로 하는 것은 결코 쉽지 않다. 강상민 기사는 그러한 부분에서 진심이었다고 생각한다.

특히 4강전에서의 예상을 뛰어넘는 날카로운 수에 난 몹시 당황했다.

그 당시 강상민 기사가 구사한 수는 **"도약"**이라고 봐도 될 법했다.

大器晚成

대 기 만 성

큰 그릇은 오랜시간에 걸쳐 완성된다

2023영주선비문화축제대회

4강전 (소시로프8룰 30분 + 30초/1수)

2023. 5. 6

황도훈 6단 VS 강상민 4단

황도훈 6단		강상민 4단
1위	한국랭킹	8위
제3,4회 오목명인전 우승	주요경력	20 슈퍼리그 공동3위
제3회 협회장배 우승		21 가와무라컵 준우승

<2023년 4월 기준>

해설 : 황도훈 6단

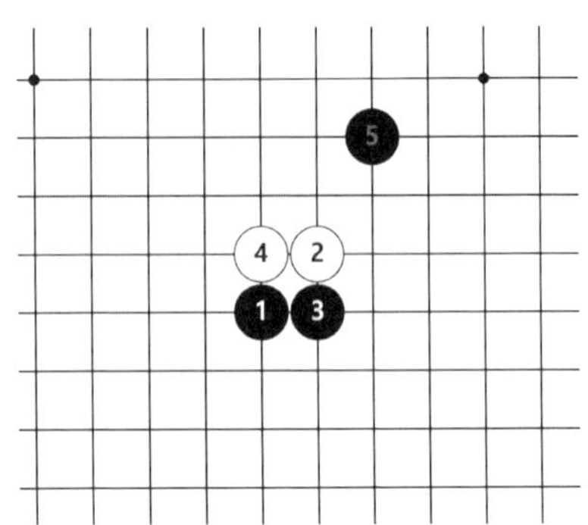

〈Point 1〉 메인 주형이 겹쳤다

영주배 대회에서는 강상민 기사가 운월(I6)주형을 오픈했습니다.
그러나 필자도 그 당시 대회 때 운월을 메인으로 준비했었고
오픈주형을 봤을 때 승산이 높다고 판단했습니다.
준비가 되어있었고 자신 있게 4수를 오픈했습니다.
최종적으로 흑을 잡았고 5수로 동등한 진행을 하게 됩니다.

메인 주형이 일치했다고 해도 사실상 승산을 높게 본 것은 결과적으로는 판단 미스였습니다.

왜냐하면 전략적인 부분의 유불리도 중요하지만 순수한 기량에서 누가 앞서느냐가 더 중요한데 당시 필자는 상민기사의 기량이 필자보다 부족하다고 생각했던 것이 섣부른 판단이었습니다.

또한 컨디션적인 부분에서도 대회장소가 야외라는 점 등 예상치 못한 변수들이 발생했습니다.

즉 **"전략적인 부분에서만 밀리지 않는다면 승산이 높을 것"**이라고 판단할 수 있었던 대전제들이 하나둘씩 어긋나고 있었던 것이죠.

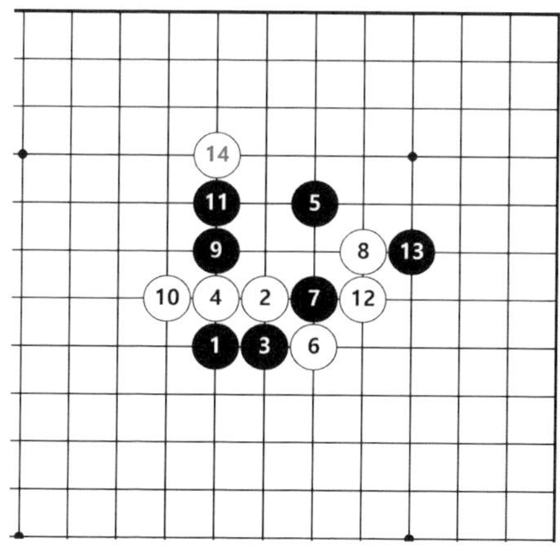

〈Point 2〉 당황의 시작

13번까지는 두 기사의 수준이라면 둘법한 진행입니다.
그런데 여기서 필자의 온몸에서 본능적으로 느낍니다.

아! 이 대국 쉽지 않겠구나! 이거 지는 것인가?

안타깝게도 본능적으로 느낀다면 예상이 거의 맞아 떨어지지요. 실제로도 14번은 좋은 착점입니다.

흑 세력에 파고 들었지만 한발 더 앞서간 듯한 세련된 감각의 수며, 마치 누가 공격을 하는지 알 수 없는 흑 선수의 이점을 불분명하게 만드는 초강수죠.

는 14번 수를 보고선 다음 수를 생각하는데 꽤나 오랜 시간이 걸렸는데
디를 두어야 할지 시간을 아무리 써도 감이 오지 않았습니다.
만큼 상대의 대응이 탁월했던 것 같습니다.

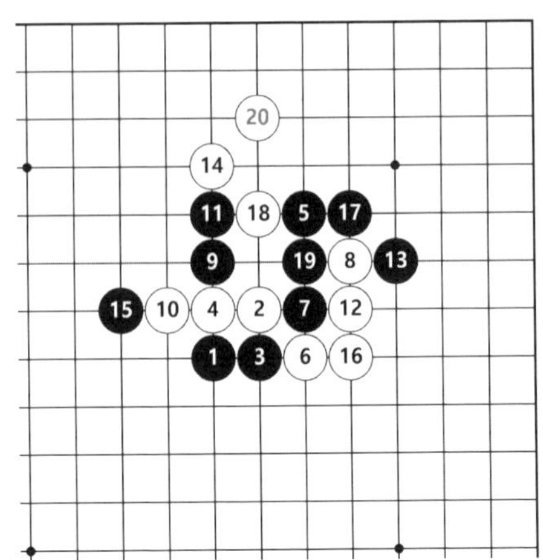

〈Point 3〉 먼저 시작하는 흑의 이점은 사라지고

필자가 둔 15번은 상황이 낙관적이지는 않지만 어떻게든 흑이 백을 감싸며 선수를 유지하고자 하는 의지가 담긴 수입니다.

하지만 백은 16번으로 삼을 침과 동시에 17번~18번 진행 후 20번으로 **"이제 선수(先手)는 내 것이다"** 라고 선언하면서 형세를 뒤집어 버립니다.

이제는 흑이 대응해야할 차례지만 만만치 않은 상황입니다.

이때쯤 필자의 머릿속에는 14번 수로 "이 대국 쉽지 않겠다"에서 20번수 보고나서는 본능적으로 "연승 우승이 끝나겠구나"
"상민기사가 날카로운 이빨을 감추고 있었구나"
"친선 대국의 연속 패배가 우연이 아니었구나"
"이 대국 지면 너무 상심하지 말고 웃으며 의연하게 행동하자"
등등 여러 생각들이 머릿속을 스치고 지나갔습니다.

어쩌면 일찍 승부를 포기하고 빨리 쉬고 싶은 마음이 점점 커져가는 시점 었을지도 모르겠습니다.

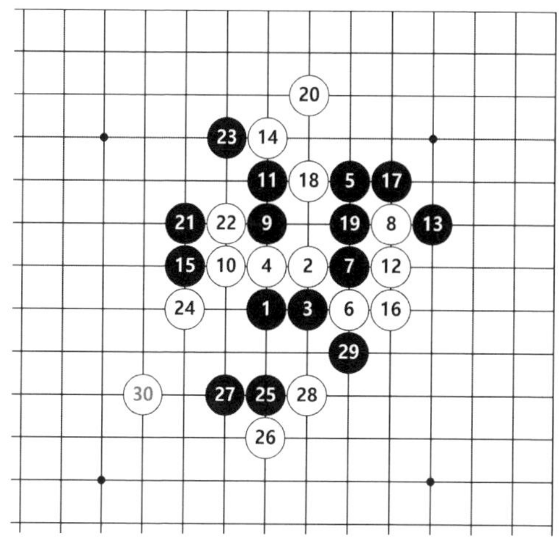

〈Point 4〉 끝나기 전까진 포기해서는 안 되는 이유

30번까지 수 싸움이 이어지면서 필자의 머릿속에서는 이기기 위한 몸부림이 아닌 상대에 대한 감탄이 터져 나왔습니다.

'대단하다. 어떻게 이런 수들을 둘 수가 있는 거지?' 라고 반문하며 끝까지 저항했던 것 같습니다.

상민기사가 둔 30번은 사실 패착인데요. 흑은 31번으로 백16번 바로 밑을 두는 것이 이론상 흑승 자리입니다.

다만 실전에서는 발견하지 못했습니다.

전에서는 30번이 패착이라는 부분에 대해 감조차 잡지 못했습니다.

기하지 않고 끝까지 이기기 위해 대응하고자 했다면 달랐을까요?

럴 수도 있지만 지금 생각해보면 아닐 가능성이 더 높다고 봅니다.

냐하면 이미 시간이 부족한 초읽기 상황이었고, 추위로 인한 컨디션저하 승부에 대한 의지가 점점 약해지고 있었기 때문입니다.

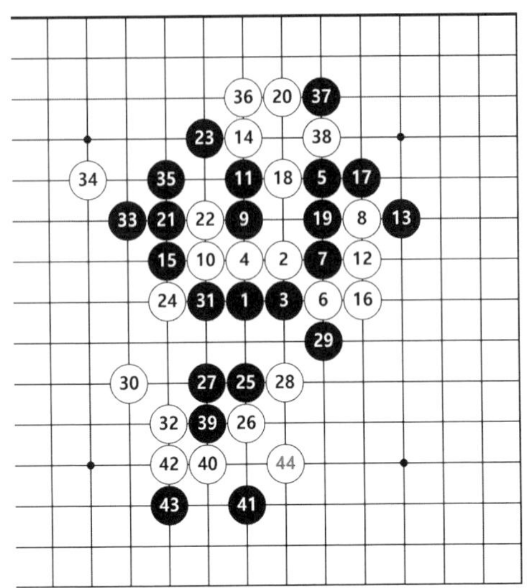

〈Point 5〉 대기만성(大器晩成)

44번까지 진행되면서 삼삼금수로 필자의 연승우승행진은 막을 내리게 됩니다. 이 대국으로 인해 연승우승이 끝나게 되었고 메인대회 우승을 하지 못하여 마음이 상하였지만, 한편으로는 저에게 약이 되었던 부분도 있었습니다.

당시 저는 인생에 있어 중요한 일을 앞두고 있었습니다.

그러나 오목에 대해서는 아직도 욕심이 있었고 더 올라가 끝내 세계랭킹 위를 찍어보고 싶은 개인적인 야망이 있었는데요.

지금보다 더 순수한 마음가짐으로 오목에 집중하지 못한다면 필자의 재능 로는 힘들 것이라는 현실을 체감했습니다.

지금은 인생의 최우선순위가 생업으로 바뀌었지만 그럼에도 오목은 필자 인생에 있어 특별하기에 쉽게 놓지 못할 듯합니다.

강상민 기사는 이 대회 우승을 기점으로 마치 날개를 단 듯 이후의 대회 에서도 연속 우승을 진행중입니다. 이제는 대기만성에 걸맞는 육각형 기사 고 칭하고 싶습니다.

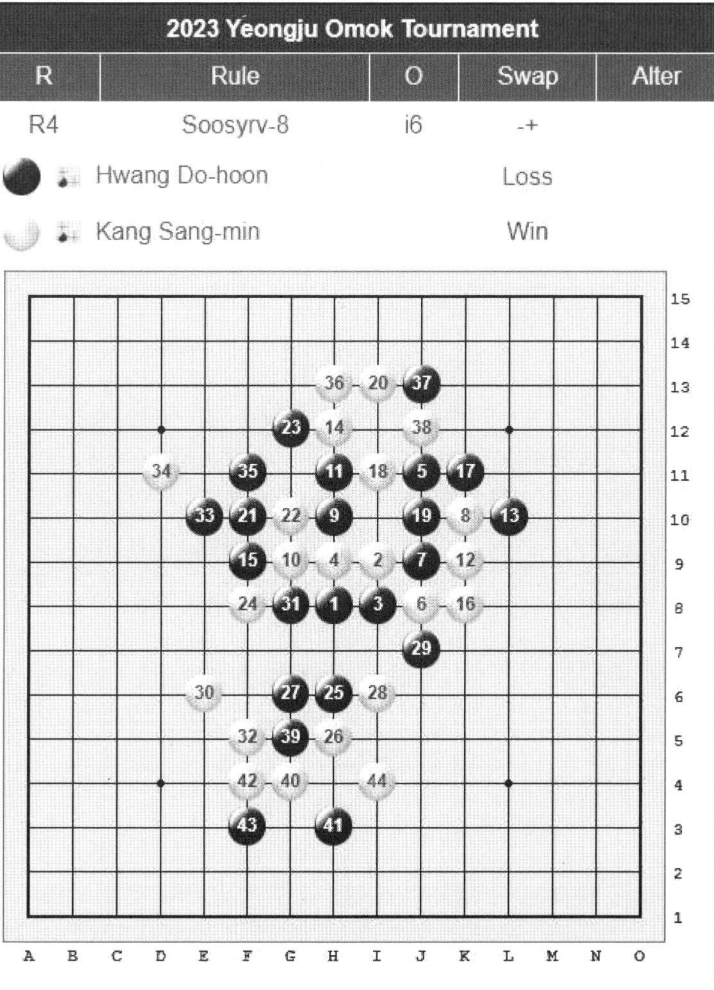

〈총보 (백)강상민 4단 44수 기권승〉

Part THREE.

스마트 오목의 시대

성장의 한계란 없다!

해설 : 강상민 6단

한국랭킹 1위 (2024년 기준)

2023 월드챔피언쉽 국가대표

QT 9위, BT 4위

* 주요 입상 경력

2024 제18회 일본주왕전 우승
2024 신년맞이 오목대회 우승
2023 제2회 야인시대배 우승
2023 제6회 남부지역대회 우승
2023 서울초청전 우승
2023 영주선비문화축제대회 우승
2021 제4회 월드렌주오픈 6위
2021 가와무라컵 준우승
2021 오목도장리그 준우승
2020 슈퍼리그 공동 3위

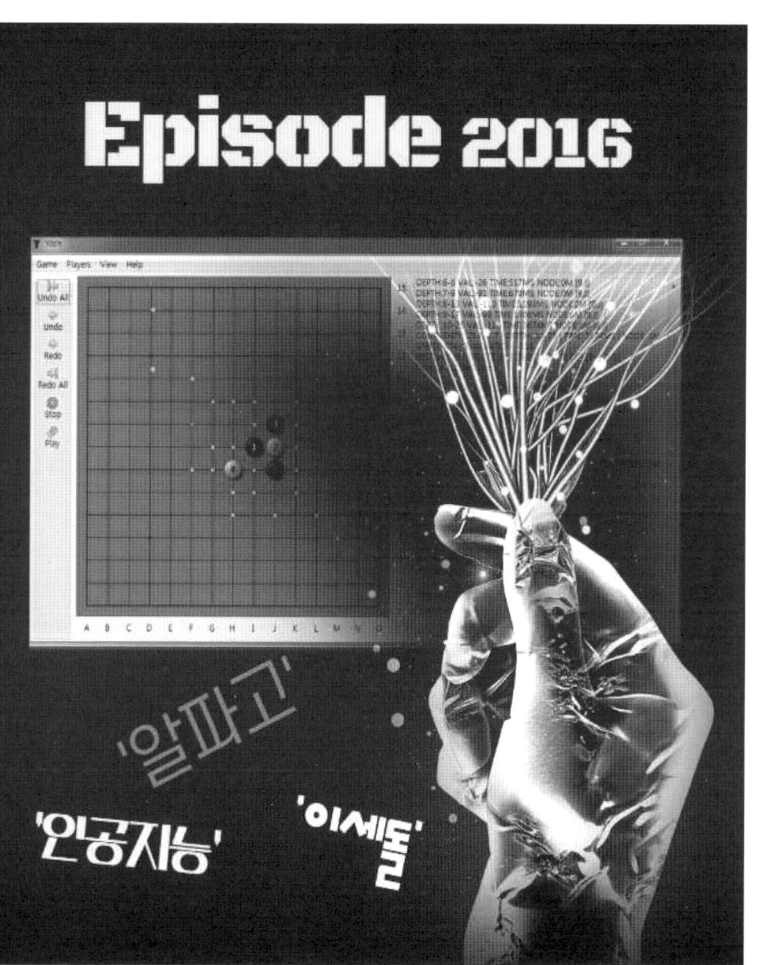
Episode 2016
'알파고'
'인공지능'
'이세돌'

2016년 여름

협회가 재출범한지 얼마 되지 않은 시점, 필자가 막 오목에 입문했던 시기다. 그때 당시 필자는 16살의 나이로 고작 중학교 3학년의 어린 나이였었다. 해 여름, 영등포 자스민 기원에서 열린 소모임에 참가해 3급증을 받고 설레 마음으로 귀가하던 길이 아직도 생생하다.

당시 필자가 느꼈던 '오목계'는 '카카오톡 오픈채팅방'에서 유저들이 활발하 소통했었고, 임정빈, 이건, 양세진, 유형근, 박성혁 등 다양한 고수들이 '카카오목' 플랫폼에서 활동하던 시절이었다. 지금 돌이켜보면 그 시절 필자의 시 에서는 '오목계'가 마치 무협소설에 나오는 무림세계와 비슷했던 것 같다.

그러던 중 '제7회 아마최강전이 10월에 개최 된다'는 소식이 들려왔다..

막 입문한지 얼마 안 된 시점에서 아마최강전, 첫 대회는 필자에게 큰 떨림 설렘을 동시에 안겨줬었다. 자신의 실력이 어느 정도인지 테스트 해볼 수 있 어쩌면 오목기사가 될 수도 있다는 생각이 머리를 사로 잡았다.

제7회 아마최강전

박웅배, 양세진, 임진욱, 김경배, 유형근, 송진규 등 당시 온라인상에서 이름 날리던 고수들이 한 곳에 모였다. 대부분의 참가자들 기력이 '카카오오목' 은 기본이었기에 매우 수준 높은 대회였던 것으로 기억한다. 실제로 당시 아 최강전에 나왔던 고수들 중 대부분은 현재 오목기사로 활동 중인 분들이 다 이다.

결과는 김영우 2급이 7승 전승으로 당당히 우승을 차지하여 기사 타이틀 획득하였다. 당시 우승 후보에 거론되던 여러 고수들을 뚫고 쟁취해낸 전승 승의 임팩트가 매우 컸던 것으로 기억한다.

그의 기보를 살펴보면 그만의 공격적이면서도 유려한 행마와 수준 높은 수 기가 뒷받침되어 운이 아닌 실력으로 이뤄낸 우승임을 알 수 있다.

이번에 소개할 기보는 그 대회를 마무리 짓는 결승전 김영우 2급과 유형 무급의 대국이다.

천 려 일 실

천 가지 생각 중 하나의 실수

제7회 아마최강전

결승전 (아마구치룰 30분 + 초읽기1회)

2016. 10. 29

김영우 2급	VS	유형근 무급
공동 7위	**한국랭킹**	공동 7위
제7회 아마최강전 우승	**주요경력**	제7회 아마최강전 준우
2016 챔피언쉽 공동2위		제2회 협회장배 16강

<2016년 10월 기준>

해설 : 강상민 6단

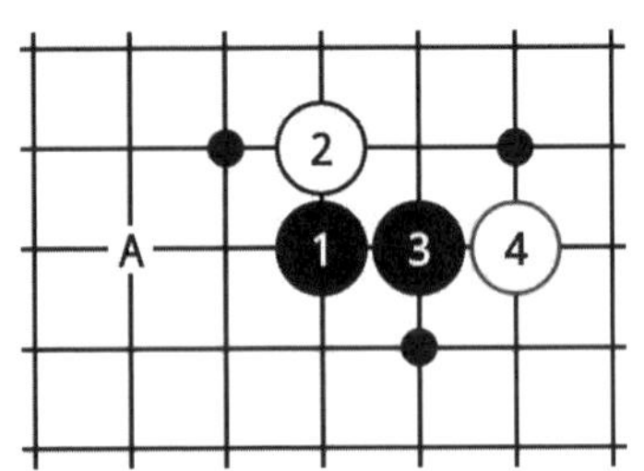

〈제1보〉 흔하지 않은 모양

2016년 당시의 국제공인규칙은 Yamaguchi룰로 현재와 달랐습니다. Yamaguchi룰은 흑이 오픈과 동시에 포인트 개수를 제시하기 때문에 백이 둘 수 있는 4번 수가 어느 정도 한정되어 있는 룰입니다.

김영우 2급은 본인의 주력 주형인 우월을 오픈했고 유형근 무급이 백을 택하고 4번 수를 둔 상황. 유형근 무급이 택한 4번은 일반적으로 두어지지 않는 4번으로 4포인트의 경우 흑이 다소 유리한 요소가 많습니다.

하지만 당시에 흔히 나오던 모양이 아니라는 점에서 서로 정석을 잘 모르는 상태로 진행되어 기존정석을 잘 알던 김영우 2급의 입장에서는 상대적인 손해를 본 상황.

실전에서 두어진 4개의 자리 중 최종적으로 A가 선택되어 진행됩니다. 이론상 나머지 3개의 자리는 당시에도 흑승이 증명되었던 자리로 흑이 상당히 강한 자리들입니다. A 자리 역시 현재 이론상 5번째로 강한 자리로 알려져 있으며 흑이 상당히 강력한 모양입니다.

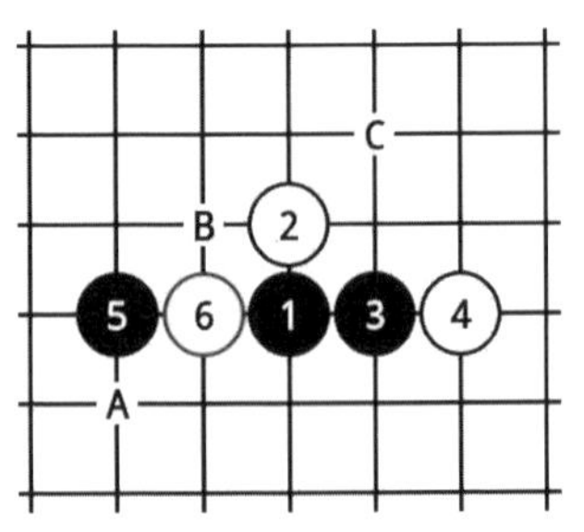

〈제2보〉 흑의 선택지

백의 (6)번은 흑을 수비하며 대각 연결을 만드는 당연한 대응이었습니다. 흑 입장에서는 다음 수로 대략 세 가지 정도의 자리를 생각해 볼 수 있습니다.

우선 제일 먼저 눈에 들어오는 자리는 백의 대각 연결을 수비하며 흑의 연결을 늘리는 (A)와 (C)자리입니다.

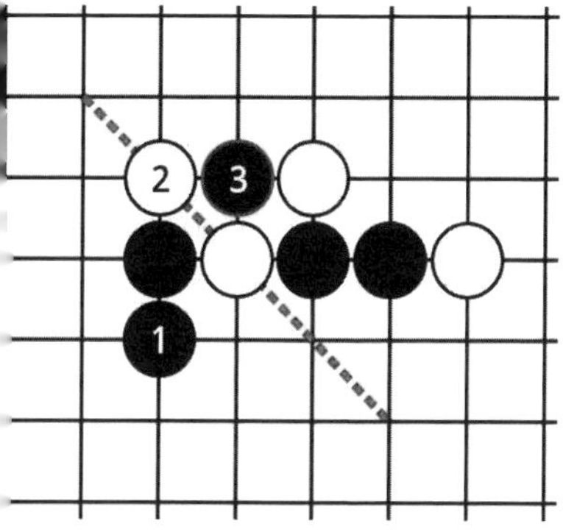

(A)의 경우 다음과 같은 수순이 자연스럽습니다. 백은 (2)번 수로 흑을 막으며 백의 연결을 만들고 흑은 (3)번으로 백을 막으며 삿갓 모양을 만듭니다.

흑이 공격로를 두 개 만들어내며 순조로워 보이지만 백도 대각 연결이 하나 남아있어 치열한 세력 싸움이 예상됩니다.

(C)자리의 경우는 백의 (2)번 수로 인해 상황이 복잡해집니다.

백이 (가), (나) 자리에 좋은 연결이 만들어지고 흑은 이 자리들을 효과적으로 견제해야 합니다.

깊은 수읽기를 필요로 하는 모양으로 보입니다.

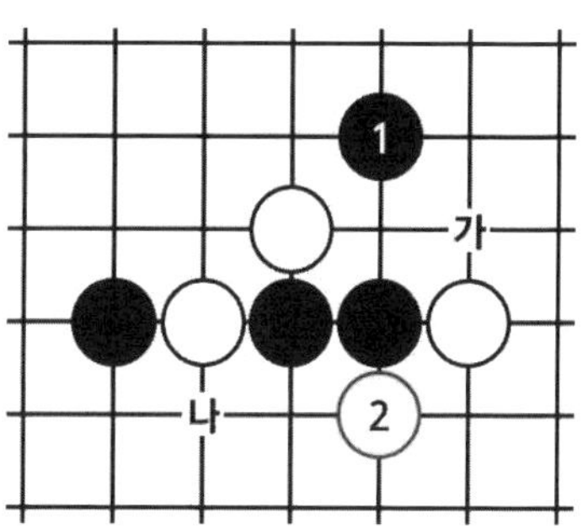

결국 흑의 최종 선택은 당장 삿갓 모양을 만들면서 백에게 위협을 가하는 (B)자리였습니다. 당장 백의 (2)번, (6)번 연결이 연속 공격으로 이어지지 않아 크게 위협이 되지 않는다는 판단.

실제로 가장 최선의 대응은 (A)자리였습니다. (B)자리에 비해 약간은 답답한 형상으로 보일 수 있지만 (B)자리의 경우 백이 응징할 수 있는 수가 숨어있습니다.

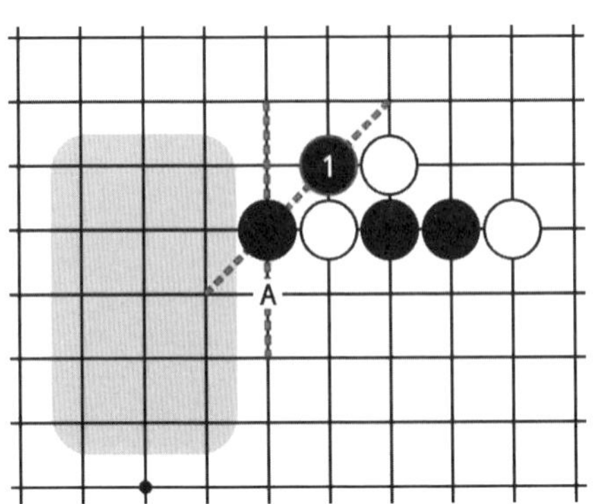

〈제2보〉 맥점의 유혹

흑이 강한 삿갓 모양을 만들 으로써 백을 압박했습니다.

백은 당장 연속 공격이 없으므로 흑을 수비해야 하는 입장.

이때 흑의 맥점이 (A)자리를 두 는 것이 매력적으로 보입니다.

흑이 (A)자리를 선점하게 된다면 대각 연결과 세로 연결로 인해 좌변 세력이 감당하기 힘들만큼 커지게 됩니다.

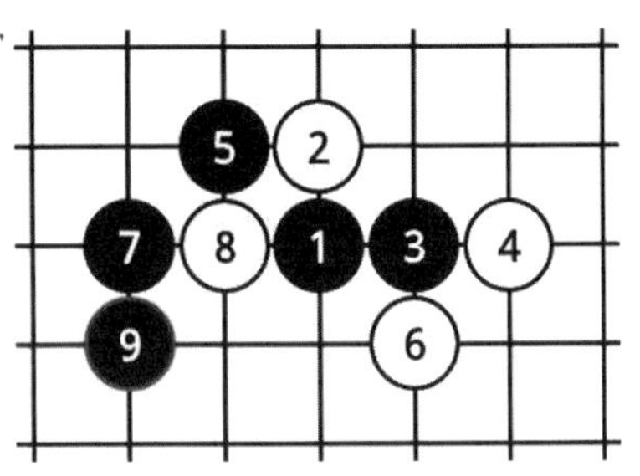

또한 (A)자리를 두지 않고 다른 대각을 막으며 백의 수를 늘린다면 당시 '우월 2포인트 흑승 진행'으로 유명했던 모양과 환원되기도 합니다.

위의 몇 가지 이유로 (A)자리는 상당히 매력적인 선택지입니다.

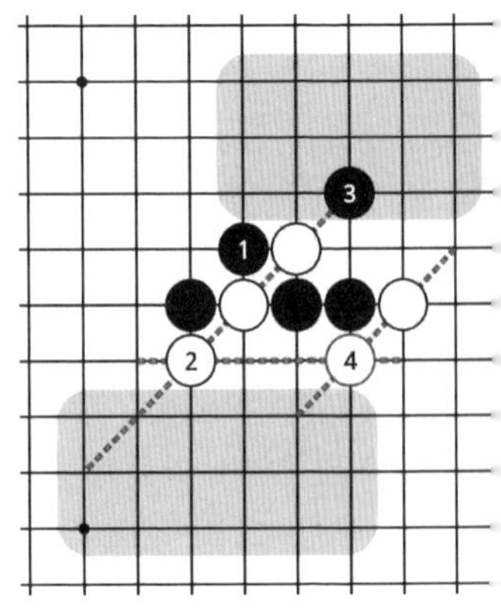

백의 선택은 (A)자리를 삼을 이용해 선점 후 (4)번 수로 백의 연결을 늘리며 하단에 강력한 모양을 형성하는 것이었습니다.

하지만 그 대가로 흑도 상변에 강력한 세력을 가져가게 됩니다.

백의 올바른 대응은 맥점으로 보이는 (A)자리로 삼을 만드는 것이 아닌 위로 삼을 만드는 것이었습니다.

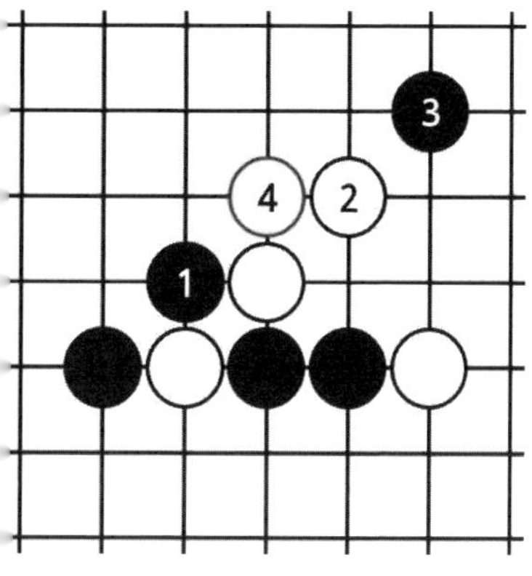

흑은 백이 (2)번 수로 삼을 만들 때 아래로 막을 수 없습니다.

아래로 막게 된다면 백의 상변에서 연속 공격이 있기 때문에 패하게 됩니다. 따라서 위로 막을 때 백의 (4)번 수가 통렬합니다.

당장에 흑의 대각선 연결이 살아있어 보이지만 그뿐, 연속 공격이 이어지지 않습니다. 따라서 흑은 백을 수비해야 합니다.

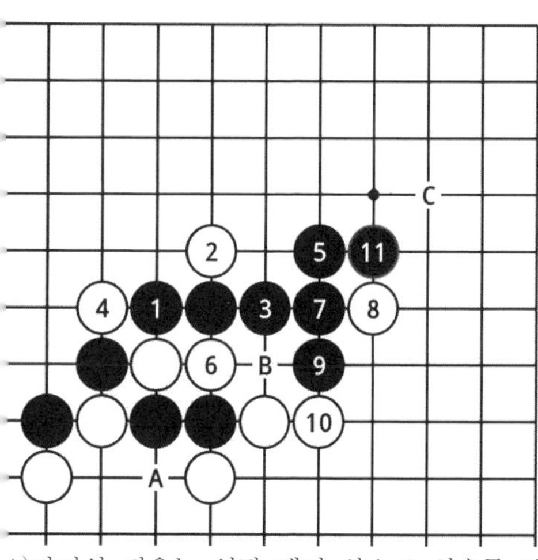

〈제3보〉 흑의 맹공

상변에서 기회를 잡은 흑은 무서운 기세로 연속 공격을 이어갑니다. 흑이 마지막 (11)번 수로 삼을 띄어 친 상황. 백이 수비할 수 있는 곳은 총 세 군데. 이 중 오직 한 자리만이 흑을 막아낼 수 있습니다.

A)자리의 경우는 얼핏 백이 삼으로 선수를 빼앗는 듯 보이지만 흑이 좌측으로 사선수를 활용하여 삼을 수비하고 나면 이후 흑의 공격을 막을 방도가 습니다.

3)자리의 경우, 보통 삼을 띄어 치면 가운데로 막는 것이 좋은 경우가 많에 제일 일반적으로 떠올릴 수 있는 수이지만 상변에서 흑의 VCT(Victory Continuous Threats)가 숨어 있습니다.

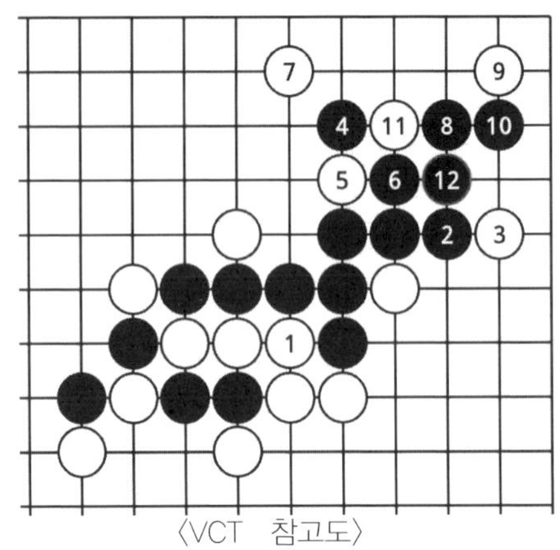

〈VCT 참고도〉

백은 결국 정확한 수읽기로 (C)자리를 선택하여 대국은 여기서 끝나지 않습니다. 흑이 점점 답답해지고 있는 상황..!

〈제4보〉 회심의 포석 하지만..

상변에서 수를 끌어내야만 하는 상황에 놓인 흑은 (2), (4), (6)번 수들로 선수를 활용하여 백을 강제합니다.

백은 실전에서 두어진 수들 말고는 선택의 여지가 없습니다. 그리고 이어진 흑의 회심의 (8)번 수.

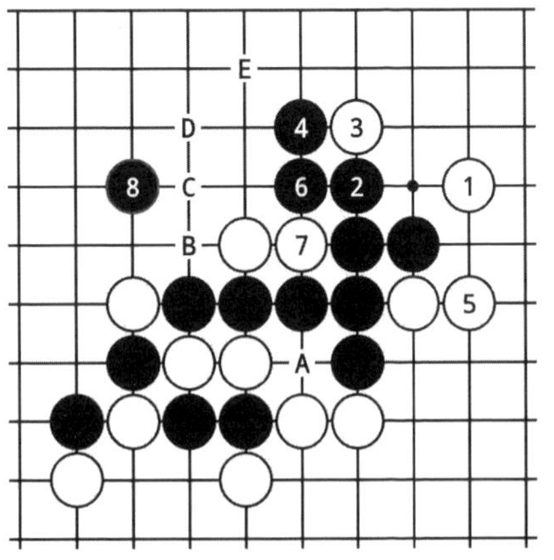

흑의 (8)번 수의 의미는 (A), (B), (C), (D), (E)로 이어지는 VCF(Victory by Continuos Fours)를 만들어 선수를 유지해나감과 동시에 좌변으로 세력을 뻗겠다는 것입니다.

당장 수비해야할 것으로 보이는 백. 하지만 여기에 백의 역공(逆攻)수가 숨ㅓ 있습니다.

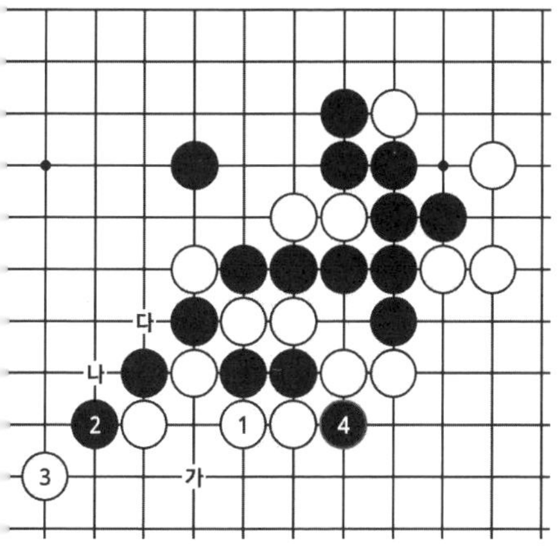

백이 (1)번 수로 삼을 치며 흑의 사를 무력화 시키면 상변에 있던 흑의 VCF는 사라져 백에게 선수가 넘어오게 됩니다.

흑은 사를 활용하여 막아보지만 (4)번이 백의 사삼선수 자리기 때문에 선수를 다시 뺏어올 수 없습니다.

이후 (가),(나),(다)의 연결로 백은 승리하게 됩니다.

하지만 흑의 맹공에 이은 강한 기세로 인해 백은 당장 승리할 수 있는 기회 놓치고 상변을 수비하는 길을 택합니다.

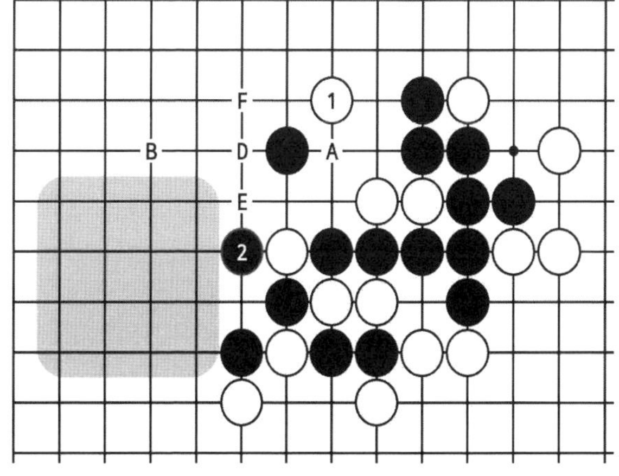

〈제5보〉 이어지는 흑의 노림수 그리고 두어진 패착

백이 승착을 찾지 못하고 (1)번 수로 수비하자 흑은 (2)번 수로 다시 한 번 (A), (B), (C), (D), (E), (F)로 이어지는 VCF를 만들어내면서 좌변 세력을 형성합니다. 매서워 보이는 흑의 공격이지만 백은 상변만 수비해낸다면 하단에 강력한 백의 세력으로 승리를 점쳐볼 수 있는 상황.

하지만 큰 실착 없이 잘 수비하던 백이 끝내 패착을 두고 맙니다.

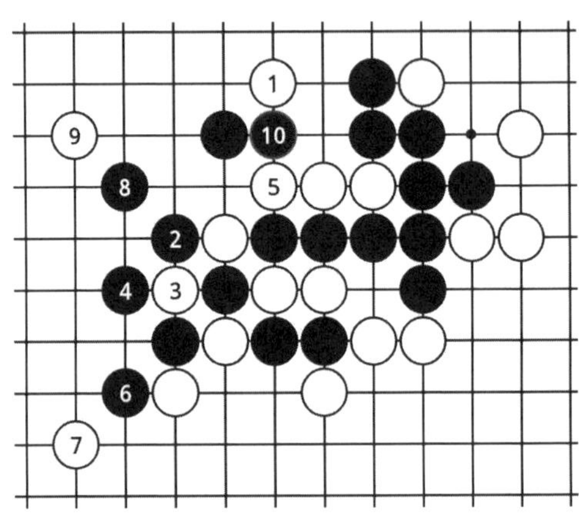

백의 (3)번 수는 백의 연결을 늘리며 흑의 VCF를 막는 수이지만 흑에게 사삼노림수인 (4)번의 승착수가 있었습니다. 백이 (5)번으로 흑의 사삼노림수를 간접적으로 방어해보지만 (6), (8)번으로 이어지는 흑의 사선수 활용으로 인해 결국 기권을 하고 맙니다.

이 경기로 김영우 2급과 유형근 무급은 모두 기사자격을 획득하게 됩니다. 유형근 무급 역시 수준 높은 수읽기와 수비력으로 중반 이후 계속해서 유리함을 점하고 있었지만 김영우 2급의 유려한 선수 유지 능력과 공격적인 행마가 결국 빈틈을 만들어내어 아마최강전 전승 우승이라는 기록을 남기게 됩니다. 결승전 대국인만큼 당시 치열했던 두 선수의 대국 현장을 간접적으로나마 느껴볼 수 있습니다.

(이 경기는 대한오목협회 공식 유튜브 채널에서도 영상으로 찾아볼 수 있습니다.)

흑 : 김영우 2급 (승)
백 : 유형근 무급

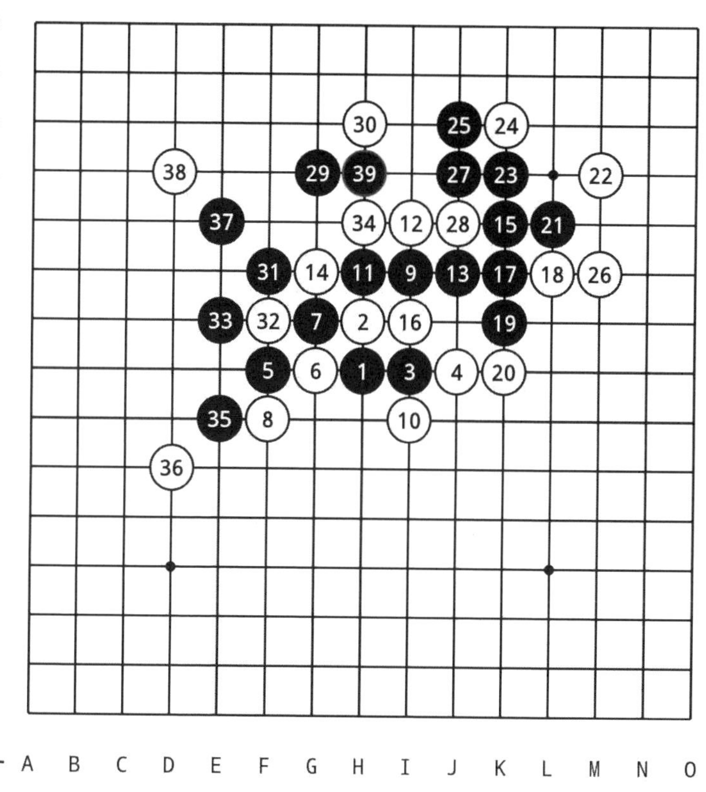

〈총보 (흑)김영우 2급 39수 승〉

2017 THE 15TH RENJU WORLD CHAMPIONSHIP

洛碁盃2017年第15屆世界五子棋錦標賽

03-13 AUGUST

決 勝 盤 間
fighting on the board

EPISODE 2017
In Taipei

기풍(棋風)

기풍이란 무엇인가? 기풍은 오목선수들의 지문과도 같다. 기풍의 사전적 정의 는 '바둑이나 장기를 둘 때 나타나는 기사(棋士)의 독특한 방식이나 개성'이다.

때로는 온라인 대국을 관전하며 익명 플레이어의 기풍이나 기력을 토대로 어 떤 선수일지 유추해보기도 한다. 기풍은 플레이어들의 오목에 있어서의 entity(정체성)인 셈이다.

또한 오목 관련 이야기에서 빠지지 않는 단골 소재기도 하다. 서로의 기풍에 대해 대화를 나누거나 선수들의 기보를 감상하며 "이 선수의 기풍과 저 선수의 기풍으로 인해 재미있는 대국이 나왔다"며 얘깃거리가 되곤 한다.

수비 오목의 대가

한국에서 대표적인 공격 기풍의 기사를 꼽으라고 한다면 여러 의견이 나올 테지만 보통 황도훈, 장원철 기사님이 많이 꼽힐 듯 하고 또, 밸런스형 기풍의 기사를 꼽으려 한다면 아마도 김규현, 박웅배 기사님을 많이들 선택할 것이다.

반면 수비적 기풍의 기사를 꼽으라고 한다면 대부분 이견 없이 김수찬 기사님 을 꼽을 수밖에 없을 것이다. 필자가 '수밖에'라는 강한 표현을 사용할 정도로 그의 기풍은 뚜렷하고 독보적이다.

김수찬 6단은 공식전 기준 총 169대국 중 무려 133번을 백으로 플레이했을 만큼 그의 '백'사랑은 엄청나다. 또한 27경기를 연속해서 백으로 플레이한 기록 도 있다.

대한민국, 아니 어쩌면 세계에서도 이렇게 독보적인 성향을 가진 플레이어는 드물 것 같다. 개인적인 생각으로는 '수비 오목의 대가'라는 별칭을 붙혀드리고 싶다.

이번에 소개할 기보는 2017년 월드챔피언쉽 본선(QT) 경기로 '수비 오목의 대가'다운 그만의 기풍으로 에스토니아의 Topkin 선수를 압도한 명국이다.

전장의 형세가 뒤집히다

제15회 월드챔피언쉽

본선 4라운드 (소시로프8룰 80분 + 30초/1수)

Georg-Romet Topkin 4단 2017. 8. 3 김수찬 4단

VS

130위	세계랭킹	125위
2018 탈린 오픈 우승	주요경력	제21회 랭킹전 준우승
2019 WC-BT 4위		2008 오목비상전 3위

<2017년 12월 기준>

해설 : 강상민 6단

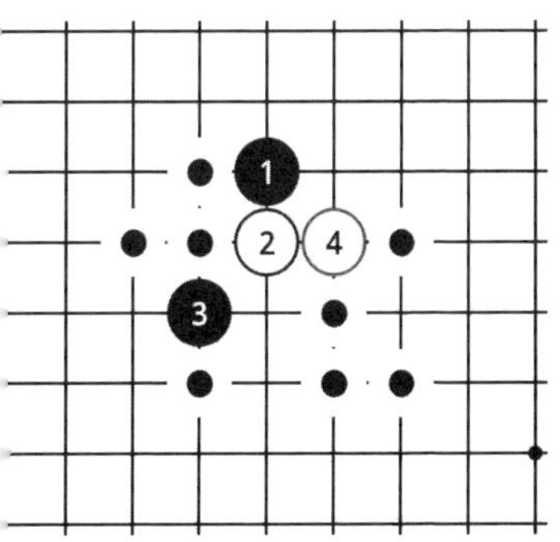

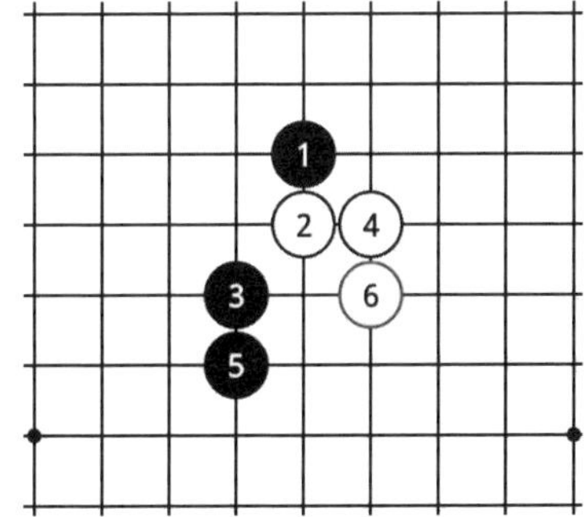

〈제1보〉 시작은 불리하다.. 하지만

흑을 잡은 Topkin 선수가 계월을 오픈하고 준비한 (4)번 수를 둡니다. 김수 4단은 두 번의 스왑을 통해 역시나 최종 백을 선택합니다.

실전에서 흑이 제시한 8 포인트 자리들은 모두 현재 이론상 흑승으로 밝혀 자리들입니다. 흑이 매우 유리하게 시작된 상황.. 하지만 이론과 실전은 연히 다릅니다. 과연 흑이 이론대로 수를 끌어낼 수 있을지 같이 따라가 시죠.

백은 (6)번 수를 꼬부리는 선택을 합니다. 만약 (6)번 수를 (2)번 돌의 왼쪽 로 3을 치게 된다면 계월에서 가장 흔하게 선택되는 오프닝 중 흑이 상당 유리하게 진행되는 매우 유명한 정석으로 환원됩니다.

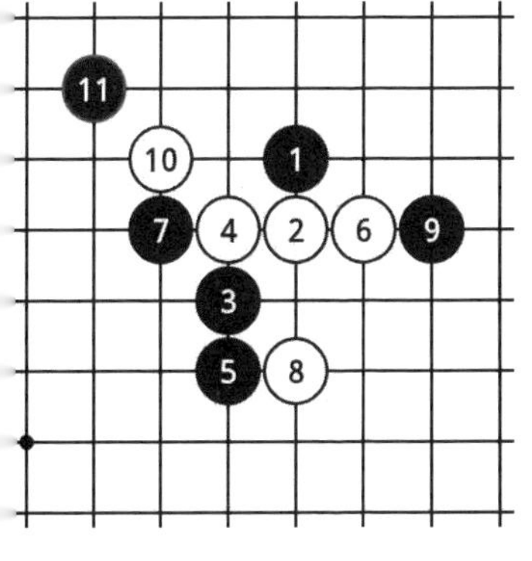

좌측 〈참고도〉는 가장 일반적으로 진행되는 정석 수순입니다. 백이 안쪽으로 자연히 둘러싸이게 되어 점점 진행될수록 흑이 편하게 세력을 형성할 수 있습니다.

따라서 백은 (6)번으로 삼을 치는 진행으로 환원하지 않고 꼬부리는 진행을 선택합니다.

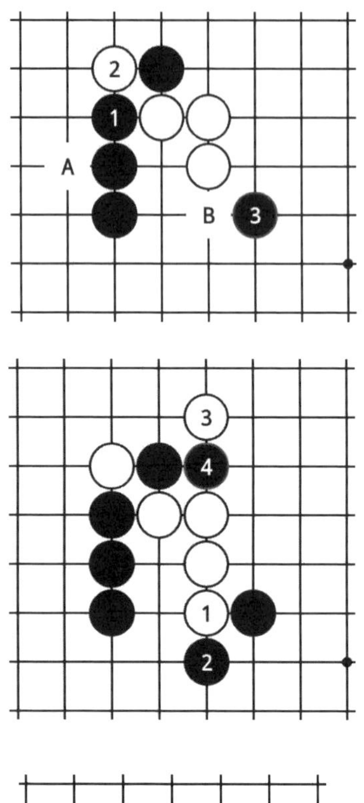

〈제2보〉 백의 갈림길

흑은 삼을 치고 막으며 생긴 의 삼을 아래로 다시 막으며 하변으 세력을 형성합니다.

백은 (A)자리로 좌측의 강력한 의 대각선 연결을 수비할지 (B)자 삼선수를 활용하여 흑 하단을 견 할지 고민입니다.

(B)자리로 삼선수를 활용하는 진행입니 하단을 견제하고자 활용한 삼선수를 다 흑이 (2)번 수로 수비하며 자연히 더 강력한 연결을 만들어내게 됩니다.

백은 사선수까지 활용하여 흑 대 연결까지 견제할 수 있지만 하단 세력 감당하기엔 만만치 않습니다.

하단을 견제하고자 두었지만 오히려 단이 강해진 상황.

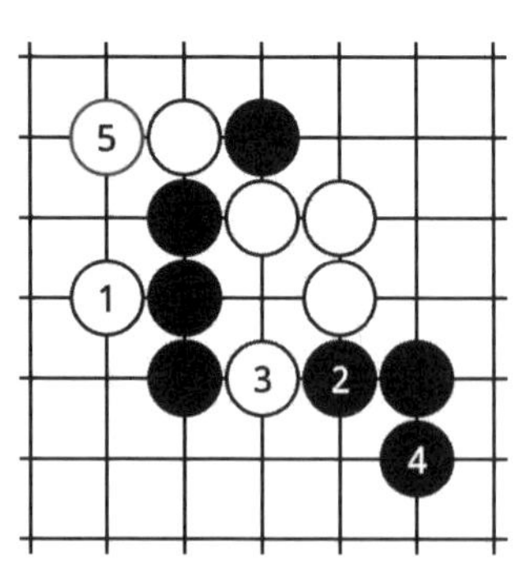

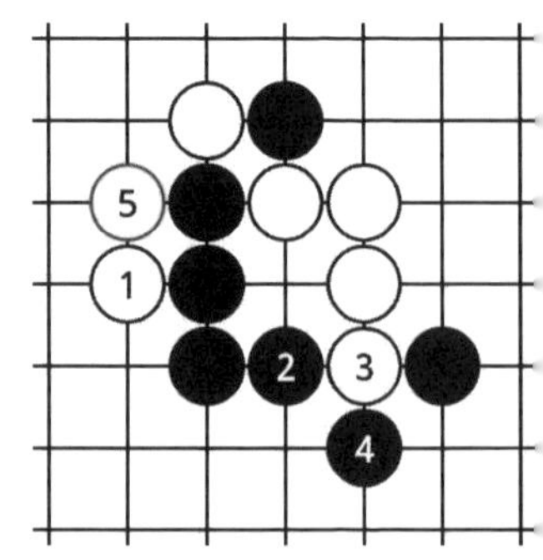

위 참고도는 (A)자리로 흑의 대각 연결을 막아두는 진행들입니다. 흑이 변 공격재료를 사용해 공격을 진행할 수는 있지만 백이 각각 (5)번 수로

에 사삼 선수를 먼저 만들게 됩니다. 따라서 흑은 한번은 상변에 돌을 투해야 하는 상황. 하지만 흑의 하단 세력은 여전히 강합니다.

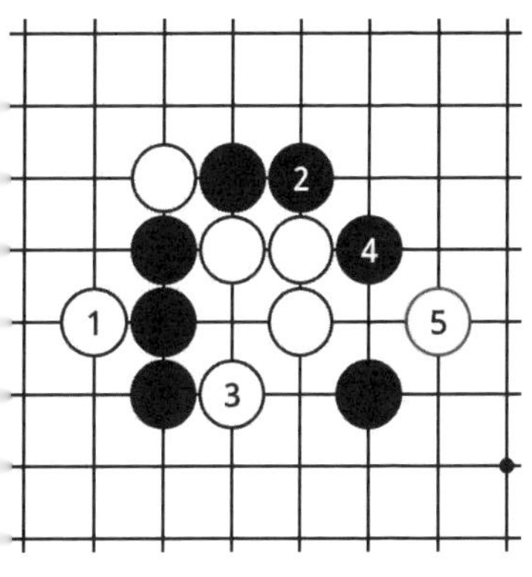

〈제3보〉만들어진 함정

결국 백은 흑의 대각을 막는 선택을 합니다. 이에 흑은 단순 공격을 하지 않고 (2)번 수로 침착하게 백의 연결을 막아두고 우변과 상변 진출 가능성을 도모.

이후 (3), (4), (5)번의 수순으로 자연스럽게 정리가 된 상황.

여기에는 함정이 하나 숨어있습니다.

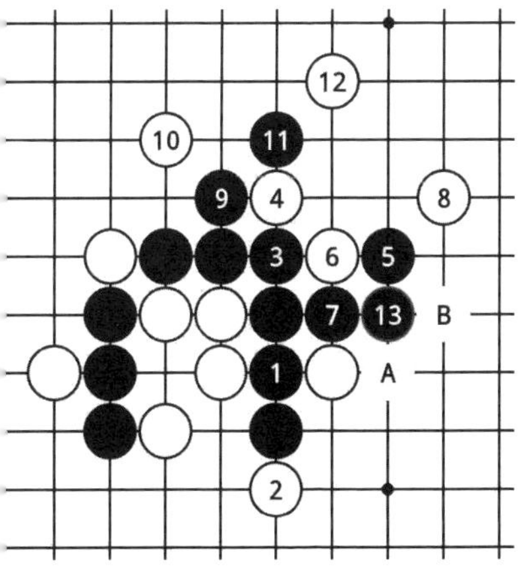

좌측 〈참고도〉를 따라가 보면 흑이 (13)수로 A와 B자리에 동시에 사삼 자리를 만들며 양수로 승리할 수 있습니다.

실제로 참고도와 같은 흑의 공격 방식은 실전에서 매우 흔히 볼 수 있는 승리패턴 중 하나입니다.

하지만 오목은 미세한 한 수 차이로 전혀 다른 결과가 나올 수 있습니다.

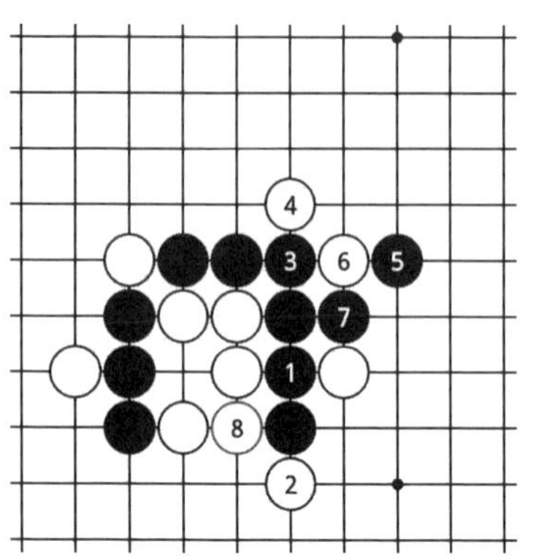

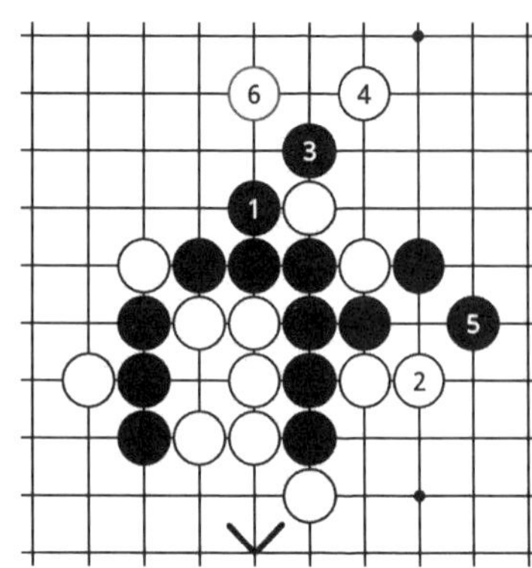

〈제4보〉 전세역전(戰勢逆戰) : 뒤바뀐 형세

백에게는 삼을 밑으로 막는 (8)번 수가 숨어있었습니다. 흑이 우측 참고도 (1)번 수로 삼을 칠 때 백이 다시 밑으로 막으며 자연히 사삼 선수를 만듭니다. 따라서 흑도 상변으로 수를 내러 갈 수 없는 상황이 되어 (3)번과 (5)의 선수를 활용해서 백의 사삼을 막아보지만 백이 (6)번 수로 상변을 틀어막아버리자 흑은 기회는 모두 사라졌습니다.

이제는 백의 강해진 하변과 상변 세력을 모두 흑이 감당해야 하는 상황.

초반 매우 유리했던 흑의 형세는 온 데 간 데 없습니다.

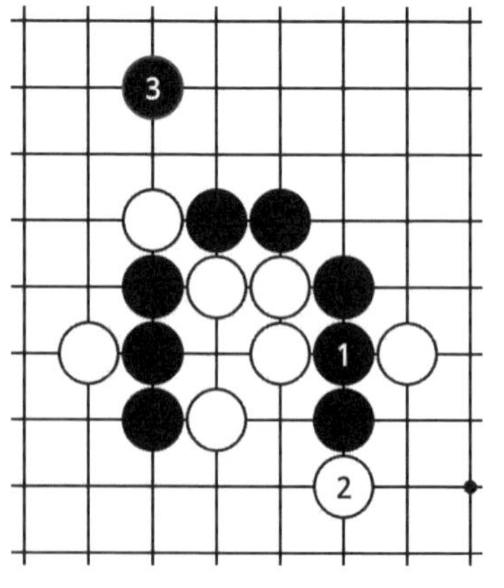

흑은 (1)번으로 삼을 활용해두고 (3)번 수로 넓게 상변을 향해 포석하는 것이 유리함을 이어갈 수 있는 방법이었습니다.

하지만 흑이 상변의 흐름을 끝까지 끌고 가서 수를 만들어내지 못한다면 백의 하변에서의 역습이 무섭기 때문에 흑은 큰 부담입니다.

상대에게 유리함을 내주고 수를 내어보라는 압박을 주는 그만의 스타일이 빛을 발하는 순간입니다.

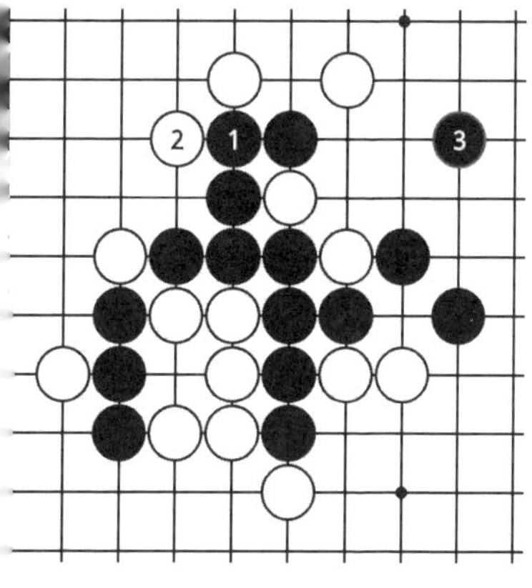

〈제5보〉흑의 정리 하지만..

흑은 (1),(3)으로 선수를 활용한 공격을 이어갑니다. 하지만 이는 공격의 의미보단 최대한 자신의 공격을 활용해 상변을 정리하려는 의도입니다.

백 (2)도 흑의 의도를 간파했기에 우변에 흑의 공격로가 많음에도 단순 수비보다는 자신의 세력 쪽으로 두어 좌변을 강화하려는 목적입니다.

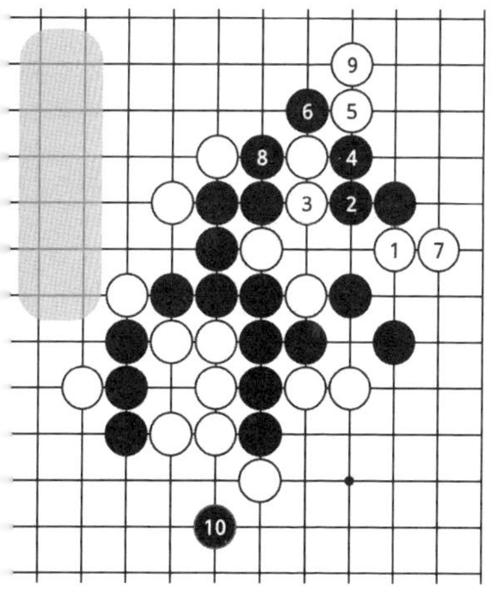

흑은 공격재료를 모두 소진해 상변을 정리하고 (10)번으로 하변을 수비하러 가게 됩니다.

하지만 여전히 백의 좌변세력은 너무나 강력합니다.

이제는 정말 백이 칼을 빼들어야할 순간이 왔습니다.

김수찬 기사의 공격력도 한 번 감상해보시죠.

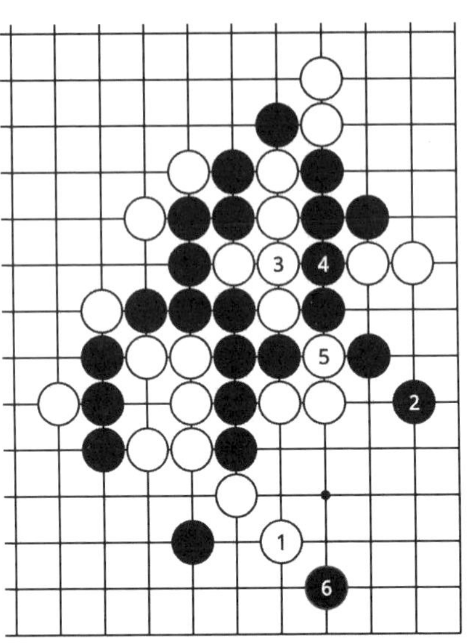

〈제6보〉 백의 맹공

기회를 잡은 백이 드디어 공격을 시작합니다. 당장 강력한 좌변을 바로 가기 전에 하변으로 삼을 하나 쳐둡니다. 흑은 백의 하변 세력 역시 매섭기에 남아있던 사 선수들을 활용하여 하단 세력을 깎아두고 수비합니다. 본격적인 공격을 시작하기 전에 미리 다른 곳에서 사전작업을 하는 백의 테크닉이라고 할 수 있겠습니다. 실제로 흑이 정리하면서 생긴 백의 (5)번 돌로 인한 연결이 이후에 결정적인 역할을 하게 됩니다.

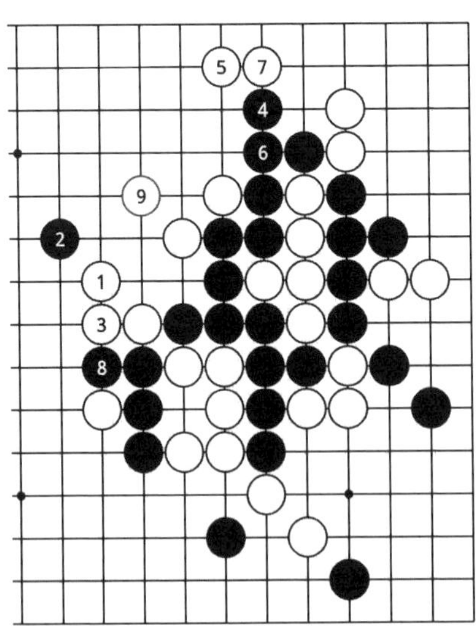

백은 드디어 넓은 좌변으로 손을 빼 (1),(3) 으로 삼삼을 만들어 공격합니다. 흑은 (4),(6)번의 사를 활용하여 수비할 수밖에 없습니다.

이때 백의 매서운 (9)번 수가 작렬합니다.

좌변과 상변까지도 연결되는 백의 세력을 막아내기에는 힘들어 보이는 흑입니다.

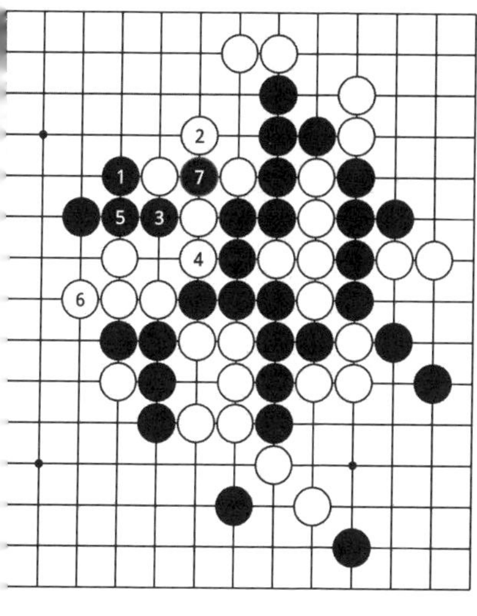

〈제7보〉백의 멋진 마무리

이후 흑과 백이 공방을 주고받은 모습입니다. 흑은 끈질기게 선수들을 활용해가며 버티고 백을 좁은 상변에 몰아넣어 어느정도 수비에 성공한 듯 보입니다. 그러나 백은 멋진 승리 수순을 찾아냅니다.

백이 흑의 사를 막으며 (1)로 을 칠 때 흑이 왼쪽을 막자 의 (3)번 수가 작렬합니다.

사전에 백이 하단의 삼을 활 하며 생긴 연결이 상변 공 에 가담하게 되며 흑은 수 할 방법이 없습니다.

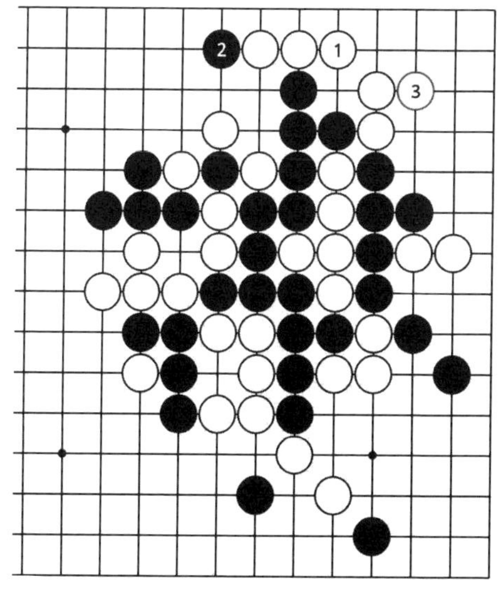

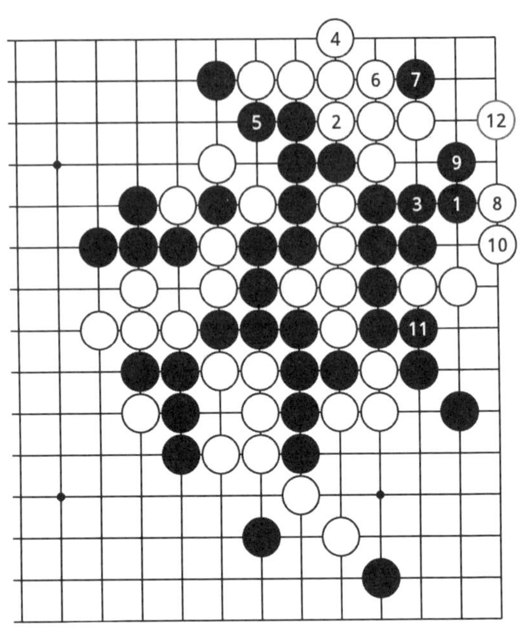

흑은 최선을 다해서 (1)번 수로 백의 연결을 차단해보지만 백의 (2)번 수를 고 기권하게 됩니다. 흑이 어디를 막던지 위의 〈참고도〉처럼 백에게 VC (Victory by Continuous Fours) 승리 수순이 있습니다.

초반에 유리함을 내주고 끈질기게 수비하여 역전하는 김수찬 기사만의 기풍 느낄 수 있었던 명국으로 수비적인 오목의 위력을 엿볼 수 있었습니다.
흑을 잡은 Topkin 선수는 2023년도 2월 기준 세계랭킹 31위로 세계 상위 기사 중 한 명입니다. 이후 Topkin 선수와는 2020년도 World Renju Op Online 대회에서 한 번 더 만나게 되는데, 해당 경기에서도 손쉬운 승리를 두게 됩니다.

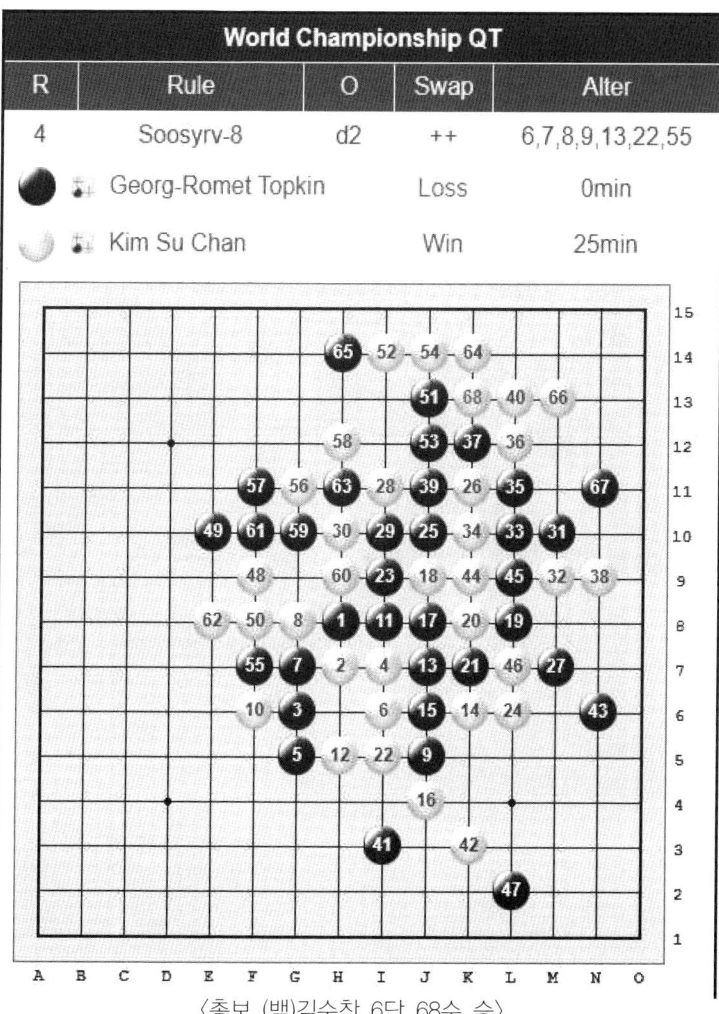

World Championship QT

R	Rule	O	Swap	Alter
4	Soosyrv-8	d2	++	6,7,8,9,13,22,55
●	Georg-Romet Topkin		Loss	0min
○	Kim Su Chan		Win	25min

〈총보 (백)김수찬 6단 68수 승〉

Episode 2018
Legend of Omok

제3회 협회장배

때는 2018년 7월 말, 한창 더위가 기승을 부리던 한여름, 당시 한국에서 가장 권위있는 대회였던 '협회장배'가 천안에서 개최되었다.

그 시절 필자는 직전 대회인 '2018슈퍼리그'에서 갓 입단한 신예 기사였다. 제3회 협회장배는 33명의 참가자가 출전한 제법 큰 규모의 대회였고, 필자 역시 신예 기사로서 호기롭게 도전장을 내밀었다.

대회 당일, 예선 조가 편성 되었다. 떨리는 마음으로 조를 확인한 결과... 조구성원 전원이 기사인 조에 배정된 것이 아닌가. 멤버 또한 황도훈, 장원철, 현경식으로 가히 '죽음의 조'라고 불릴만한 조였다. 본선은 해당 조의 상위 2명만 진출 가능한 상황.

필자는 결국 1승 2패의 성적으로 본선 진출이 좌절되었다.

당시 협회장배 멤버는 박정호, 김규현, 황도훈, 장원철, 박웅배 등 전반적인 라인업이 상당히 화려했었고, 흥미진진한 경기들 역시 많이 나왔다.

그 중 16강전에서 나왔던 명국을 하나 소개하려고 한다.

한국의 전설들

한국 오목의 역사 25년을 되돌아볼 때 수많은 플레이어들이 있었고 각자의 족적을 남겼다. 여러 훌륭한 선수들이 많았지만 그들 중 한국 오목에 한 획을 그은, 전설로 불리는 몇 명의 사람들이 있다. 김규현, 박정호, 김병준, 김창훈, 황도훈 등 여러 전설들 중에서 이번에 소개할 명국의 주인공은 박정호 기사님과 황도훈 기사님이다.

박정호 8단은 1세대 기사로, 2000년대 초, 10개 대회를 연속 우승하는 대기록의 주인공이다. 필자가 경험한 그의 오목은 활동이 거의 없던 2018년에도 여전히 강했다. '정상기사초청전' 당시 수를 나누었는데 유려한 백 행마에 기권하였던 기억이 지금도 생생하다.

황도훈 6단은 3회 명인전에서 명인 타이틀을 획득한 후 현재까지 보유하고 있다. 그의 오목은 특유의 단단하고 강한 공격을 바탕으로 상대에게 큰 압박감을 느끼게 한다. 현재 그의 전적은 62승 5무 6패로 90%에 육박하는 엄청난 승률을 유지하고 있다.

용과 호랑이가 싸운다.

제3회 협회장배 대회

16강전 (소시로프8룰 30분 + 초읽기1회)

2018. 7. 22

황도훈 4단	VS	박정호 8단
2위	한국랭킹	15위
2018 슈퍼리그 공동우승	주요경력	제5,6회 MSO 우승
2016 챔피언십 우승		1,2,7,9,11회 최고위전 우승

<2018년 7월 기준>

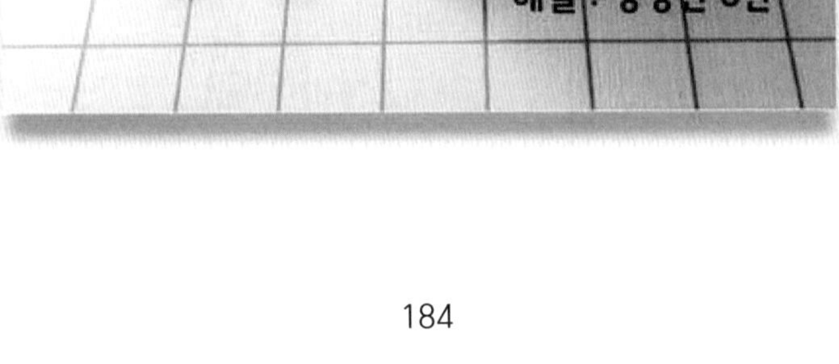

해설 : 강상민 6단

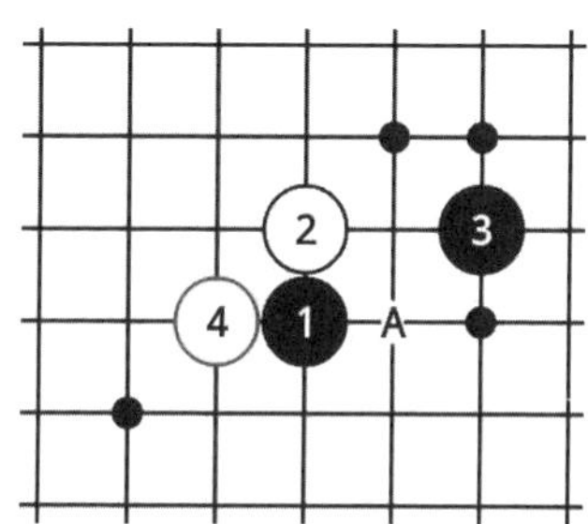

〈제1보〉 백의 의외의 선택

황도훈 4단이 잔월을 오픈 후, 박정호 8단이 4번 수를 두고 5개의 포인트 제시한 상황입니다. 황도훈 4단이 선택한 5개의 포인트들은 모두 정확했니다. 가장 일반적인 잔월에서 나오는 클래식한 정석으로 진행될 듯 보이 상황. 하지만 박정호 8단은 일반적인 동등 형세의 진행을 택하지 않고)자리를 택하게 됩니다.

A)자리의 경우 우월에서 나오는 3번째로 강한 자리로, 현재 이론상은 거의 승이 증명되었을 만큼 강력한 자리입니다. 하지만 백의 몇 가지 함정이 숨 있기도 하고 실전에서 직접 두었을 때 수를 끌어내기는 쉽지 않습니다. 아 도 박 8단은 초반에는 수비에 집중하다가 후반에 승부를 보는 전략을 가지 있었던 것으로 보입니다.

반적인 동등 진행은 (3)번 돌의 위, 아래 자리가 일반적입니다. 모두 클래 한 진행들로 세계 대회 기보에서 자주 볼 수 있는 형태입니다.

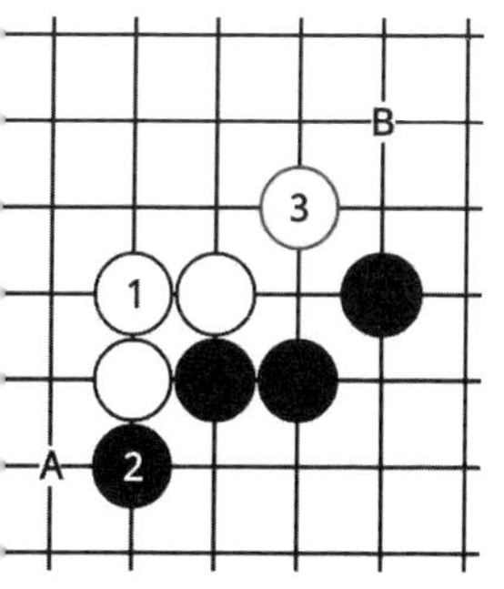

〈제2보〉 백의 첫 번째 함정

백은 (1)번 수로 삼각 꼬부림 모양을 만들 때 흑이 아래로 수비합니다. 이때 백의 (3)번 삼 공격이 흑을 고민에 빠지게 합니다. 얼핏 보기에 (A), (B) 자리 모두 가능해 보이지만 한 자리는 패착입니다.

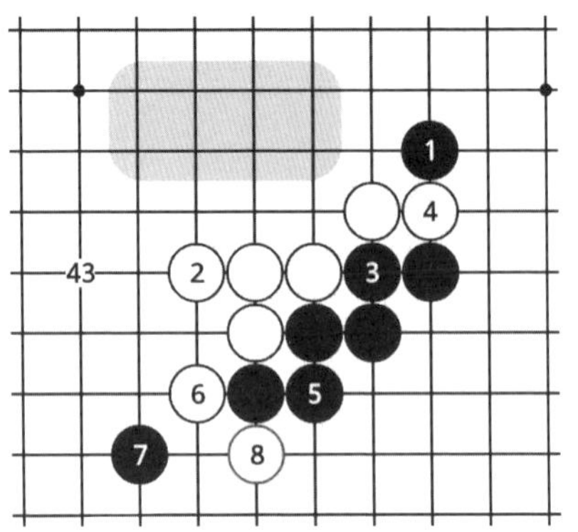

좌측은 (B)로 진행된 참고도.

백(2)번으로 삼을 치면 흑 (3)으로 삼을 만들며 수비.

이때 백이 다시 (4)번으로 흑 막게 되면 선수가 흑에게 있 것처럼 보이지만 연속 공격으 승리할 수 있는 방법이 없기 오히려 백의 강력한 모양을 수 해야 합니다.

결국 (5)번 수로 삼을 만들며 백의 대각 연결 하나를 막지만 백이 (6), (번 수로 사삼 자리를 만들며 선수(先手)를 가져오게 됩니다. 흑이 그 자리 수비할 수밖에 없을 때, 백은 상변에 두터운 세력으로 승리를 이끌어 낼 있습니다. (B) 자리로 수비할 때 해당 상황까지 수읽기로 정확한 판단을 끌어내는 것은 상당히 어려워 보입니다.

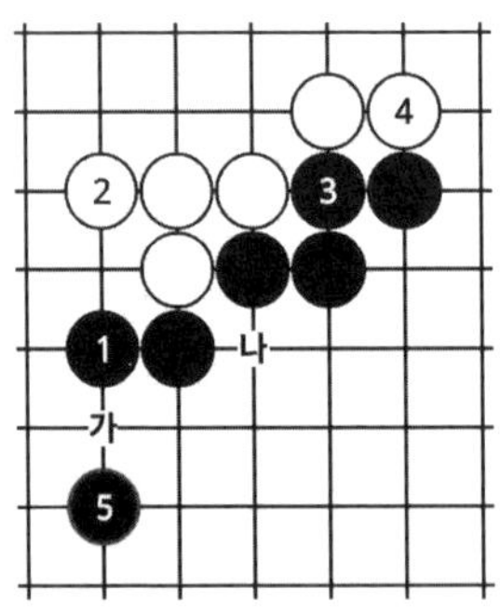

(A)자리 같은 경우는 백이 (2)번 수로 삼 만드는 진행이 성립하지 않습니다.

백이 (4)번 수로 수비하며 선수를 한번 넘거 때 흑(5)번 수로 동시에 (가), (나) 자리에 사 을 만드는 양수가 있습니다.

따라서 흑은 백의 삼을 (A)자리로 수비해야 합니다. 흑도 이를 정확히 판 하여 (A)자리로 수비하며 백의 함정에 넘어가지 않습니다.

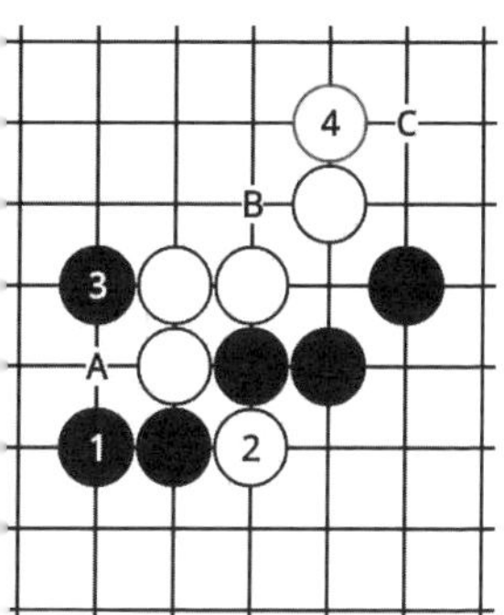

〈제3보〉 백의 노련함

백은 (2)번 수로 흑의 연결 두 개를 막으면서 자신의 삼삼자리를 만들며 응수할 때 흑이 다시 (3)번 으로 수비하며 좌측 세력을 굳힙니다.

상당히 강력해진 흑의 좌변 세력. 이때 백의 (4)번 수가 오묘합니다.

일반적인 흐름으로는 백이 현재 강력한 좌변 세력을 수비하는 것이 자연스러워 보이지만 좌변 세력을 직접 견제하기 보단 오히려 백의 상변을 늘리는 선택. 이때 흑은 가장 먼저 백이 견제하지 않은 좌변 세력을 통해 승리할 수 있는지에 대한 판단을 해야 합니다.

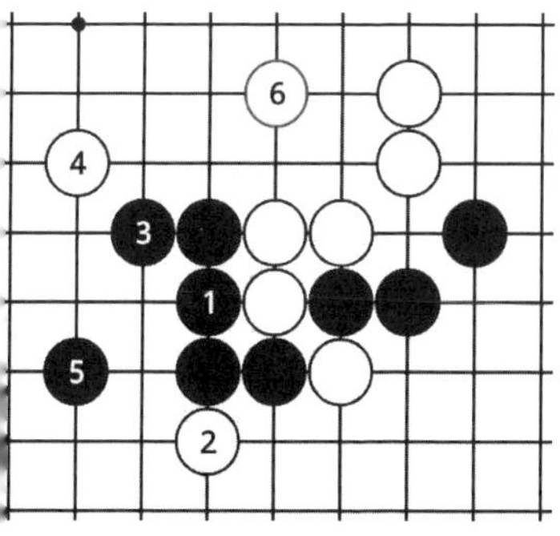

좌측 〈참고도〉는 (A)자리로 진행했을 경우입니다.

흑이 (5)번 수로 좋은 모양을 만들며 선수를 잡는 듯 보이지만 백의 (6)번 수가 통렬합니다.

백이 다시 선수를 잡아가며 동시에 흑의 좌변 세력을 간접적으로 견제합니다. 흑이 망한 모습.

결국 백의 (4)번 수는 흑의 VCT(Victory by Continuous Threats)를 간접 견제하면서 상변에 백 세력을 늘리는 좋은 수라고 볼 수 있습니다. 수동적으로 흑을 따라가기 보다는 노련하게 간접적으로 흑 세력을 견제하여 주도권을 가져오려고 하는 백. 흑은 결국 (B) 혹은 (C) 자리 등 상변 백을 견제하는 자리를 찾아야 합니다. 다양한 선택이 가능한 상황.

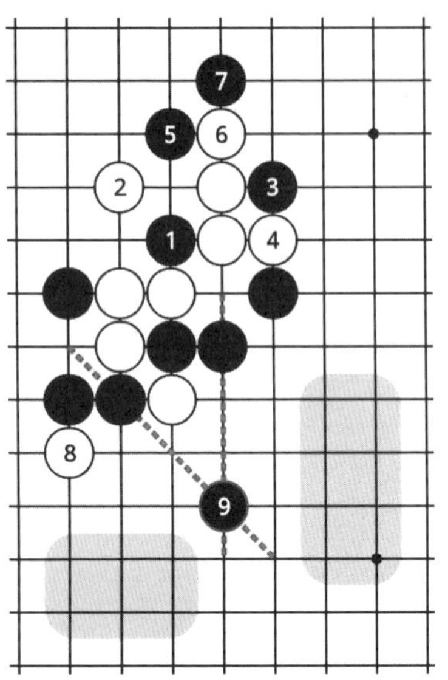

〈제4보〉 시작된 공격

흑은 (1)번 수로 백의 맥점을 막는 선택을 합니다. 이후 (2)~(로 이어지는 진행으로 상변 백 세 이 정리된 상황. 백은 이제는 (8) 수로 흑의 좌하단 세력을 견제해 합니다.

초반 백이 놓은 함정들을 잘 피해 며 참은 흑. 드디어 공격의 시간 왔습니다. 흑은 (9)번 수로 넓게 석하며 흑의 연결을 늘려 우하단 력을 강화합니다.

우하단 세력이 상당히 강해 백으 서 압박이 크게 느껴질 상황입니다

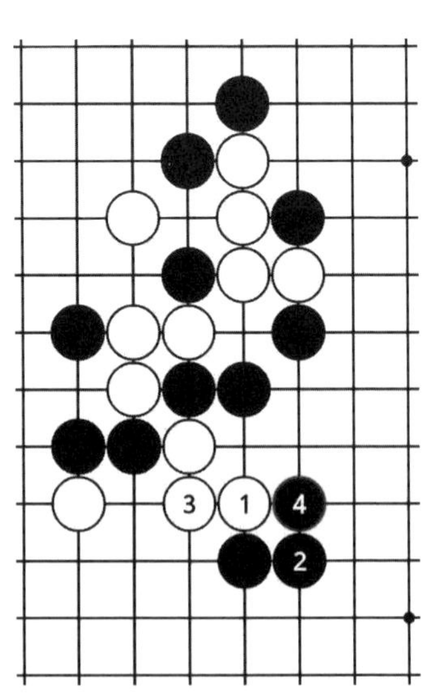

백은 (1)번 수로 자신의 연결을 만 며 흑을 견제해봅니다.

하지만 (2)번 수로 백의 대각 연결 차단당하며 흑의 우하단 세력 점점 강해집니다. 백은 흑의 대각 결을 끊기 위해 (3)번 수로 삼을 활 해보지만 흑은 침착하게 우측으로 으며 강력한 삼각꼬부림 모양을 완 합니다.

위 〈참고도〉의 (9)번수부터 현지 지 이어지는 흑의 공격이 단단하 매섭습니다. 흑은 과연 마무리까지 해낼 수 있을까요?

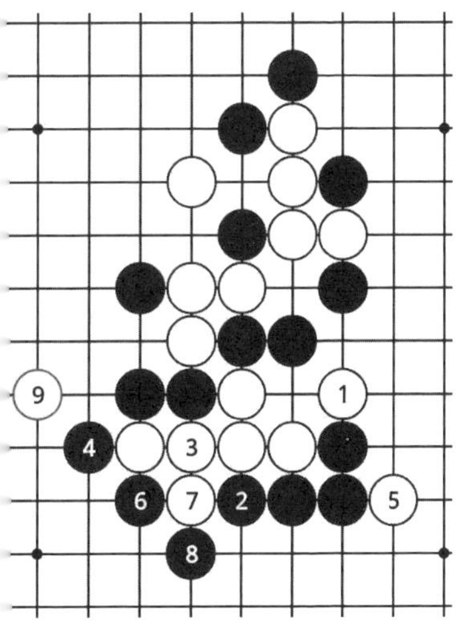

〈제5보〉 기회를 놓친 흑

백의 (1)번 수비 이후 진행된 수순입니다. 흑이 (2)번으로 삼을 만들자 백은 사 선수를 활용하여 흑의 대각 연결을 막아두고 우측으로 수비합니다. 흑은 (6), (8)번 수로 사를 두고 삼을 만들어 연속 공격을 이어갑니다.

(8)번 수는 백 (9)번을 강요한 후 하단에서 수를 내겠다는 의도.

하지만 결과적으로는 (8)번 수로 인해 흑의 유리함이 상쇄됩니다.

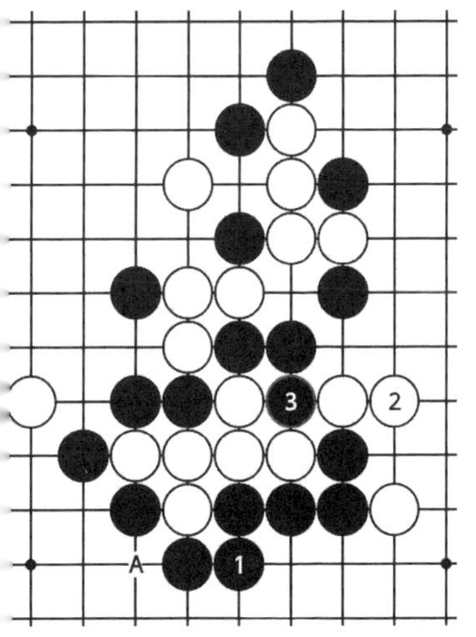

흑이 (1)번 으로 연속 공격을 진행하자 백은 (2)번으로 (3)번 자리에 사삼을 만들며 흑에게 수비를 강요합니다.

이때 흑은 (A)자리로 삼을 만들어 수비할 수 없고 (3)번으로 막을 수밖에 없습니다. (A)자리로 수비하게 되면 백의 사연타승이 숨어있어 패하게 됩니다.

결국 백은 흑의 강력한 하단을 막을 시간을 벌게 됩니다.

은 (8)번 수로 (9)번 자리로 삼을 만들며 좌상변의 연결을 이용해 공격했야 했습니다. 백의 세로 사가 신경 쓰이지만 흑에게 긴 연타승이 존재합니 하지만 이 수를 실전에서 찾기는 쉽지 않습니다.

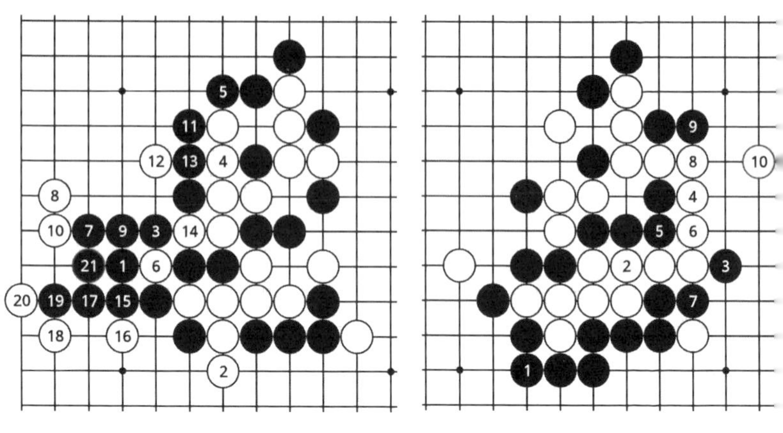

〈흑승참고도〉 〈백승참고도〉

〈제6보〉 미궁 속으로

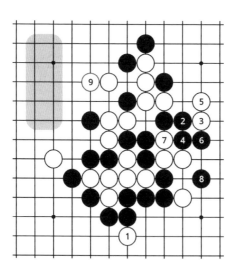

백이 (1)번으로 하단을 꽉 어막으면서 흑에게는 승ㄹ 수단이 사라졌습니다.

흑은 이제 (2)번으로 바 강력했던 우변 모양을 수ㅂ 니다. 이후 (3)~(8)번이 환되면서 우변 모양이 정ㄹ 고 백은 (9)번으로 좌상ㅂ 세력을 이용하여 기회를 ㄴ 니다.

점점 판이 채워지면서 대국은 미궁 속으로 빠지고 있습니다. 대국 후반ㅂ 접어들면서 시간에 쫓기고 난전이 되어가는 상황 속에서 끝까지 집중력을 지 않는 쪽이 승리하게 될 것입니다.

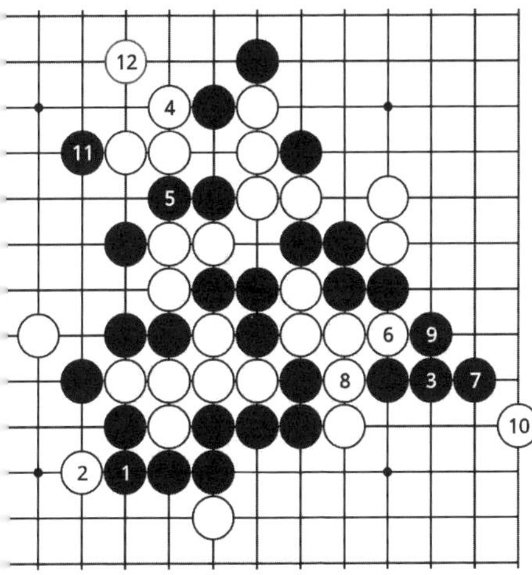

백의 좌상변 강력한 포석 이후 흑은 (1) ~ (10)번 수들로 하변 세력을 소모하면서 수비 수읽기를 위한 충분한 시간을 벌고 (11)번으로 수비하게 됩니다. 백은 다시 한 번 (12)번 수를 통해 흑에게 압박을 줍니다.

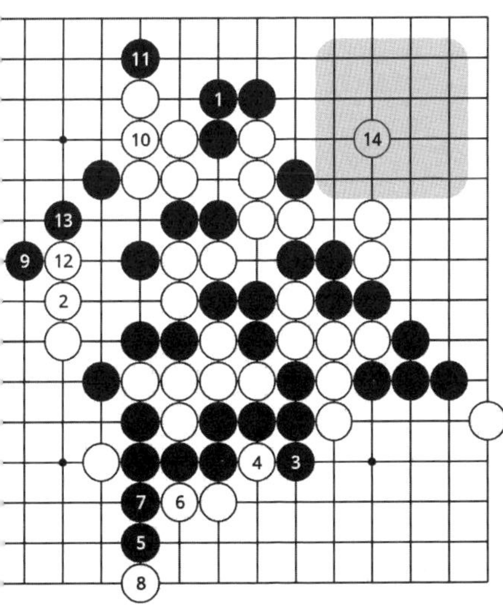

흑은 (1)번 수로 신경 쓰이는 백의 대각선 연결을 차단합니다. 이때 백이 좌변 (2)번으로 세력을 넓혀보지만 흑이 다시 침착하게 하변 선수들을 활용하여 충분한 시간을 확보하고 깔끔하게 좌변 수비에 성공합니다. 결국 백은 (14)번 수로 마지막 남은 우상변 세력을 노립니다.

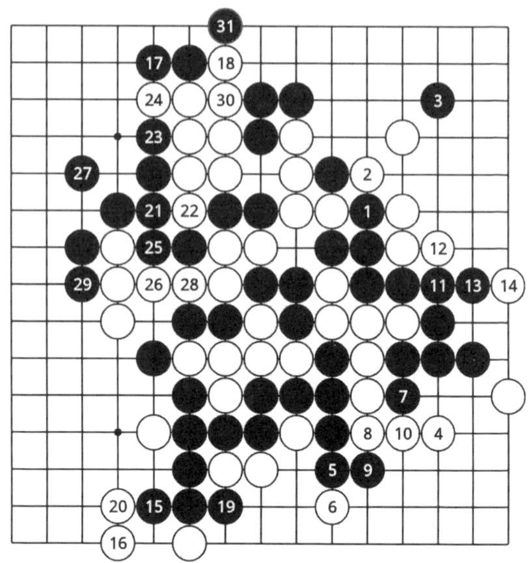

하지만 흑의 (1)번 대응 이후 백은 마땅한 공격로를 찾을 수 없었습니다.
결국 (4)번으로 흑을 수비하러 가면서 대국은 무승부로 흘러가게 됩니다.
이후 (31)번까지의 수순은 서로 조금씩 남은 세력을 소모해 가며 판이 정 되어 가는 흐름입니다.

이렇게 한국 오목의 전설인 두 기사의 승부는 무승부로 막을 내립니다.
흑을 잡고 자신의 강력한 무기인 공격력과 단단함을 유감없이 보여준 황 훈 4단과 백으로 노련한 수비를 보여준 박정호 8단의 명국이었습니다.

16강전이었던 이 경기에서 무승부를 기록하게 되면서 속기(5분)로 재경기 진행하였고 황도훈 4단이 승리하면서 8강에 진출하였습니다.
황 4단은 이후 라운드들에서도 좋은 모습을 보이며 우승의 쾌거를 달성하 됩니다.
개인적으로는 현재 활동이 없는 박정호 기사님이 다시 복귀하여 예전처 많은 명국들을 만들어 주셨으면 하는 바람입니다.

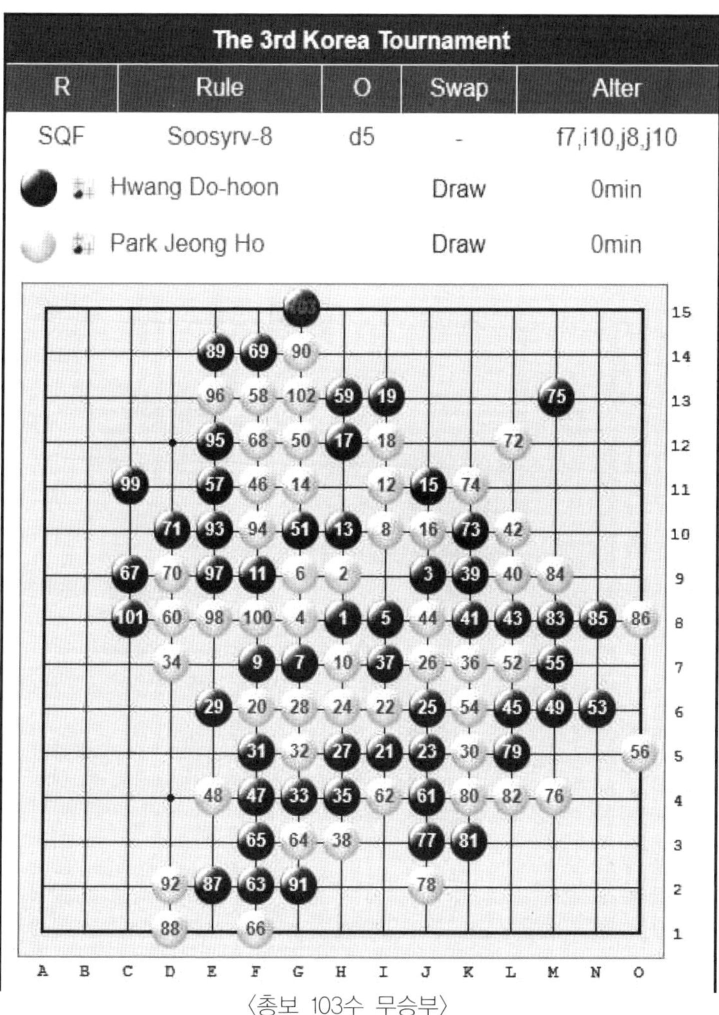

The 3rd Korea Tournament				
R	Rule	O	Swap	Alter
SQF	Soosyrv-8	d5	-	f7,i10,j8,j10
Hwang Do-hoon			Draw	0min
Park Jeong Ho			Draw	0min

〈총보 103수 무승부〉

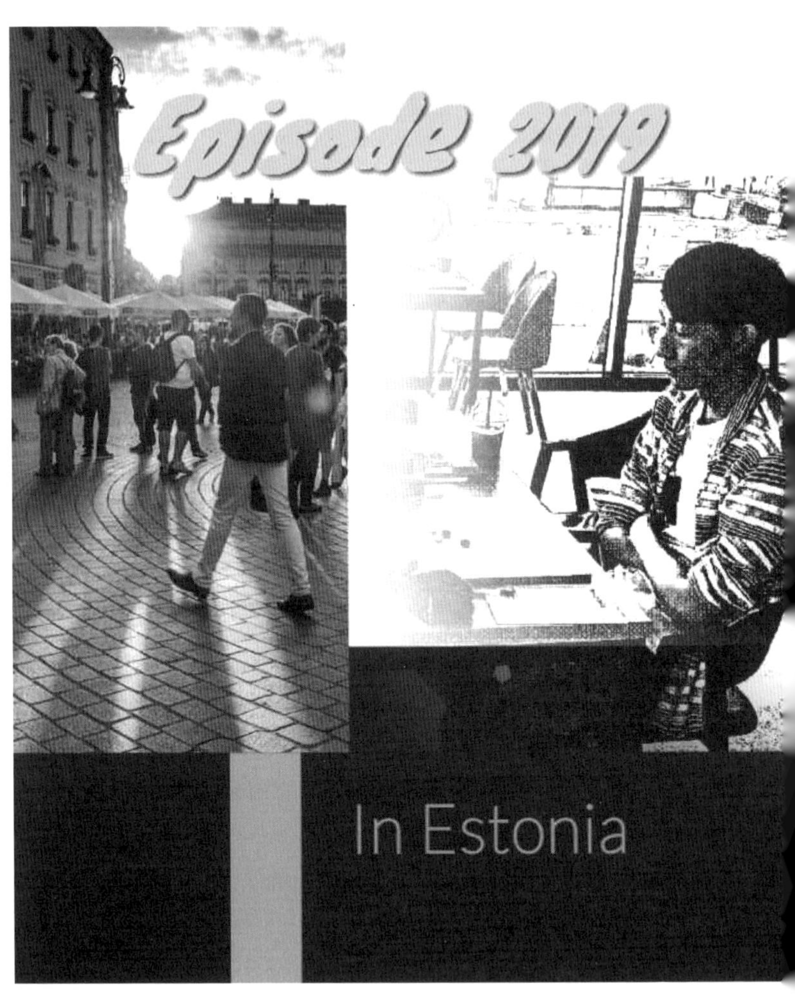
Episode 2019
In Estonia

월드챔피언쉽(WC)

오목(Renju)에 있어서 최고의 무대를 하나 꼽으라고 한다면 단연코 Renju World Championship을 꼽지 않을 수 없다. WC는 1989년부터 2023년 현재까지 격년마다 개최되고 있으며 월드챔피언 타이틀을 두고 경쟁하는 대회다.

세계에서 가장 뛰어난 탑 플레이어들이 한 자리에 모이는 축제이자 투기장! 모든 선수들에게 WC에 참가한다는 것은 큰 경험이자 영예일 것이다.

WC는 BT(자유리그), QT(본선), AT(결선)으로 나뉘어져 있다. QT에 참여하여 결선에 오르지 못하는 선수들은 BT에 참가하여 다음을 기약할 수 있다. 현재까지 한국의 AT 진출자는 2001년 김병준 기사와 2023년 이호준 기사가 있다.

2019 WC, 도전하다

2019년도 월드챔피언쉽은 오목 강국 에스토니아의 수도, 탈린에서 개최되었다. QT에 3장의 티켓을 배정받은 대한민국은 당시 한국랭킹 3위의 장원철, 5위의 김수찬, 6위의 박웅배 기사가 출전했다.

당시 본선 참가자는 일본의 Nakayama(세계랭킹 7위), 중국의 Wai Chan Leong(8위), 에스토니아의 Aivo(27위) 등 쟁쟁한 선수들로 구성되었다.

상대적으로 열세였던 한국 멤버들의 입상을 기대하기는 힘든 상황. 하지만 한국 선수들의 저력도 만만치는 않았다.

AT 진출의 실패.. 하지만

한국 선수들은 최종 김수찬(13위), 장원철(16위), 박웅배(20위)로 AT 진출자는 없었다. 하지만 QT로 끝이 아니다. BT(자유리그)가 남아있었고 BT의 참가자들 역시 쉽지 않은 상대들이다.

그렇게 시작된 BT, 당시 필자도 한국 선수들의 소식을 실시간으로 전해들으며 월드컵 못지않은 관심으로 응원했었던 기억이 있다.

BT에서는 6승 1무 2패로 안정감을 되찾은 장원철 기사가 3위에 입상하며 유종의 미를 거두었다.

功在不舍

공 재 불 사

성공은 포기하지 않는 것에 달렸다

제16회 월드챔피언십

본선 5라운드 (소시로프8룰 80분 + 30초/1수)

2019. 7. 31

Brenet Rahumagi 4단 VS 장원철 3단

Brenet Rahumagi 4단		장원철 3단
258 위	세계랭킹	127 위
2016 YWC 6위	주요경력	2019 슈퍼리그 우승 제4회 협회장배 준우승

<2019년 12월 기준>

해설 : 강상민 6단

이번에 소개할 기보는 오목에서 최고의 무대인 월드챔피언십 본선 경기로 당시 한국랭킹 3위였던 장원철 3단이 해외선수 상대로 첫 승리한 대국입니다. 대국 후반부의 장원철 기사의 공간을 장악하는 행마가 관전 포인트라고 할 수 있겠습니다.

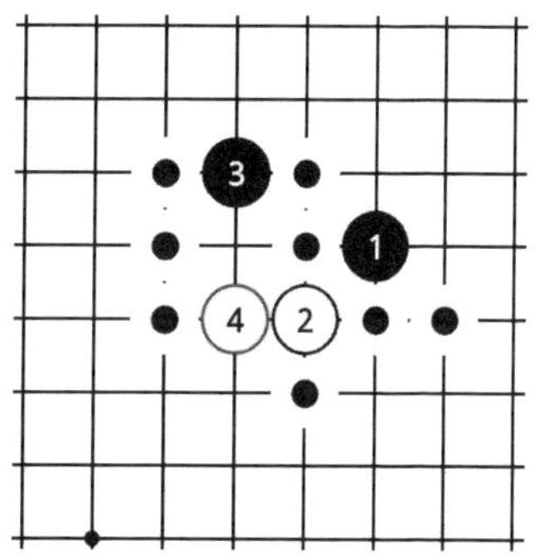

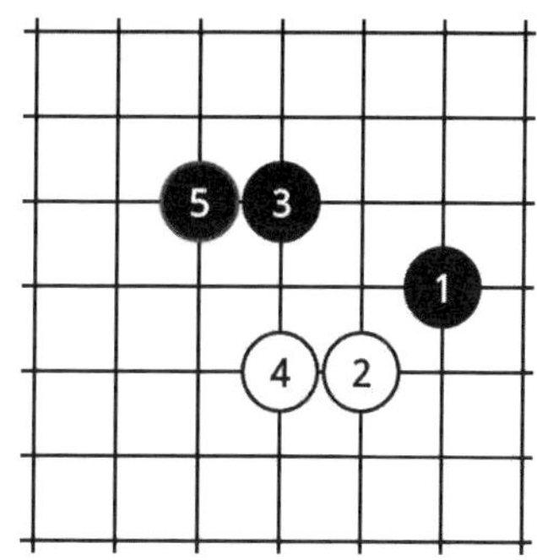

〈제1보〉 초반은 계획대로

장원철 3단은 주특기 주형인 i4(수월)을 오픈하였고 Brenet 선수가 4번수를 하며 8포인트를 제시합니다. 장원철 기사는 최종적으로 백을 선택하고 진행되게 되었으며 주특기 주형에서 백이 유리한 5번 수가 선택되면서 오프닝 우위를 점하게 됩니다.

현재 이론상 Brenet 선수가 제시한 8자리들은 실전에서 진행된 곳을 제외 모든 자리가 흑승이 가능합니다. 실전에서 선택된 자리는 현재는 이론상 승이 밝혀졌지만 백승을 만들어내기는 결코 만만치 않아 보입니다. 오프닝 보더라도 두 선수의 이론적 수준이 상당함을 느낄 수 있습니다.

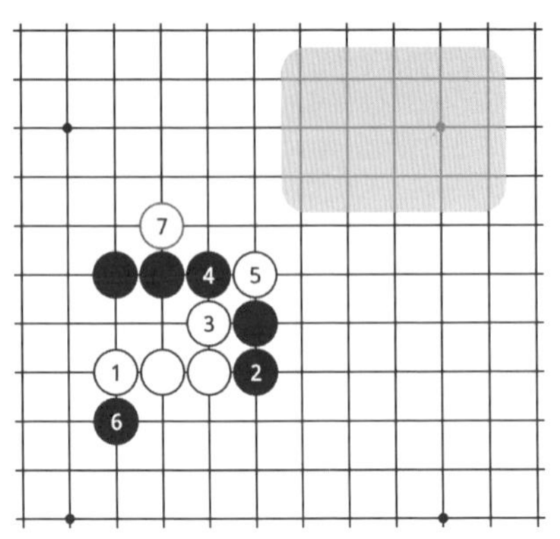

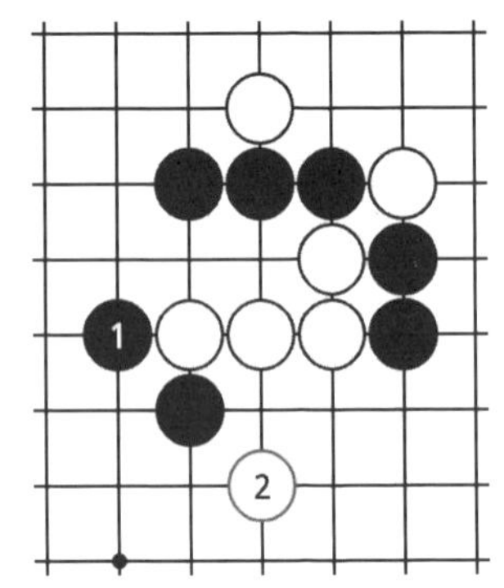

〈제2보〉 우측 세력을 사수하는 백

백과 흑이 서로의 공격 재료들을 활용해 세력이 어느 정도 정리된 모습. 결과적으로 백은 넓은 우상변 공간을 가지게 되고 흑은 상대적으로 좁은 좌변 세력을 가지게 되었습니다. 이로써 흑은 좌변에서 수를 끌어내기는 쉽지 않고 당장의 선수를 활용해 백의 세력을 최대한 깎아내야 합니다. 흑이 우측 사진의 (1)번 돌로 대각 연결을 두 개 만들며 좌변의 세력을 강화해보지만 백의 (2)번 돌이 우변으로 가는 길목을 틀어막으며 지킵니다.

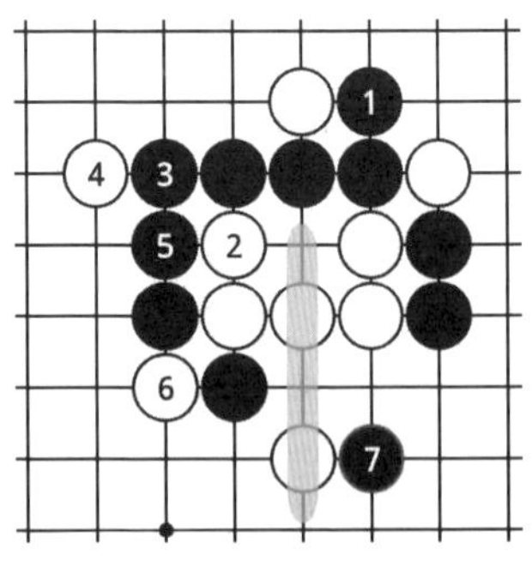

〈제3보〉 흑의 수습

흑은 (1)번 수로 신경 쓰이는 백의 우상 세력을 견제합니다. 이후 공격들을 모두 소진하여 좌변을 마무리 후 7번 돌로 백의 하단 맥점을 막아둠으로 한숨을 돌립니다. 하지만 백의 세로 연결이 이후 공격의 불씨가 됩니다.

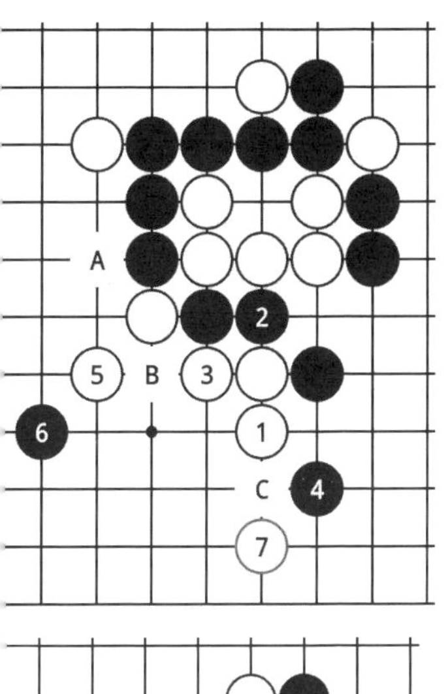

〈제4보〉 백의 강력한 공세

백은 공격들을 활용하여 하단에 세력을 쌓은 후 7번 돌로 VCF를 만듦과 동시에 강력한 세력을 쌓았습니다. 위기의 흑에게 우선적으로 보이는 자리는 강력한 하단 쪽을 따라가는 B와 C자리로 두 곳 모두 백이 연속 공격으로 승리할 수 있습니다.

흑은 A로 침착하게 응수합니다.

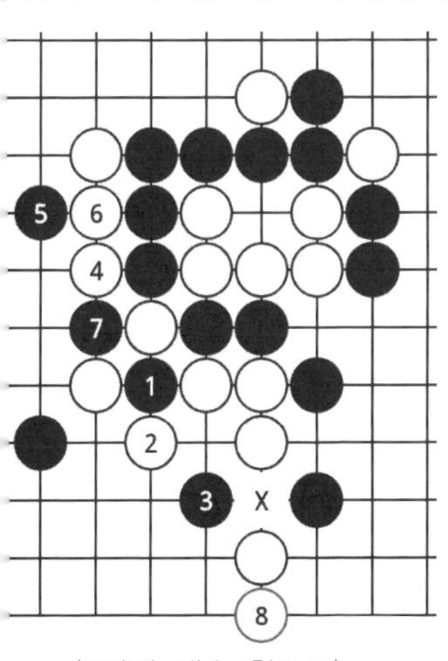

〈B자리 백승 참고도〉

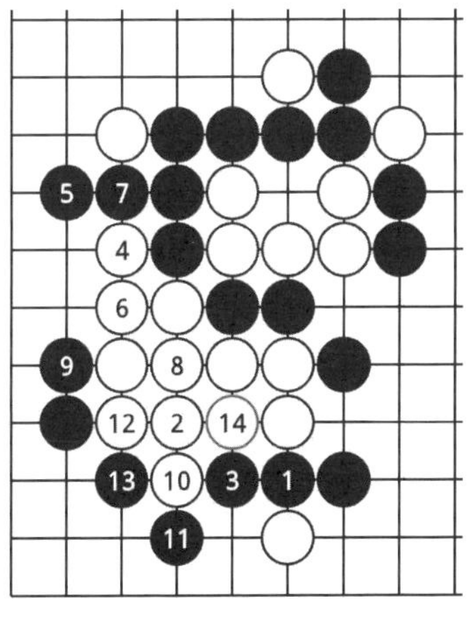

〈C자리 백승 참고도〉

:와 C자리 외에도 다른 자리들 역시 백의 연속 공격이 어렵지 않게 나오게 니다. 프로그램을 통해 분석하여 보면 A자리를 수비하는 것이 흑으로써 최의 수입니다. 흑 선수 역시 쉽게 백승을 내주지 않아 경기는 더욱 치열한 상으로 접어들게 됩니다.

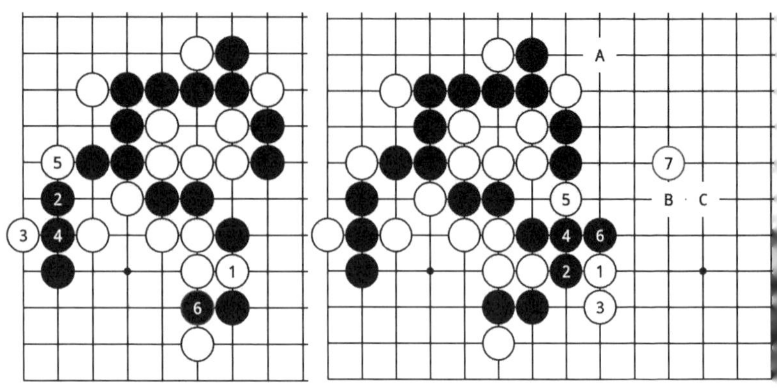

〈제5보〉 끈질긴 흑, 달아나는 백

백은 좌측 참고도의 1번 돌로 흑에게 다시 한 번 수비를 강요하며 압박하만 흑은 이번에도 최선으로 응수하며 손쉬운 백승을 주지 않습니다.

결국 백은 우측 참고도의 (1), (3)으로 우변에 발판을 만들고 흑이 (4), (으로 연결을 만들며 응수하자 (7)번 돌을 넓게 가져가며 우변에 이후 맥점 될만한 A자리, C자리들을 지원합니다. 또한 B의 사공격을 이용한 대각선 인도 추후 흑에게 위협적으로 작용할 여지가 있습니다.

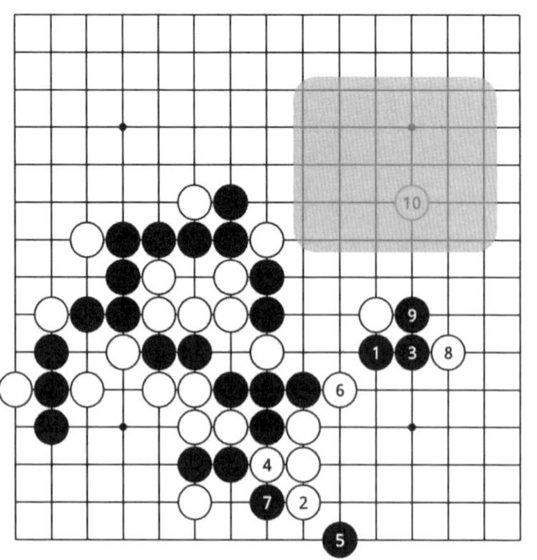

〈제6보〉백의 공간 장

우하변에서 흑과 백 세력싸움이 진행되고 최 전장은 우상변이 되었습니

약간은 안일했던 흑 9번 를 백이 공간을 장악하는 (1 으로 응징합니다.

이제 우상변은 완벽히 의 영역이 되었습니다.

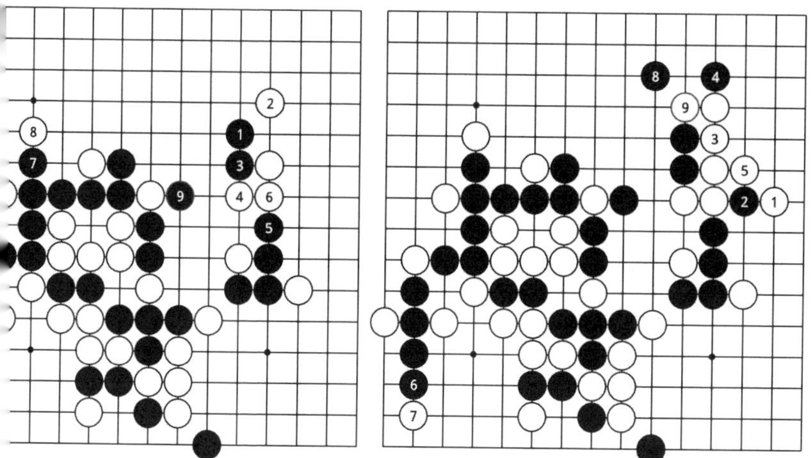

〈제7보〉 흑의 빈틈, 놓치지 않는 백

우상변을 효과적으로 장악해낸 백, 흑은 뒤늦게 따라가지만 대국 후반부에 어든 탓에 부족한 시간과 우상변의 복잡한 대국 양상으로 인해 실착을 두 맙니다. 좌측 참고도의 흑(9)의 패착으로 인해 백승을 낼 수 있는 상황이 니다. 이를 놓치지 않는 백. 우측 참고도의 수순으로 멋지게 백승을 확정짓 니다.

초반 오프닝 우위부터 가져온 유리함을 침착하게 흑을 좌변으로 몰아넣어 지해내는 초반, 강력한 공격으로 상대를 압박한 중반. 공간을 장악하며 상 를 흔든 후반을 차례로 보며 장원철 기사의 깔끔한 경기 운영을 느낄 수 었습니다. 개인적으로 생각하는 그의 강점인 전략적인 면모와 특유의 공격 인 행마가 잘 드러났던 경기인 것 같습니다.

원철 3단은 해당 대회인 2019월드챔피언십 본선에서는 15위에 그쳤지만 후 마음을 다잡고 출전한 BT에서는 3위에 입상하는 쾌거를 이루게 됩니다. 가지 포기하지 않고 최선을 다했기에 유종의 미를 거둘 수 있었던 것 같습 다.

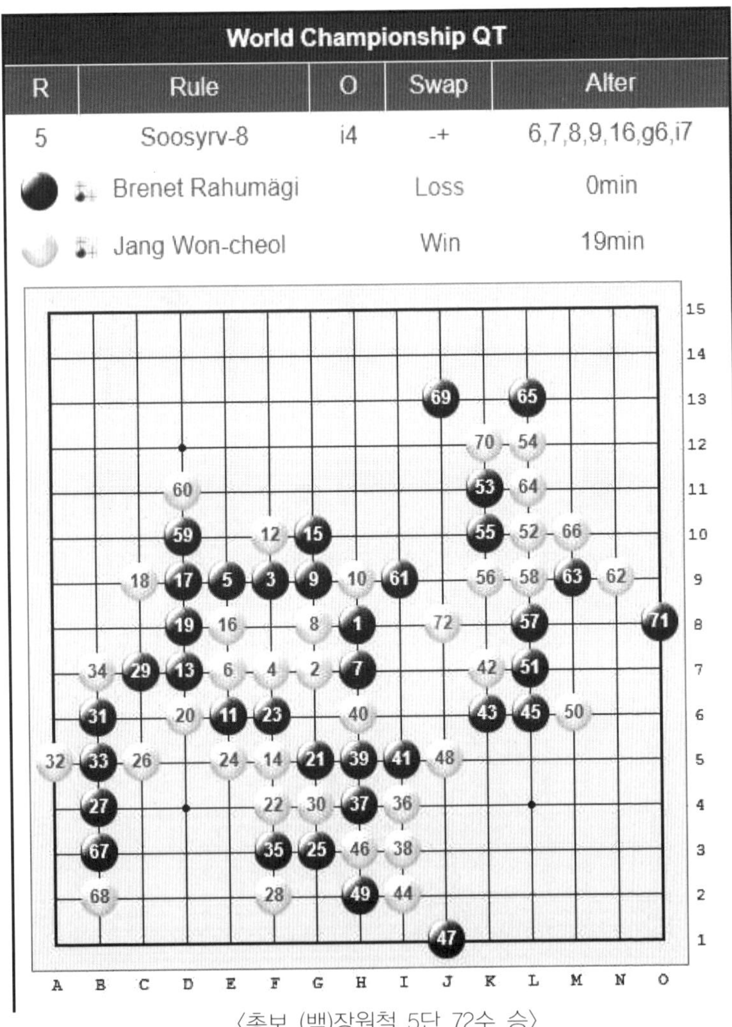

World Championship QT				
R	Rule	O	Swap	Alter
5	Soosyrv-8	i4	-+	6,7,8,9,16,g6,i7
●	Brenet Rahumägi		Loss	0min
○	Jang Won-cheol		Win	19min

〈총보 (백)장원철 5단 72수 승〉

Episode 2021
오목계에도 많은 변화를 주었던
COVID-19를 떠나보내며...

명인(名人)

명인(名人)이란 한 분야에서 정점에 오른 자를 의미하며, 최고의 영예 중 나이다. 일본에서는 1962년에 처음으로 명인전이 개최되며 Yamakita Toshin 9단이 최초의 명인이 된 후 2023년 현재까지 61회째 대회가 이어져오고 있 명인전은 현재 일본, 대만 그리고 한국에서 시행중이다.

한국의 명인전은 2019년 처음 개최되어 현재 5회 명인전을 앞두고 있다. 1 회 명인전은 김규현 기사님이 연속 우승하며 초대 명인에 올랐고 3~4회는 도훈 기사님이 연속 우승하며 현재 명인 타이틀을 보유중이다.

필자도 명인전에 여러 번 도전장을 내밀었으나 결과는 좋지 못했다.

1회 대회는 불참, 2회와 3회는 예선탈락, 4회는 8강 탈락의 고배를 마셨다.

두 정상(頂上)

2016년 이후 협회가 재출범하며, 2023년인 지금까지 수많은 선수들이 배출 었다. 이 수많은 선수들 중 꾸준히 정상의 자리에서 군림하던 두 선수를 꼽 다면 김규현 8단과 황도훈 6단을 꼽을 수 있겠다.

김규현 기사는 2000년부터 활동한 한국의 전설 중 하나이다. 협회 재출범 후 10년 만에 '2017슈퍼리그'로 복귀했고 '2017오목챔피언십', '제2회 협회장 를 내리 우승하며 녹슬지 않은 기량을 선보였다.

이후에도 1,2회 명인타이틀을 지키며 당시 한국의 최고임을 공고히 했다.

황도훈 기사는 '2015아마최강전' 우승을 시작으로 '2016오목챔피언십'에서 우승하여 "2016챔피언" 타이틀을 획득하며 화려하게 등장하였다.

2018년에는 '제3회 협회장배'를 우승하며 정상급 기사의 면모를 보였다. 0 남부대회, 슈퍼리그 등 여러 대회를 석권하면서 90%에 육박하는 승률을 브 며 정상에 자리 잡게 된다.

2021년 코로나가 서서히 마무리 되어 가던 시기, 제3회 명인전 결선리그0 다시 만난 두 사람.. 지금부터 그 대국을 살펴볼까한다.

가장 요긴한 부분을 마치어 일을 끝냄

제3회 오목명인전

결선리그 (소시로프8룰 40분 + 30초/1수)

2021. 7. 11

황도훈 4단	VS	김규현 8단
2위	한국랭킹	1위
제3회 협회장배 우승	주요경력	제1,2회 명인전 우승
2016 챔피언쉽 우승		06, 08 오목비상전 우승

<2021년5월 기준>

해설 : 강상민 6단

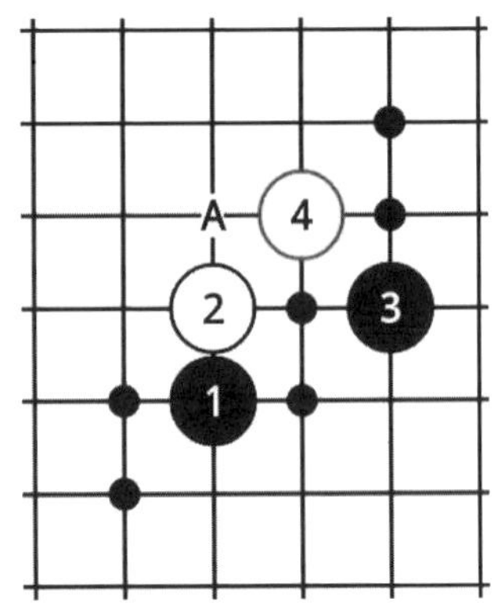

〈제1보〉 초반 선택의 중요성

황도훈 기사가 잔월(D4)주형을 오픈하
대국이 시작됩니다. 잔월 주형은 당시 황
단의 주력 주형으로 알려져 있었습니다.

기사마다 성향이 다양하고 선호하는 플
이방식이 다르며 각자의 시그니처 주형들
존재합니다. 예를 들어 포월의 경우는 박
배, 김규현 기사가 대표적이고 명성의 경
류한주, 박윤동 기사를 꼽을 수 있습니다

대부분의 선수들은 자신의 주력 주형을 오픈할 경우 비교적 높은 승률을 여줍니다. 따라서 선수들의 주력 주형과 스타일을 분석해보는 것도 상당 흥미로운 일입니다.

김규현 8단은 (4)번 수를 선택하고 7포인트를 제안했는데, 이는 매우 적인 선택입니다. 공격적인 기풍을 가지고 있는 황도훈 4단은 흑을 잡고 와 같이 포인트를 선택합니다. 현시점의 이론으로는 정석적인 선택은 아니 만, 7개의 자리 모두 가능한 자리들입니다. 최종적으로 김규현 8단이 A자 를 선택하고 대국이 진행됩니다.

A자리는 협월과 계월, 한성에서 종종 나오는 모양으로, 공간에 영향을 받는 모양입니다. (이후 해설할 김경배 기사와 Yulia 선수의 해설에서도 슷한 모양이 나올 예정).

한성과 잔월에서는 백이 다소 유리하지만 이후 백의 진행이 매우 어려워 시로는 동등한 진행으로 알려져 있었습니다. 실제로 실전 대국들의 통계 보면 백의 승률이 30% 정도 밖에 되지 않습니다. 이론과 실전은 다소 차 가 있기 마련입니다.

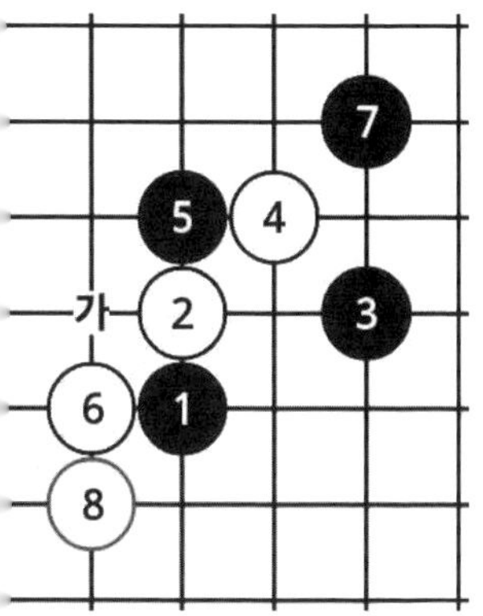

백을 잡은 김규현 기사는 (6)번으로 삼을 치고 (8)번으로 늘었습니다. 당시 유행했던 정석 진행은 (8)번 수로 (가)자리를 선점하는 것이었습니다.

해당 진행 역시 가능한 진행이지만 백이 주도권을 잡고 이어나가야 하며 상당히 정교한 수순이 요구됩니다.

해당 진행은 김경배 vs Yulia 해설에서 다시 살펴보겠습니다.

(8)번 수는 흐름이 흑에게 조금 넘어가는 신에 무난하게 흑을 따라다니며 수비하는 그림이 나오게 됩니다. 안정적이 실리적인 플레이를 즐겨하는 김규현 8단의 선택이 돋보이는 대목입니다.

측은 백유리로 평가되는 정석 중 주요 행입니다. (6)번 수로 삼을 만들며 바로 편쪽으로 넘어가지 않고 가만히 늘어 모을 만들면 이후 흑이 끌려 다니는 형국이 니다.

지만 백이 구사해야하는 행마의 난도가 고 이 수순 외에도 흑의 대응이 다양해 복 하므로 상당히 깊은 이해가 요구됩니다.

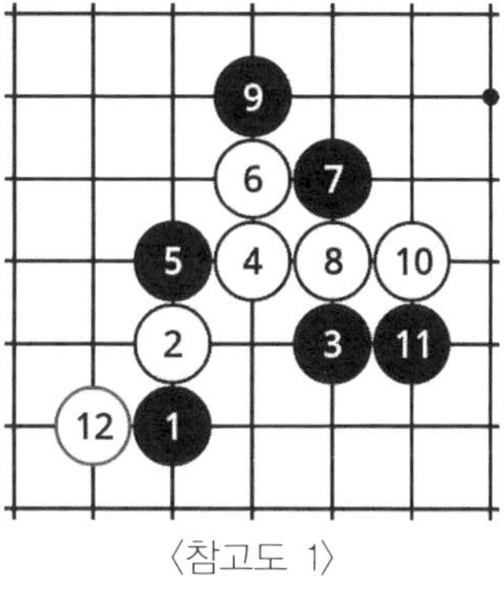

〈참고도 1〉

반에서 이후 대국 양상이 결정되기 때문에 이처럼 다양한 부분을 고려하 자신에게 맞는 선택을 신중하게 내려야 합니다.

순히 이론상 유리해서 선택하는 것이 아닌, 상대는 어떤 진행을 선호하고, 런 약점이 있는지, 또 자신이 선호하는 모양은 무엇인지 등등 여러 요소들 종합적으로 판단하여 전략을 세우게 됩니다.

처럼 정상급 선수들의 경기에서는 사소한 차이로도 승부가 갈리기에 판단 하나하나가 다양한 요소들을 복합적으로 고려하여 이루어집니다.

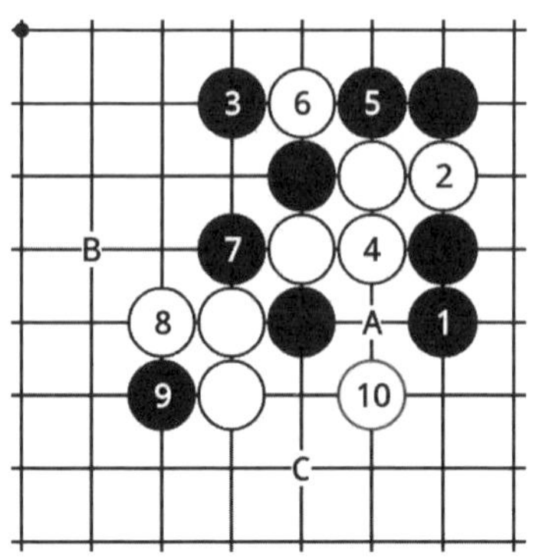

〈제2보〉기반을 다지는 행마

흑은 (1)~(7)의 흐름으로 가지고 있
공격 재료들을 소모하여 모양을 정리합니
그리고 (9)번으로 백의 급소를 단단하
수비합니다. 이는 가장 일반적인 정석
로 무난한 흐름입니다. 백은 (10)번으
흑의 대각 연결을 막으며 모양을 만듭니
어느 정도 서로 정리가 된 상황.
흑이 다시 한 번 기로에 놓입니다.

우선은 백이 하단에 VCT(Victory by Continuous Threats)가 있으므로
의 연결을 수비해야 합니다. 이때 눈에 들어오는 자리를 몇 개 꼽자면 (A
(B), (C) 정도를 꼽을 수 있겠습니다.

공격적인 기풍의 소유자라면 백의 대각 연결을 막으면서 좌변에 강한 모양을 만드는 (B)자리를 우선적으로 보게 될 텐데, 이는 백이 (10)번 아래로 공격을 시도할 수 있다는 점이 위험해보입니다. 실제로 〈참고도 2〉처럼 진행되면 백의 세력을 감당할 수 없어 흑이 패배하게 됩니다.

따라서 백의 하변 쪽 세력을 견제해야 합니다.

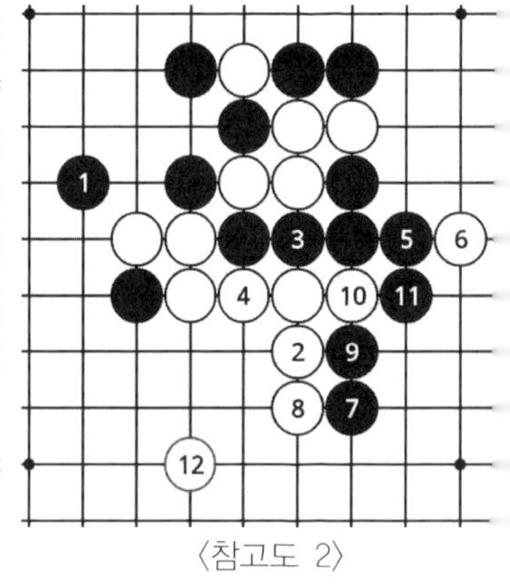

〈참고도 2〉

다음으로 하변을 견제하며 백을 감싸는 (C)자리와 직접적으로 백의 세로
결을 차단하며 정직하게 수비하는 (A)자리를 고려해 볼 수 있습니다. 둘
두 당장 백승은 없고 충분히 둘 만해 보입니다.

한 자리씩 차근차근 의미를 짚어보면 (A)자리의 경우 당장 백을 묵직하게 ㅏ으면서 분산되어 있는 흑의 세력을 모아주면서 중심을 잡아주는 행마입니 ㅏ. 백도 흑이 (A)로 갈 때 하변을 계속해서 고집하기엔 흑의 강한 우변 세 ㅕ 때문에 무리인 상황.

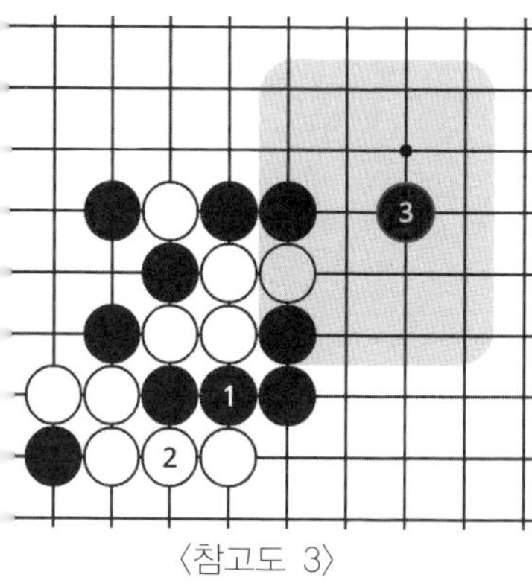

〈참고도 3〉

〈참고도 3〉처럼 흑이 (3)번 돌을 통해 바로 선수를 잡아내며 백은 흑의 강력한 우변 세력을 감당할 수 없게 됩니다. 따라서 백도 우변을 한번 수비할 때 흑이 한 번 더 세력을 늘리며 천천히 기반을 다져나갈 수 있습니다.

C)자리의 경우는 당장에 흑의 연결을 만들어주지는 않지만 백에게 다양한 택지를 제시하면서 백을 괴롭히는 행마라고 볼 수 있습니다. 한 발 느리게 에게 템포를 조금 내어주면서 백을 감싸면서 이후를 도모하게 됩니다.

참고도 4〉는 (C)자리의 이후 인공지능 천 진행입니다. 결국 흑이 다시 흐름을 아나가게 되긴 하지만 백의 자유도가 매 높아 상대의 다음 수를 예측하기 어렵다 단점이 있습니다.

한 흑의 우변 공격이 실패할 경우 (2)번 로 인한 백의 좌변 세력이 부담입니다.

도권을 잡고 묵직하게 두는 것을 좋아하 황 4단은 (C)자리 대신 (A)자리를 선택 니다.

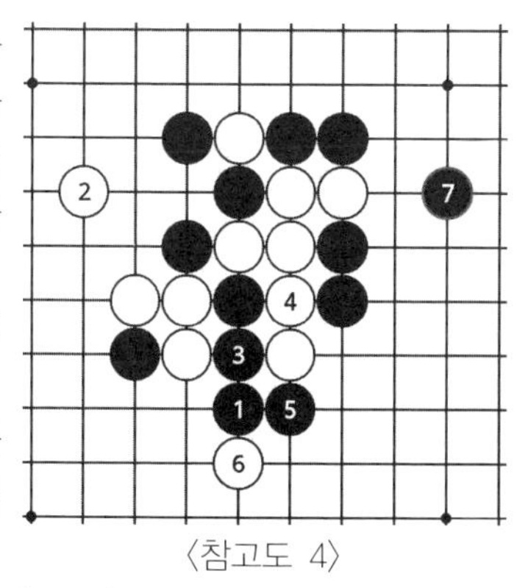

〈참고도 4〉

대에게 자유도를 줘 난전으로 이끌기보다는 깔끔하게 정리 후 안정적인 양에서 기반을 잡고 공격을 진행하려는 의도입니다.

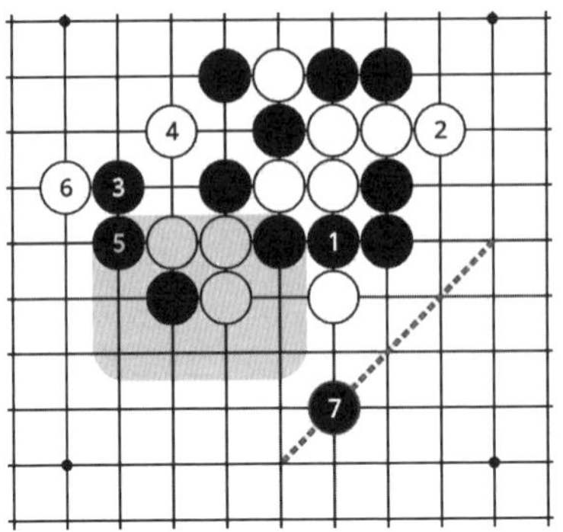

〈제3보〉공간을 장악하는 수

백은 (2)번 수로 우변 세력을 수비할 때 흑은 우선 (3)번 수로 좌변에 돌을 추가하며 백의 대각 연결까지 수비합니다. 백은 (4)번 수가 강제되고 이때 흑이 (5)번 수로 맥을 선점합니다. 그 곳은 백이 먼저 둘 경우 흑의 연결이 전부 끊어지는 아픈 자리입니다.

(3), (5)번 수가 좌변의 세력을 강화시켰기 때문에 백은 (6)번 수로 좌변을 감싸며 틀어막습니다. 사실 (6)번은 결코 나쁜 수는 아니지만, 조금 약한 수이 있었는데, (6)번으로는 (3)번 수의 바로 위를 두며 백의 연결을 조금이나마 형성하는 것이 조금 더 좋았습니다.

그렇게 된다면 백의 연결이 거슬려 흑도 함부로 손을 빼기는 쉽지 않습니다. 약간의 여유를 살려 둔 흑(7). 황도훈 기사의 기풍이 드러나는 수로, 하변의 공간을 넓게 장악하며 흑의 우변 사와의 이후 연결을 도모함과 동시에 백의 중앙 돌들을 사석(死石)으로 만들어 세력을 죽이는 행마입니다.

〈참고도 5〉는 백이 (6)번 수를 (3)번 수의 위로 두었을 때의 예시 진행입니다. 당장에 주도권은 흑에게 있지만 백이 흑을 몰아넣고 있는 형국입니다. 또한 백의 좌변 세력 역시 흑에게는 부담입니다.

흑은 하변 세력을 가져갈 수 없다면 결국 불리해지게 됩니다.

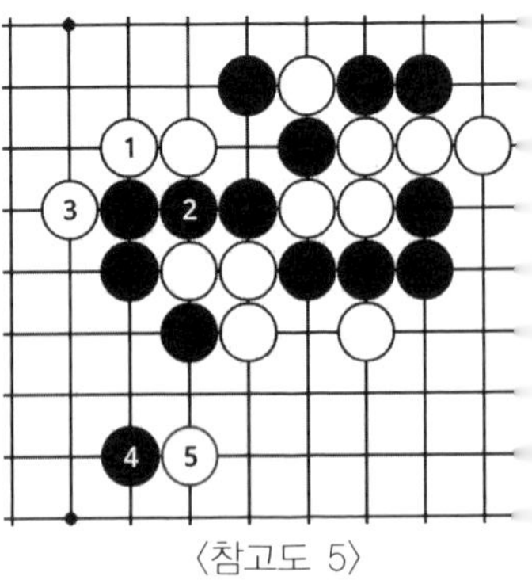

〈참고도 5〉

〈제4보〉 벌어지는 틈

백은 (2)번으로 흑의 우변과의 연결을 단단히 차단하면서 자신의 대각 연결을 확보합니다. 흑은 (3)번으로 다시 단단하게 기반을 다지는 행마를 통해 풀어나갑니다. (4)번은 흑의 대각 연결을 막는 아주 당연해 보이는 수입니다.

이때 흑(5)로 다시 하변에 영역을 확장하는데, 이는 좌하변과도 연결되는 좋은 수입니다.

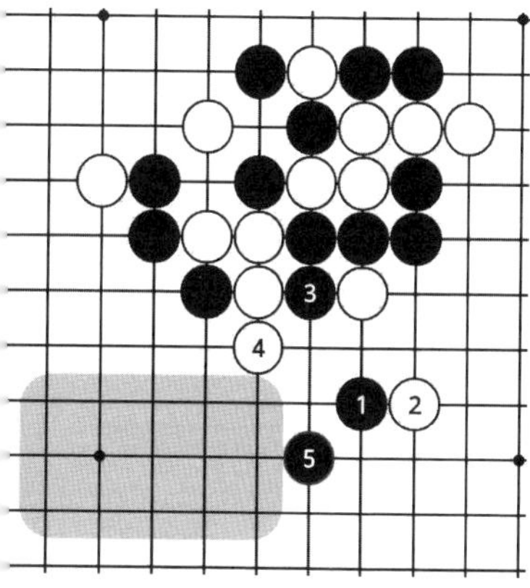

지금까지의 행마를 보면 우선 단단하게 기반을 만들고 후에 공간을 장악해 나가는 패턴이 반복되고 있습니다.

이는 황도훈기사의 스타일이 반영된 행마로 상대하는 입장에서 묵직한 압박을 느끼게 됩니다. 현재까지 백도 이렇다 할 실수 없이 응수하고 있는데, 최선이 아닌 대응으로 인해 조금씩 틈이 벌어지고 있습니다.

사실 (4)번 수는 매우 당연한 자리로 이지만 조금의 아쉬움은 있습니다. 이 지속적으로 하변을 노릴 수 있는 유는 좌변에 남아있는 세로 연결 때 인데 (4)번 수를〈참고도 6〉과 같이 칸 띄어 넓게 수비하게 되면 이 부 을 차단할 수 있어 흑이 답답함을 느 게 됩니다.

사실 실전의 (4)번 수도 나쁘지 않고 단하게도 느껴지기 때문에 큰 실수라 보기 어렵지만 정상급 대국에서는 러한 미묘한 차이가 쌓여 승패가 갈릴 있습니다.

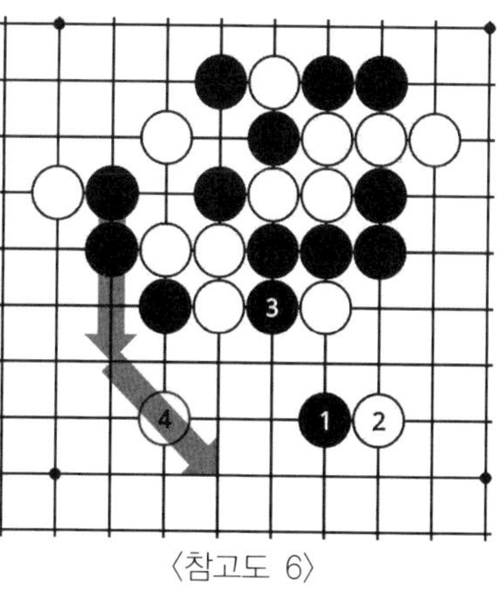

〈참고도 6〉

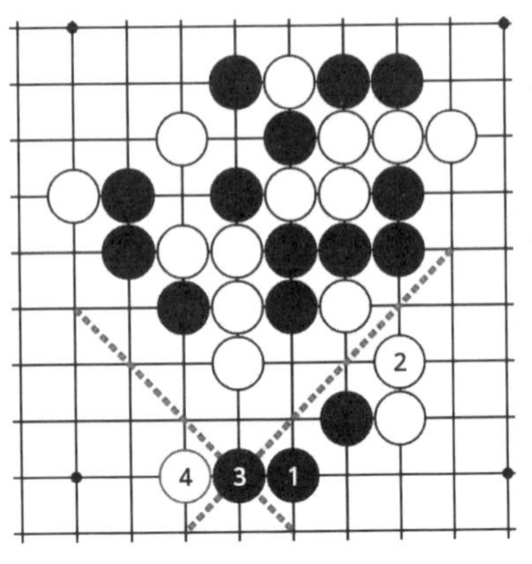

백은 (2)번으로 자신의 연결을 만들며 흑의 대각 연결을 강하게 막습니다.

흑은 다시 (3)번으로 백을 감싸며 하변을 확장하는데, 이 역시 좌변과 우변을 교묘히 연결하는 매우 좋은 수입니다.

이때 백은 (4)번으로 수비하는데, 이는 패착이 됩니다. 사실 제일 먼저 눈에 들어올 만한 당연한 자리로 보이지만, 흑의 좌변 세로 연결이 살아있다는 점을 간과한 것 같습니다.

백의 틈이 점점 벌어져 결국 구멍이 생겼습니다. 이후 흑의 응징을 함께 살펴보시죠.

백의 올바른 대응은 〈참고도 7〉처럼 (4)번 수를 흑의 세로 연결을 뒤늦게나마 수비하는 것이었습니다.

하지만 흑의 (3)의 의도가 하변을 확장하고 가로 연결을 통해 공격하려는 목적이기 때문에 이를 무시하고 세로 연결을 바로 막으러 가는 것은 쉽사리 찾기 힘든 수입니다.

〈참고도 7〉

이러한 수를 고려해 볼 수는 있어도 결행하기 위해서는 흑이 하변에 정말 수가 없는지 면밀히 검토해보는 과정이 수반되어야 하고 올바른 대응으로 간다고 하더라도 흑이 하변에서 거세게 공격해볼 수 있는 기회가 있기 때문에 끝까지 정확하게 수비해내기는 쉽지 않습니다.

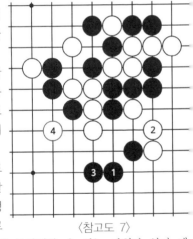

흑의 매서움이 느껴지는 행마입니다.

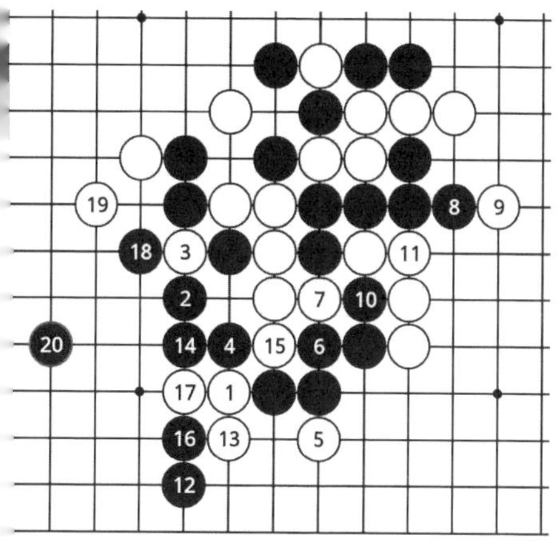

〈제5보〉 멋진 마무리

흑은 우선 (2)번과 (4)번 돌로 3을 만들며 공격합니다.

이때 백은 (3), (5)번이 강제되는데, 다른 방향으로 수비하게 된다면 쉽게 연속 공격으로 수가 나게 됩니다.

이후 흑이 연속 사를 활용하여 정확한 수순으로 공격을 이어가 마지막 (20)번으로 쐐기를 박습니다.

이렇게 백(1)의 패착 이후 멋진 마무리로 황도훈 4단이 승리하게 되며 명인 이틀을 획득하게 됩니다.

개인적으로 이 대국은 명국 중에서도 손에 꼽히는 명국이라고 생각합니다. 국(名局)은 비단 한 사람만의 힘으론 만들어질 수 없습니다. 김규현 기사의 두터운 수비에 대응해 안정적인 기반을 바탕으로 넓게 공간 장악하는 황도훈 기사 특유의 행마가 어우러진 이 대국의 묘미를 제 해설 통해 느껴보셨기를 바라겠습니다.

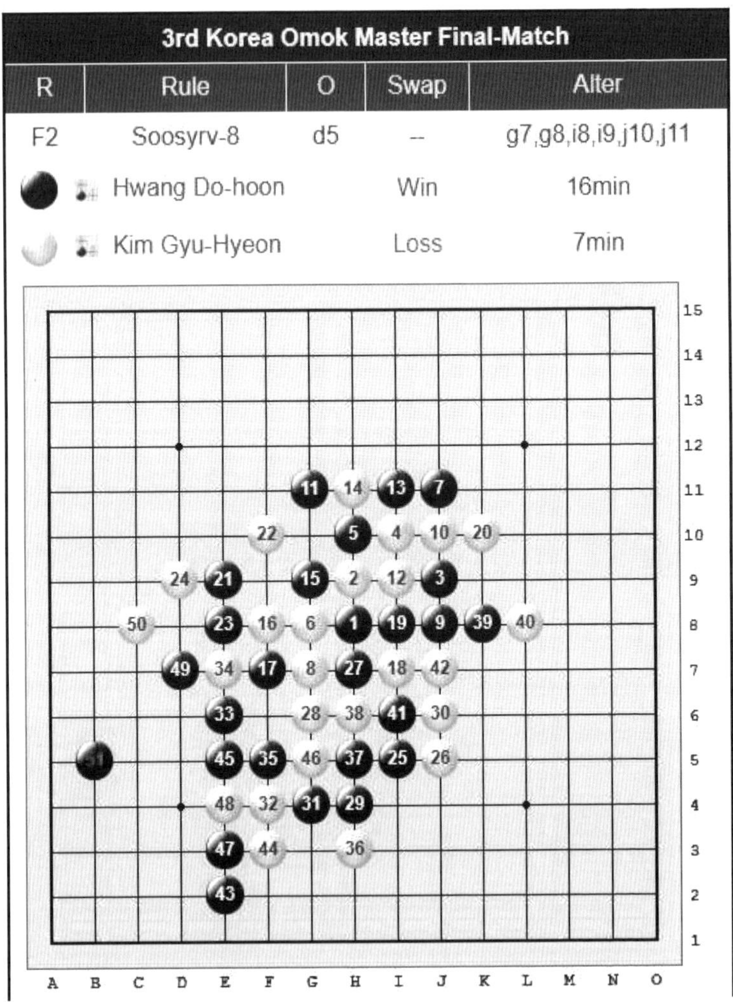

3rd Korea Omok Master Final-Match
R
Rule
O
Swap
Alter
F2
Soosyrv-8
d5
--
g7,g8,i8,i9,j10,j11
Hwang Do-hoon
Win
16min
Kim Gyu-Hyeon
Loss
7min

〈총보 (흑)황도훈 4단 51수 흑승〉

4th World Renju Open

Yulia Savrasova 7단

제4회 World Renju Open

2021년 여름, 일명 안지 대회라고 불리는 제4회 월드렌주오픈 대회가 코로나로 인해 온라인으로 개최된다는 공지가 RIF(국제오목연맹)에 게재되었다.

원래 중국 안지시에서 매년 정기적으로 개최하는 대회로 2019년도 대회에서 한태호 기사님이 Lan Zhiren 선수를 꺾는 등의 활약을 펼쳤다.

세계적인 선수들과 겨뤄볼 수 있는 기회는 흔치 않았기에 4회 대회에서는 무려 11명의 한국선수들이 출전하였다.

대회 결과는 김경배 기사님이 7승 2패로 3위를, 김윤태 기사님이 6승 1무 2패로 4위를 차지하면서 다수의 한국 선수들이 상위권에 포진하며 긍정적인 성적으로 마무리 되었다. 필자 역시 해당 대회에 참여하여 4승 1무 3패 6위로 나쁘지 않게 마무리하였다.

Savrasova Yulia vs 김경배

이번에 소개할 경기는 세계 정상급 여류기사인 러시아의 Savrasova Yulia 7단과 한국의 김경배 3단과의 대국이다.

Yulia는 1999년도에 데뷔한 베테랑 선수로 여성으로는 유일하게 AT(월드챔피언쉽 결선) 경험이 있는 고레이팅의 세계적인 실력자다. 최근에도 다수의 러시아리그에서 전승우승을 기록하며 그야말로 여성부에서는 압도적인 모습을 보여주고 있다.

김경배 3단은 한국의 상위권 기사로 2020년 승단승급전 전승, 2022년도 제회 명인전에서 준우승을 차지하는 등 꾸준히 좋은 성적을 보여주고 있다. 단단한 기본기와 본인만의 공격적 스타일로 상대를 압박하는 능력이 탁월하다.

제4회 월드렌주오픈에서 두 선수가 만나게 되었다. 단순히 경험과 커리어만 본다면 김경배 3단의 열세가 예상되는 상황. 하지만 오목은 한 수로도 언제든 승부가 뒤집힐 수 있는 게임인 만큼 결과를 함부로 예단할 수 없다.

처음에는 미세했던 차이가 나중에는 매우 커짐

제4회 월드렌주오픈

2라운드 (타라구치10룰 30분 + 2초/1수)

2021. 8. 7

김경배 3단 VS **Yulia Savrasova 7단**

김경배 3단		Yulia Savrasova 7단
92 위	세계랭킹	157위
제1회 명인전 준우승	주요경력	2007 WC-AT 7위
제4회 명인전 준우승		2005 WC-AT 9위

<2021년 기준>

해설 : 강상민 6단

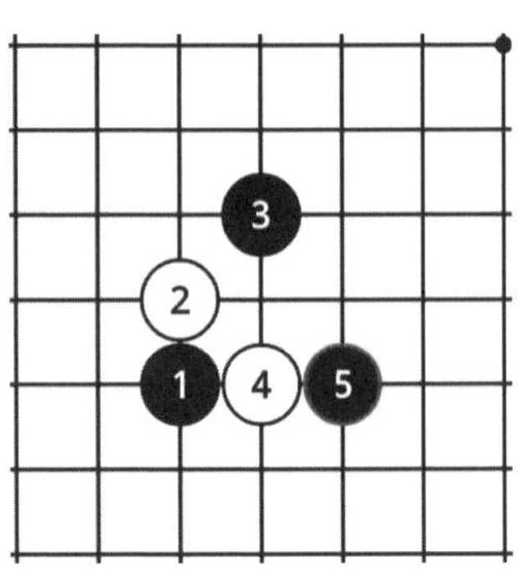

〈제1보〉 공간의 중요성

제4회 월드렌주오픈 대회는 당시 국제공 규칙이었던 소시로프-8룰 대신 타라구 -10룰이 채택 되었습니다.

2024년부터는 타라구치-10룰이 새로 국제공인규칙로 적용될 것이며 좀더 다양 오프닝 진행이 가능한 규칙입니다.

룰에 관한 상세한 설명은 여기서는 생략 겠습니다.

계월이 오픈되었고 최종 흑은 김경배 3단으로 결정되었습니다.

해당 오프닝은 협월, 한성, 잔월 등 다양한 주형에서 나올 수 있는 모양 로 재미있게도 주형마다 유불리가 많이 바뀌는 모양입니다. 해당 모양에 백이 진행해볼 수 있는 변화도가 여러 가지 있는데, 모두 칸수(공간의 크 에 영향을 많이 받기 때문입니다. 따라서 백은 공간에 유의하여 이후 진행 신중히 결정해야합니다.

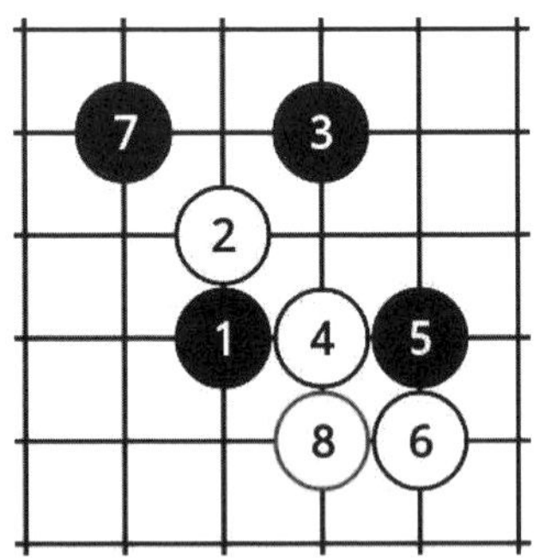

실전에서는 Yulia 7단이 다음과 같은 행을 선택했는데, 가장 일반적이고 두어 만한 수지만 흑이 다소 유리함을 가지 가게 됩니다.

반면 협월주형에서는 같은 모양이지만 이 해볼 만한 싸움이 됩니다.

추후 진행도를 보면서 차이점을 설 드리도록 하겠습니다.

해당 진행의 의도는 백이 3을 치면서 아래로 세력을 확장한 이후 흑이 우 막으면서 (3)번 돌과 (7)번 돌로 연결을 만들 때 (8)번 수로 꼬부리면서 하 백 세력을 통해 간접 견제하겠다는 의미입니다.

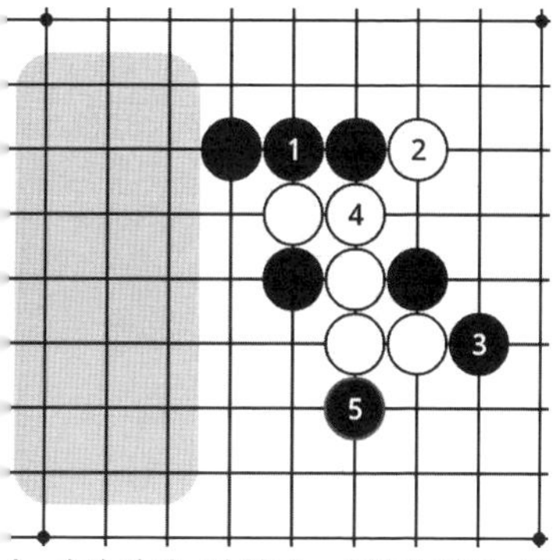

일반적으로 흑(1)과 흑(3)의 삼공격을 활용하여 백의 연결을 수비한 후 (5)번으로 백을 감싸며 진행합니다.

백은 직접적으로 이어지는 연결이 없고 흑은 좌변의 넓은 공간을 자연스럽게 노릴 수 있게 됩니다.

또한 상변 역시 흑이 두터우므로 백이 잘 타개하지 못 하면 둘러싸여 순식간에 불리해질 수 있습니다.

l 상황에서 협월과 계월진행의 큰 차이점이 드러나게 됩니다. 사소하다고 길 수 있는 칸수 차이가 어떤 영향을 미치게 되는지 함께 살펴봅시다.

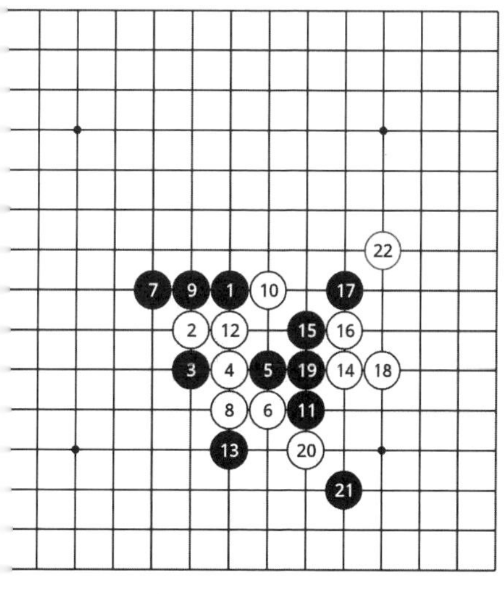

왼쪽〈참고도〉는 협월주형에서 같은 수순으로 진행될 경우 백의 진행의 일부입니다.

공간의 차이를 느끼실 수 있도록 전체 판을 보여드립니다

백은 (14)번 수로 흑이 당장 VCT가 없다는 점을 이용하여 흑이 수비하게끔 유도합니다.

이후 (16)번으로 우변에서 선수를 유지하며 행마합니다.

의 행마는 매우 정교한 고급 행마로 까딱하면 흑에게 선수가 넘어가 흑의 벋을 감당할 수 없어 패배할 수 있습니다. 다만 흑 역시 백의 까다로운 좌 공격을 정확하게 막아내야만 합니다.

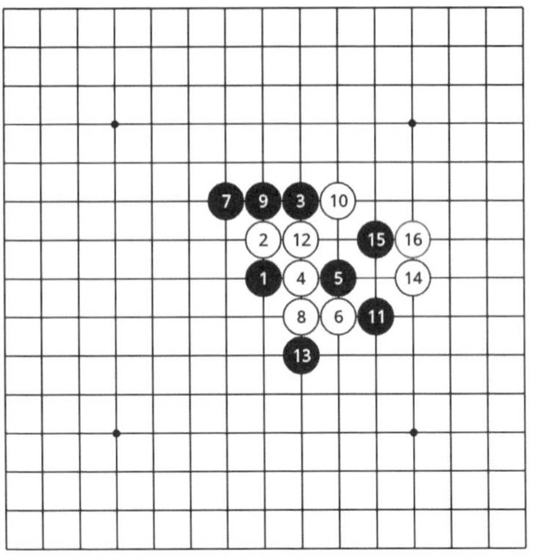

다음은 실전인 계월주형에 위의 협월 타개 수순으로 행한 모습입니다. (14)번, (1 번으로 이어지는 백의 공격 한 칸 좁은 좌변 공간으로 해 날카로움이 많이 상쇄 것이 느껴지시나요?

백이 이후 협월처럼 공격 감행할 경우 손쉽게 막혀 변 흑세력을 감당할 수 없 패배하게 됩니다.

이렇듯 같은 수순이더라도 공간의 차이로 유불리가 바뀌거나 이후 진행 큰 영향을 받게 되는 경우가 비일비재합니다. 위의 사례로 정교함의 중요 을 느끼셨다면 좋겠습니다.

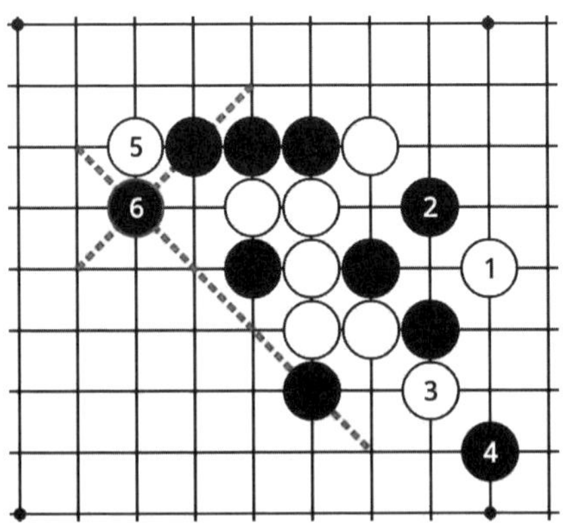

<제2보>기회를 잡은 흑

실전에서 백도 (1)번으로 우변 한번 장악하는 시도를 하지만 공 이 좁아 더 이상 공격을 감행하 는 않습니다.

(3)번 사공격을 활용하여 을 막아두고 차분히 (5)번으로 의 좌변 세력을 견제하러 갑니

그때 흑은 (6)번으로 강한 모양 만듭니다.

형세를 살펴보면 흑은 좌변에 대각 연결을 두 개 만들며 리드하는 모습 다. 반면 백은 흑에게 둘러싸여 당장에 어떤 연결조차 없습니다. 흑이 상당 유리해진 상황. 기회를 잡을 수 있을까요?

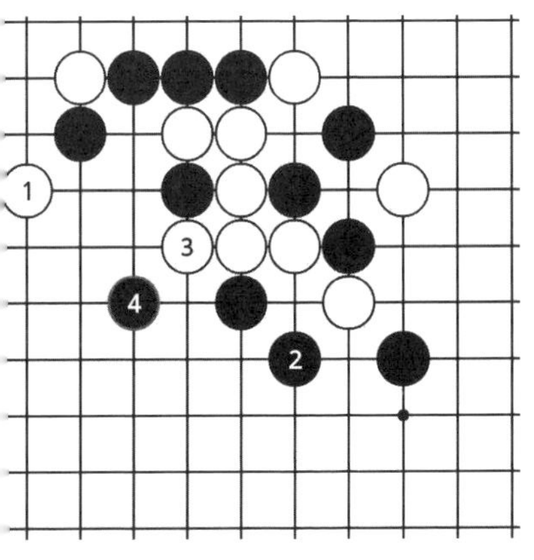

좌변의 세력을 의식한 백은 (1)번 수로 좌변을 강하게 틀어막습니다. 그러자 흑은 (2),(3),(4)의 교환을 통해 자연히 전장을 하변으로 옮깁니다.

하변의 세력이 상당히 두터워진 모습. 백의 큰 실착은 없었지만 흑이 잘 풀어가며 백이 많이 힘들어진 상황입니다.

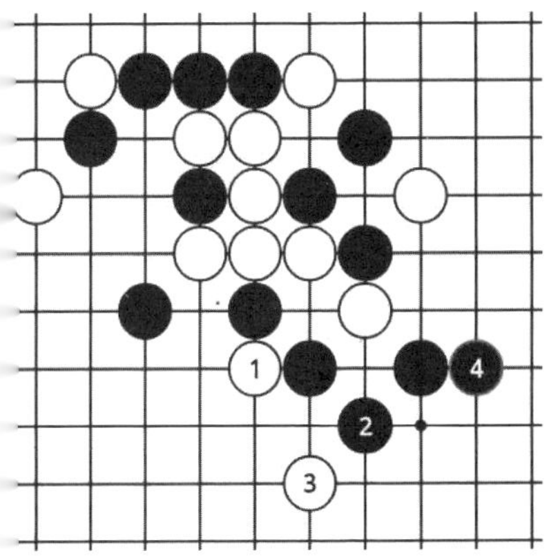

〈제3보〉 칼을 뽑는 흑

백은 좌변과 하변이 이어지는 부분을 의식하여 (1)번 수로 흑을 비교적 좁은 하변으로 몰고 갑니다.

그러자 흑은 (2)로 하변에서 칼을 뽑아 듭니다. 조금 더 사전 작업을 하기 보다는 좁은 공간에서 강하게 압박하겠다는 의도.

도 (2)번 수로 흑을 계속해서 공간이 좁은 우하변으로 유도합니다.
때 흑의 (4)번 수가 굉장히 위협적입니다. 백이 신중하게 수비해내지 못하 당장 우하변에서 수가 나버릴 수 있는 상황. 하지만 우하변의 공간이 좁 흑도 우하변 세력만으로는 승리를 장담하기 어려운 입장입니다. 정교한 -리가 필요해보입니다.

〈제4보〉교묘한 양수(兩手

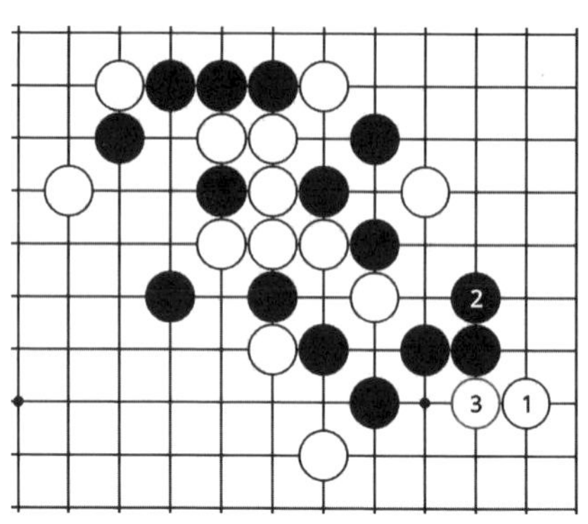

백은 (1)번 수로 우하변의 공긴 넓게 막아섭니다.

흑은 (2)번 수로 공격을 꾀하는 이때 백의 결정적인 패착인 (3) 수가 나옵니다. 얼핏 보기에는 깅 하변 쪽 세력을 잘 견제한 것ㅊ 보입니다.

흑이 이렇다 할 공격이 없어 보 는 상황. 하지만 흑은 여기서 멋 마무리를 보여줍니다.

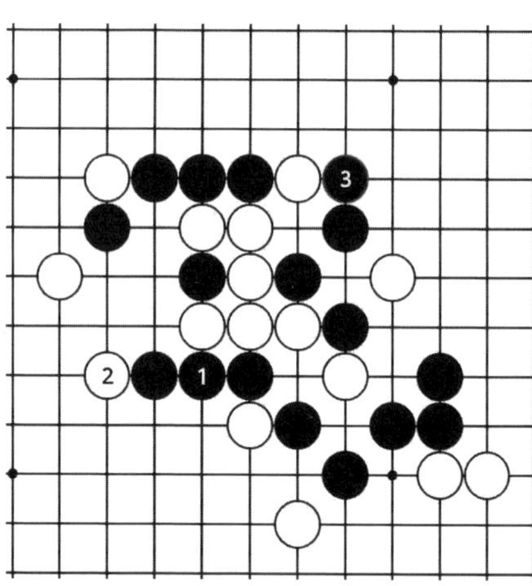

우선 흑은 거슬리는 백의 연결 차단하기 위해 (1)번 수로 삼을 저 활용한 후 (3)번 수로 결정타 날립니다.

일반적으로 떠올릴만한 감각은 닌 (3)번 수이고 얼핏 보기에 그 게 강하게 느껴지지 않지만 자서 수읽기 해보면 멋진 양수(兩手 을 알 수 있습니다.

일단 당장에 백은 연속 공격이 전혀 없으니 흑을 수비하러 가야 합니다. 선 가장 먼저 세로로 띄어진 사를 통해 연속 공격으로 상변에서 승리 수느 있어 보입니다. 그래서 상변을 막자니 이번에는 하단 대각 사와 교묘히 이 지는 수가 있습니다.

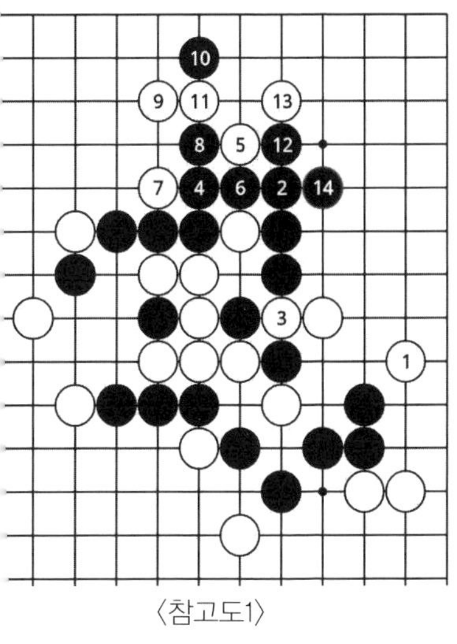

〈참고도1〉

Yulia 선수는 실전에서 어쩔 수 없이 상변을 수비하러 갔지만 김경배 기사는 하단에서 멋진 수를 뽑아내며 경기는 끝나게 됩니다.

여성 세계최강자인 Yulia 선수를 잡아내면서 김경배 기사는 제4회 월드 렌주오픈 3위에 입상합니다.

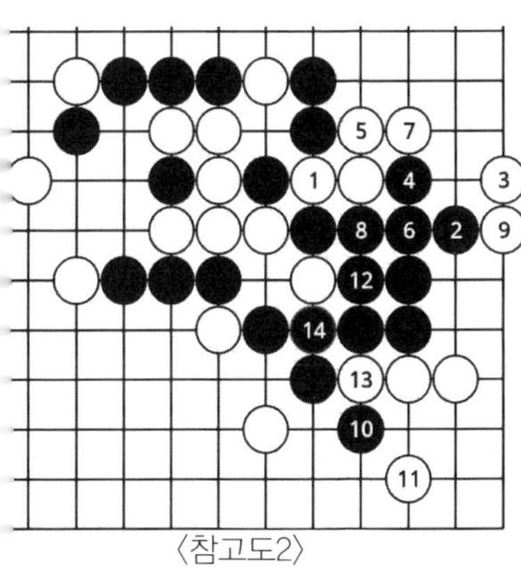

〈참고도2〉

이번 대국의 키워드를 뽑자면 '공간'이라고 할 수 있겠습니다.

요약하자면 초반 공간 차이 때문에 달라지는 유불리에 대한 관점과 후반 좁은 공간으로 상대를 밀어 넣은 Yulia 선수의 전략, 그리고 그 좁은 공간에서 멋진 승리를 만들어낸 김경배 3단의 집중력이 돋보인 경기였습니다.

렇듯 오목은 '공간'이 매우 중요한 게임입니다. 고작 한 칸의 차이로 대국 }이 180도 달라질 수 있다는 점이 오목의 오묘한 부분 중 하나가 아닐까 ;니다. 오목의 다양한 매력들을 느껴보시는 시간이 되셨길 바라며 해설을 l도록 하겠습니다.

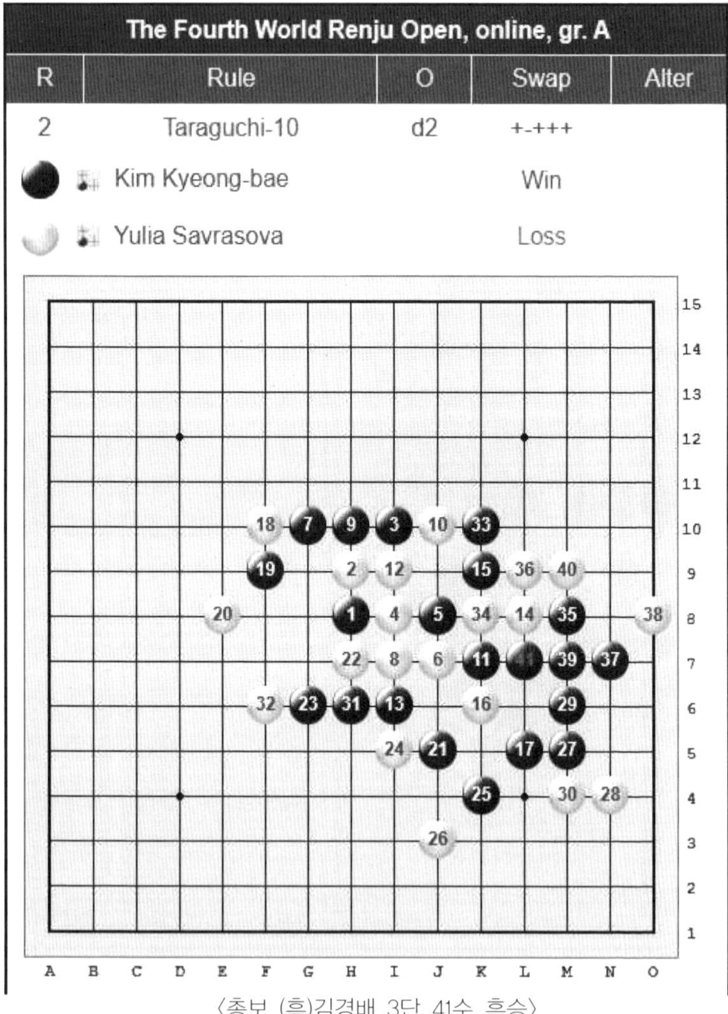

The Fourth World Renju Open, online, gr. A

R	Rule	O	Swap	Alter
2	Taraguchi-10	d2	+-+++	
●	Kim Kyeong-bae		Win	
○	Yulia Savrasova		Loss	

〈종보 (흑)김경배 3단 41수 흑승〉

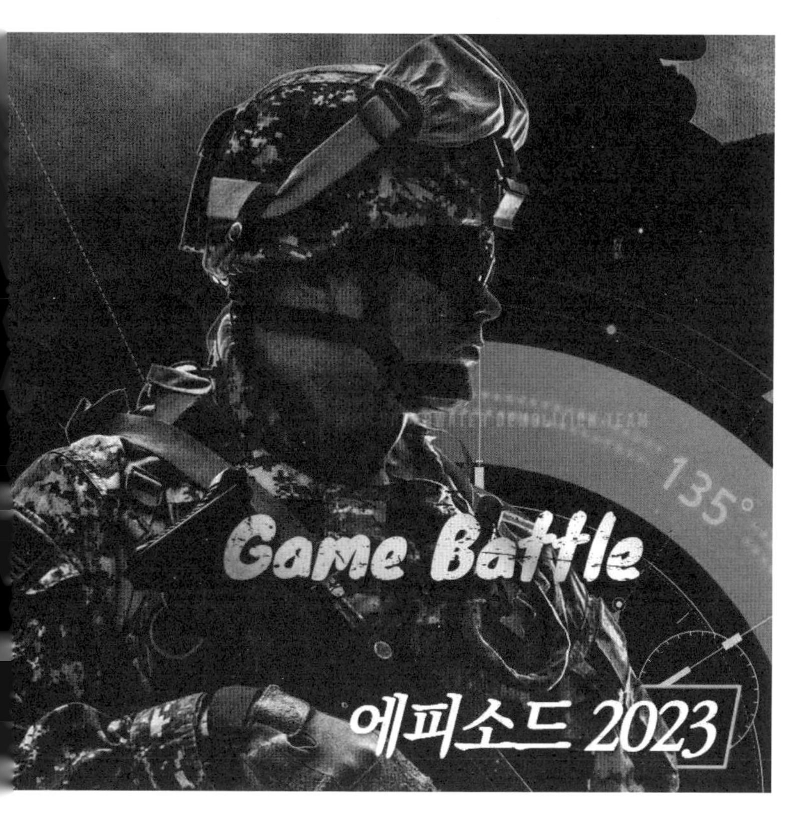
135°
Game Battle
에피소드 2023

발전하는 한국 오목

필자는 2016년도에 오목계에 입문하여 2023년 현재에 이르기까지 어느덧 7년의 시간이 흘렀다. 그간 나 자신도 그렇지만 한국 오목도 많은 발전을 이뤘다. 2017년도부터 WC에 참가하며 세계 무대를 두드렸고 2019년 장원철 기사의 E 3위 입상, 2023년 이호준 기사의 AT 진출 등의 성과를 거뒀다.

또한 국내 여러 기사와 플레이어들의 수준 역시 예전과 비교해 많은 성장을 이뤘다. 인간의 수준을 아득히 뛰어넘는 각종 인공지능 프로그램(Katago, Ra 등)이 등장하며 이론상 엄청난 발전을 이뤘고 동시에 정석이나 연구에 대한 근성이 매우 좋아지며 전반적인 플레이어들의 이론 수준이 상향평준화되었다.

그리고 오프닝룰을 지원하는 오목도장 애플리케이션으로 인해 오프닝룰에 한 접근성 역시 좋아져 연습의 장으로 활용되면서 많은 플레이어의 실력이 층 성장했다.

떠오르는 샛별들

2019년부터 임진욱 기사가 유튜브에 발을 내디디며 여러 오목 유튜버가 출 하였으며 그 영향으로 많은 사람이 오목계에 입문하였고 새로운 바람이 불 시작했다.

이 시기에 여러 인공지능 프로그램도 같이 출현하기 시작하며 새로운 세대 이 성장에 박차를 가했다. 송민혁, 이호준, 장은민, 차승현, 허정빈 등 여러 예 기사가 등장하고 성적을 내기 시작하였다.

이번에 소개할 기보는 신예 중 차승현, 허정빈 기사의 대국이다.

차승현 기사는 2021년도 온라인 대회에 처음 등장하면서 2022년 명인전 본 진출, 2023년 게임배틀배 우승 등의 성적을 거두고 있다. 오목도장앱에서 압 적 랭킹1위를 유지하면서 온라인에서 많은 활동을 했다.

허정빈 기사는 2022년 명인전에 첫 출전을 하였으며 2022년 아마최강전 준 승, 제2회 야인배에서 준우승을 기록하며 준수한 성적을 내고 있다. 그의 장 은 철저한 전략 수립과 준비, 그리고 무리하지 않는 안정적인 성향이다.

깊이 생각하고 오래도록 고찰함

2023 GAME BATTLE 대회

3라운드 (소시로프8룰 30분 + 10초/1수)

2023. 3. 25

차승현 初단 VS **허정빈 初단**

차승현 初단		허정빈 初단
19위	한국랭킹	45위
2023 게임배틀대회 우승	주요경력	제12회 아마최강전 준우승
제4회 명인전 8강		제2회 아인시대배 준우승

<2023년 1월 기준>

해설 : 강상민 6단

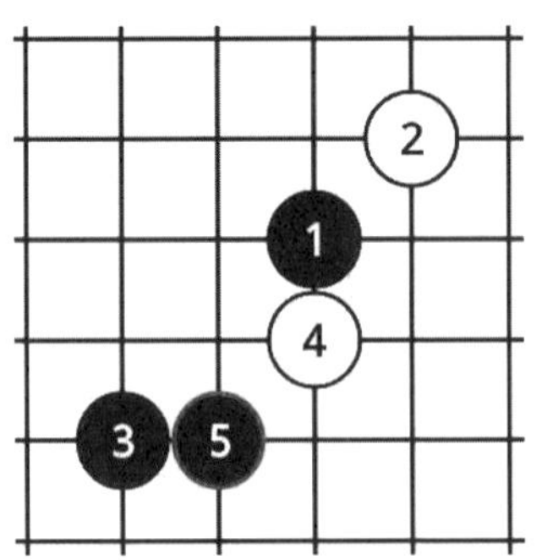

〈제1보〉 이론 싸움

오프너는 차승현 기사로 혜성을 오픈하게 됩니다. 차승현 초단은 평소 이론의 강점이 극대화될 수 있는 혜성 주형을 자주 이용하는 것으로 알려져 있었습니다. 허정빈 기사 역시 차승현 기사의 이점을 막고자 (4)번 수로 소성 주형으로의 환원을 선택합니다.

다음과 같은 모양이 선택되며 차승현 기사가 최종 흑, 허정빈 기사가 최종 백이 됩니다. 위의 오프닝은 당시 매우 유행하던 소성에서 흔하게 나오는 진행입니다. 언제나 잘 알고 준비된 모양을 두는 허정빈 기사의 전략적인 모습을 볼 수 있습니다.

이후 (24)번까지는 서로 망설임 없이 진행되게 됩니다. 정석 진행으로 두 기사의 이론 지식의 수준이 매우 높음을 느낄 수 있습니다.

차승현 기사는 (25)번을 선택하면서 처음으로 고민에 잠기게 됩니다.

(24)번수는 흑의 (21), (23)으로 이어지는 강한 우변 세력을 묘하게 백의 상변 세력을 구축해 내며 간접적으로 견제하는 수입니다.

일반적인 감각으로는 두기 힘든 수지만 허정빈 기사가 연구하여 실전에서 응용하는 모습입니다.

흑은 이 상황에서 섣불리 공격하기 힘듭니다. (23), (21) 연결의 대각 삼 백의 (16), (24)에 견제되어 공격을 시도하는 순간 선수를 뺏기고 백승이 오게 됩니다. (21), (7) 연결을 통한 대각 삼의 경우 공격을 이어나갈 수 어 보이지만 백이 위쪽으로 수비하는 경우 흑의 삼삼금수가 자연히 생기 백이 띈 삼 연결이 생기게 되며 흑은 공격을 이어갈 수 없습니다.

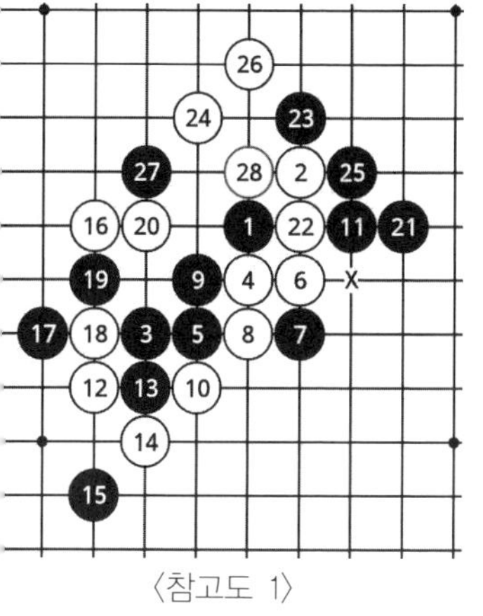

〈참고도 1〉

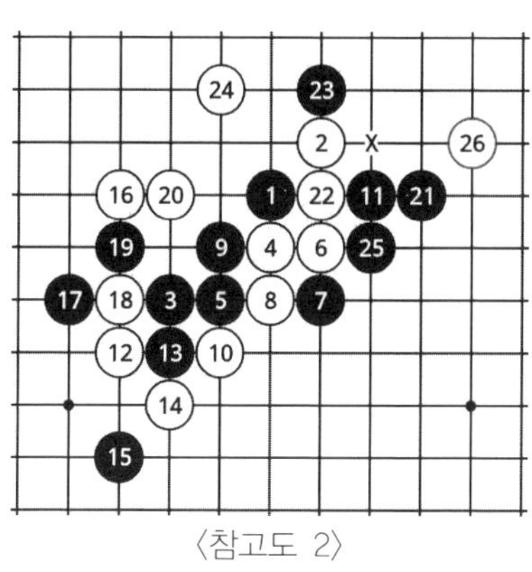

〈참고도 2〉

〈제2보〉 흑의 리드

흑은 고민 끝에 (1)번수로 백을 가만히 막으며 대각 연결을 만듭니다. 이후 백의 선택은 (2)번의 안정적이고 직접적인 수비. 그러자 흑은 (3), (5), (7)을 통해 상변을 장악하는 공격을 시도합니다. 백은 (3), (5), (7)로 이어지는 삼을 단순히 막아서는 흑의 공격을 막을 수 없습니다. 따라서 (8), (10)이 강제되는 상황. 이후 흑은 (11)로 백의 대각 연결을 비하며 상변의 세력을 강화합니다. 백의 상변 세력의 이점이 어느 정도 상된 모습입니다.

ㅏ실은 흑의 (1)번 수의 대응으로 백의 상변 세력의 이점을 지키는 대응이 었습니다. 또한 흑이 (7)번으로 삼공격을 활용하기 전 백이 먼저 사를 통해 당 자리를 선점하는 수도 선택할 수 있어 보입니다. 각각의 경우를 한번 펴보겠습니다.

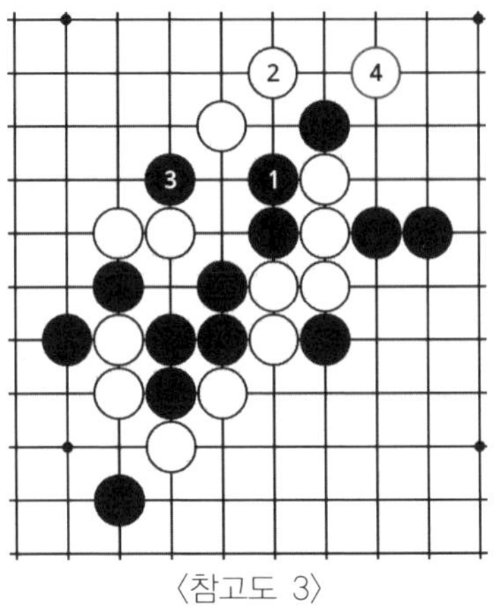

〈참고도 3〉

〈참고도 3〉은 흑(1)에 대해 보다 공격적으로 상변 세력의 이점을 계속 가져가는 진행입니다. 백의 (2), (4)를 통해 흑을 견제하며 상변에 연결을 만듭니다.

흑은 남아있는 연결을 통해 연속 공격으로 승리할 수 없기에 백의 세력을 견제해야합니다.

다만 이후 공방이 매우 복잡하여 종국에 누가 이득을 취할지 예측하는 것이 쉽지 않습니다. 조금은 위험한 선택일 수 있습니다.

〈참고도 4〉는 흑의 대각 연결을 백의 사를 이용해 미리 차단하여 수비하는 갈래입니다. 흑이 얼핏 보기에 매우 강해보이지만 당장에 연속 공격 승리는 존재하지 않습니다.

다만 이러한 진행을 선택하기 위해서는 매우 정교한 수읽기가 필요합니다. 역시나 어느 정도는 위험도가 있는 선택입니다.

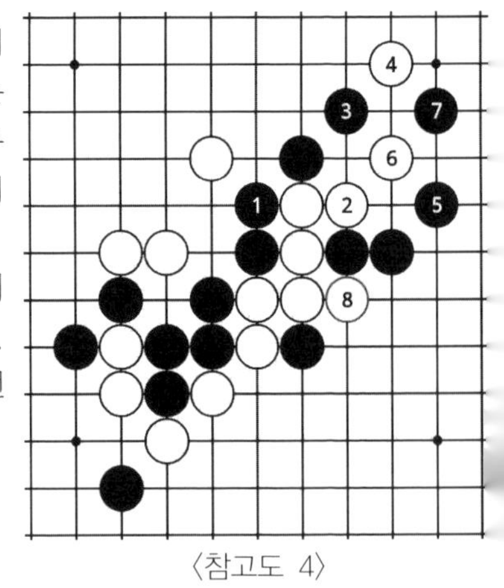

〈참고도 4〉

위의 두 진행 모두 결과론적으로는 조금은 더 나은 진행이었지만 실전 심상 선택하기 쉽지 않습니다. 안정적 기풍의 수를 선호하는 허정빈 기사의 타일에 맞지 않는 수들로 결국 선택되지 않았습니다.

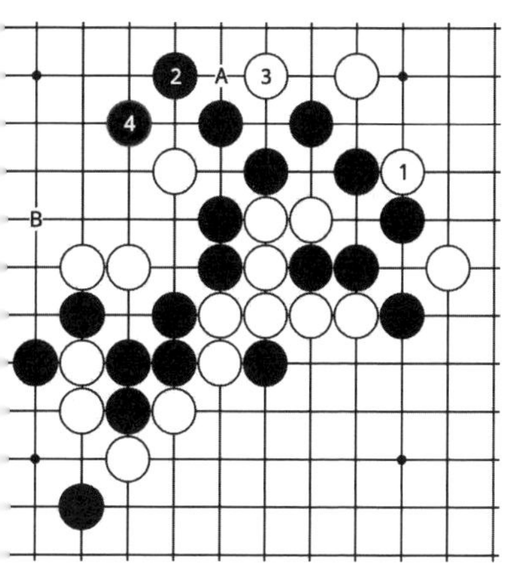

〈제3보〉 백의 실착

흑의 강해진 상변 세력에 부담을 느낀 백은 실착을 두고 맙니다. 백의 (1)번 수는 흑의 강한 상변에 대한 견제를 제대로 하지 못합니다. 백의 올바른 대응은 (A) 자리로 흑의 강한 상변을 견제했어야 했습니다. 기회를 잡은 흑. 우선 (2)번 수로 다시 한 번 넓게 상변을 강화합니다.

백으로서는 큰 압박이 느껴지는 수. 고민 끝에 백은 (3)번으로 단단히 대각 결을 수비합니다. 이때 흑은 다시 한 번 (4)번 수로 강하게 연결을 늘립니 . 이후 (B)자리까지 연계하여 흑의 중앙부의 대각 사까지 전부 활용하겠다 의미. 흑의 공세가 매섭습니다.

〈제4보〉 흑의 마무리

흑의 강한 압박에 백은 어쩔 수 이 (1)번을 통해 수비합니다. 이 흑은 연속 공격 승리를 놓치지 습니다. (2)번으로 중앙부 대각 와의 연계를 노려 (3)번을 강제 고 연속 공격을 통해 마무리합 다. (14)번에서 백은 결국 기권 며 경기가 끝납니다. 흑의 사를 비해도 (A),(B)로 연계하여 사삼 만들어지기 때문입니다.

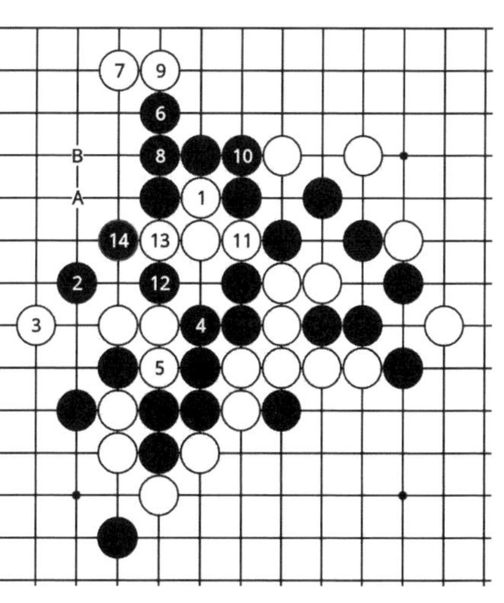

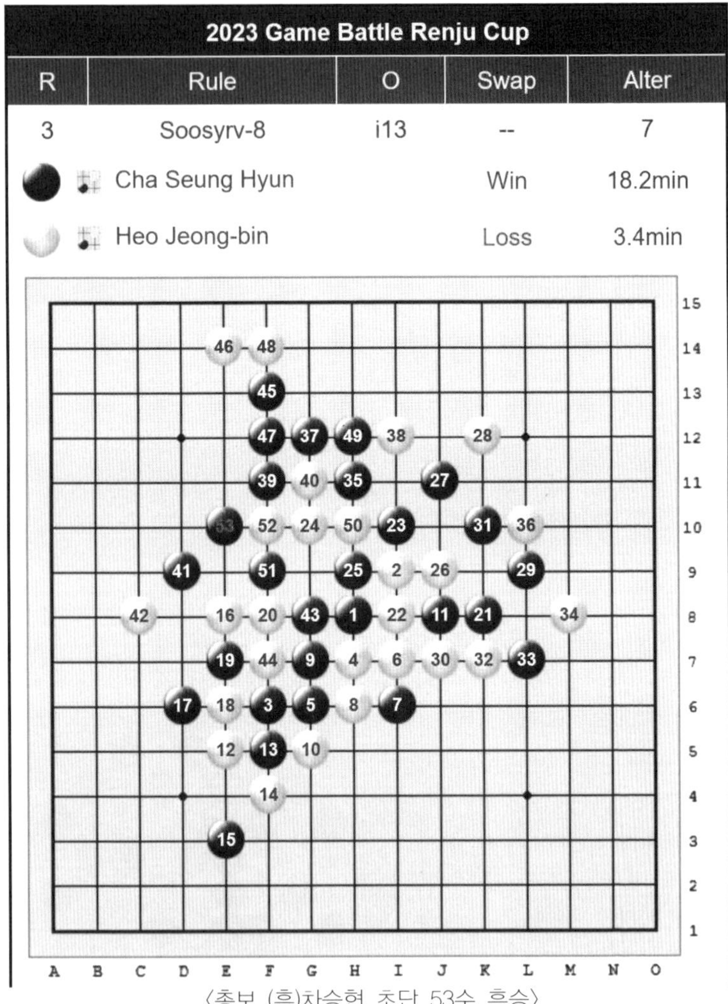

2023 Game Battle Renju Cup

R	Rule	O	Swap	Alter
3	Soosyrv-8	i13	--	7
●	Cha Seung Hyun		Win	18.2min
○	Heo Jeong-bin		Loss	3.4min

〈총보 (흑)차승현 초단 53수 흑승〉

破竹之勢

파 죽 지 세

거침없이 물리치고 쳐들어가는 기세

제18회 일본주왕전

6라운드 (타라구치10률 60분 + 30초/1수)

神谷俊介 9단
Kamiya Shunsuke

2024. 2. 12

강상민 6단

VS

5 위	세계랭킹	68 위
2019 월드챔피언쉽 3위	주요경력	2023 영주대회 우승
제60, 61회 명인전 우승		2023 서울초청전 우승

<2024년 2월 기준>

해설 : 강상민 6단

성장과 결실

2023년은 필자에게 있어 엄청난 한 해였다.

연초 첫 대회부터 준우승(4승 1패)을 기록하며 좋은 출발을 알렸고, 다음 대회도 4승 1패의 준수한 성적으로 마무리하였다.

그리고 5월에 열린 '영주대회'에서 드디어 첫 우승을 거머쥐었고, 이후로 2024년 2월 현재까지 모든 국내대회에서 전승 우승을 기록하며 31연승을 달리고 있다. 또한 2024년 1월 '신년맞이대회'에서도 우승하며 한국 랭킹 1위까지 달성하게 되었다.

계속되는 도전

2024년 2월, 설연휴에 일본에서 열린 제18회 주왕전(All Japan Championship)에 도전장을 내밀게 된다.

주왕전은 17년 전통의 권위 있는 대회로, 명인전과 더불어 일본의 대표적 타이틀전이다. 우승자는 1년간 '주왕'이라는 호칭으로 불리게 되며, 3단(일본) 이상 참가할 수 있는 기력 제한이 있어, 전반적인 수준이 매우 높은 대회다.

국내에서의 연속 우승으로 기세가 좋았지만 성적에 대한 부담도 상당했기에 필자에게는 큰 도전이었으며, 한편으로는 월드챔피언쉽의 부진을 만회할 수 있는 기회기도 했다.

예상치 못한 전개. 그리고…

시작은 좋지 못했다. 1라운드부터 하위권 선수를 상대로 예상치 못한 패배를 당했다. 초반에 상대를 얕봤던 부분도 있었고, 중반에 승리할 수 있던 상황에서 20분 가까이 시간을 쓰고도 마무리 짓지 못했던 것이 패인이었다.

그래도 끝까지 최선을 다한 경기였고 큰 실수는 없었기에 긍정적으로 생각하면서 다음 경기를 이어갔다.

그렇게 차분히, 그리고 즐기는 마음으로 한 대국씩 두어가다 보니 어느새 4연승을 달리며 '카미야 슌스케' 명인과 마지막 라운드에서 맞붙게 되었다.

]번 해설은 제18회 주왕전 마지막 라운드에서 일본의 명인(名人) Kamiya .unsuke 9단과의 대국을 복기 형식으로 풀어보겠습니다. 기존 해설과는 르게 제 생각들과 당시 느꼈던 부분들을 구체적으로 서술할 예정입니다.

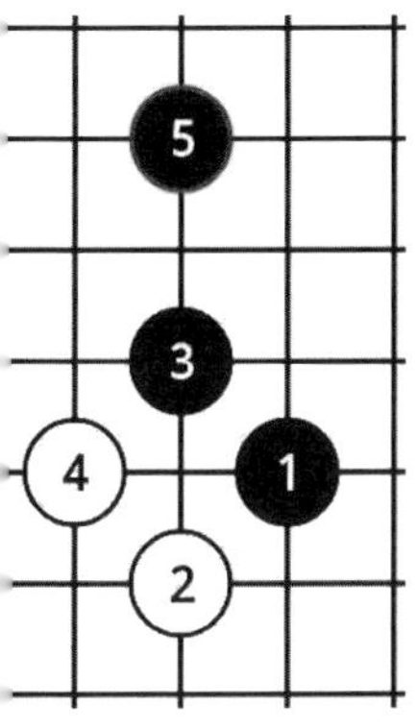

〈제1보〉 준비된 오프닝

2024년부터 국제공인규칙이 변경됨에 따라 이번 주왕전 역시 타라구찌-10룰로 열리게 되었습니다.

타라구찌룰은 오프너가 (1), (2), (3)번 수를 전부 두는 소시로프룰과 달리 한 수씩 번갈아 두면서 스왑이 이루어지므로 기존의 전략과는 다른 전략이 필요했습니다.

는 주왕전을 대비하여 포월 주형을 준비했는데, 이유는 다음과 같습니다. 선 저보다 레이팅이 높은 정상급 기사들이 다수 있었기에, 기존 소시로프]서 자주 나오던 수를 둔다면 이론적인 측면에서 제가 밀리기 쉽다고 생 했습니다.

월에서는 이론상 가능한 (4)번 수가 두 개가 있는데, 하나는 너무나 유명 정석이고, 사실상 백이 매우 편하기에 상대가 해당 (4)번을 선택한다면 제 백으로 플레이하여 유리하게 시작할 수 있습니다.
머지 한 수는 소시로프룰에서는 이론상 나올 수 없었던 수이므로 관련 대 :가 비교적 적고, 일본에서 거의 두어진 적 없는 오프닝이라 상대가 익숙 | 않을 확률이 높다고 보았습니다.

반 오프닝은 Kamiya 선수가 (1) (2)번을, 제가 (3) (4) (5)번을 두면서 어 정도 준비가 된 오프닝으로 진행하게 되었습니다. 최종적으로는 Kamiya 이 흑을 선택하면서 제가 백을 잡게 됩니다.

선택된 (5)번 수는 주도권을 잡아가면서 능동적으로 경기를 운영할 수 있 흑이 유리한 오프닝입니다. 또한 흑이 선택할 수 있는 갈래가 매우 많아 로 간의 이론적 싸움보다는 초반부터 운영과 수읽기 싸움이 될 확률이 높 니다.

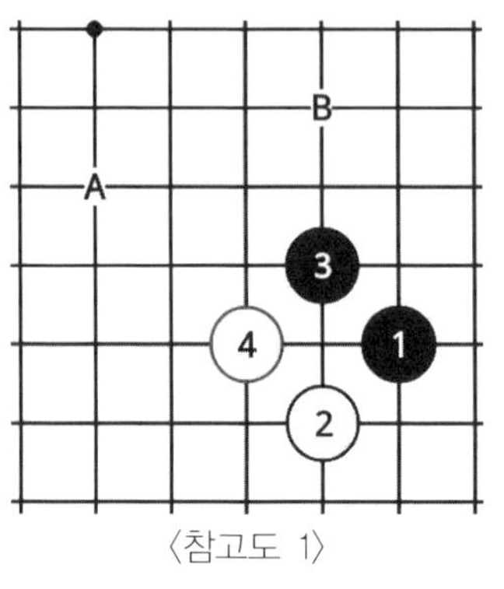

〈참고도 1〉

실제로 이 모양에서 흑이 둘 수 있는 수 이론상 (A)와 (B)뿐입니다. (A)를 둘 경우 진행 역시 어느 정도 준비는 되어있었지 (B)에 비해 (A)는 백이 다소 유리하고, 국 대회에서 몇 번 등장한 적이 있는 수이기 선택하지 않았습니다.

명인을 상대로 흑이 불리한 상황에서 주도 을 잡고 승부하는 것보다는 백이 조금 불리 더라도 수비적으로 가는 것이 조금 더 해 만하다고 판단하였습니다.

흥미로운 부분은 (A)와 (B) 자리 모두 대칭 자리를 둘 경우는 칸수 차이 인해 이론상 흑승인 진행이라는 점입니다.

〈제2보〉 우위를 점하다

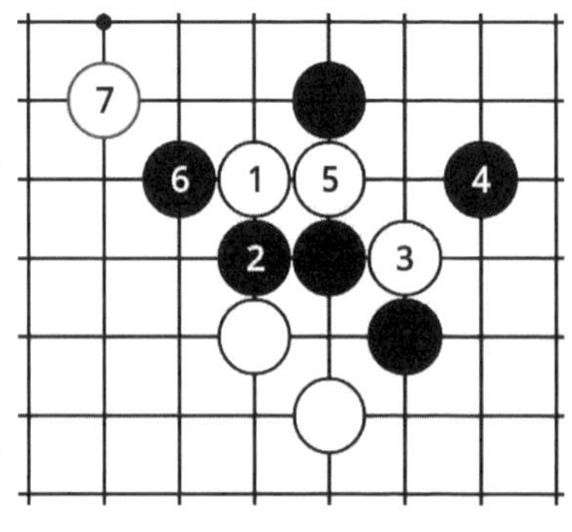

백의 (7)번 수까지 Kamiya 선수는 다소 신중하게 시간을 소모하며 두었고, 반면 저는 대강 봐둔 적이 있던 진행이었기에 그리 어렵지 않게 착수할 수 있었습니다.

그 과정에서 적어도 이론적 측면에서는 상대에 비해 우위를 점했다는 생각이 들었습니다.

백의 (7)번 수 이후, 흑은 거의 30분 가까이 장고에 들어갑니다.

:amiya 9단이 평소에도 시간을 많이 소모하며 두는 스타일임을 알고 있었 에 저는 시간상 유리함을 계속 유지해야겠다고 생각했습니다.

|간 차이가 거의 30분이 날 무렵, 상대에게서 약간 당황한 낌새를 느낄 수 었고, 저는 심리적으로 '충분히 이길 수 있겠구나'하는 자신감이 조금씩 생 습니다.

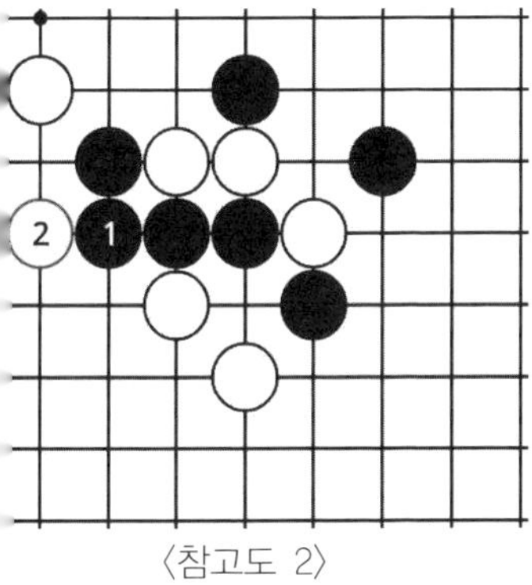

〈참고도 2〉

사실 이 상황은 흑의 입장에서 매우 어려운 순간입니다.

백의 이를 막으며 좌변에 연결을 만드는 (1)번 수는 백이 (2)번으로 씌울 때 흑의 연속 공격이 없고 백의 하변과 좌변이 강해지는 결과를 불러오기에 평범하게 수비할 수는 없습니다.

참고도 3〉처럼 백의 다른 이를 막으 흑의 연결을 만드는 수는 백이 삶을 ᅧ 활용하여 정리하고 (6)번 수로 흑 수비함과 동시에 선수를 잡아낼 수 습니다. 결국 흑은 선수를 내주고 끌 나니게 될 것입니다.

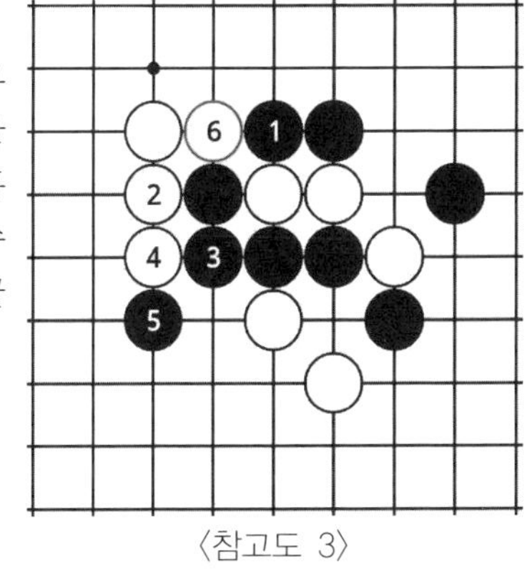

〈참고도 3〉

순한 수비로는 백을 효과적으로 견제할 수 없는 상황.

국 이 상황에서 필요한 것은 단순한 수비가 아닌 상대에게 조금의 공격을 ㅡ더라도 내 세력을 강력히 구축하는 수입니다.

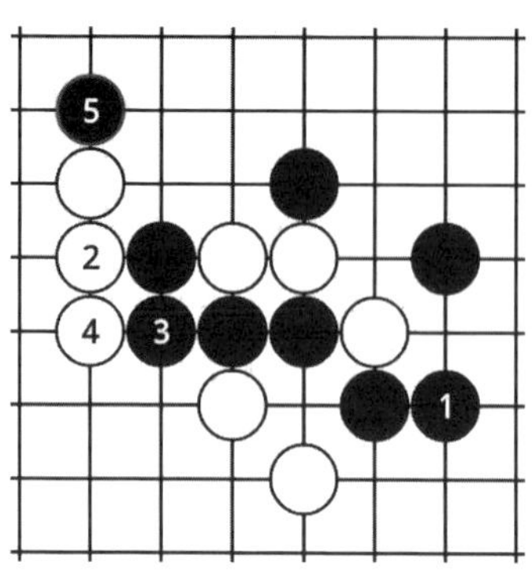

〈제3보〉 흑의 실수

흑이 장고 끝에 선택한 수는 (1)번 수였 니다. 이 수를 선택하기 위해서는 백의 격으로 백승이 나는지 정확히 검토해야 니다.

결론만 말하자면 (1)번 수는 정수가 맞습 다. 다만 백의 삼을 (5)번 수가 아닌 로 막아야 합니다.

반대로 막을 시 〈참고도 4〉처럼 백이 연속해서 공격하여 이길 수 있을 것처럼 보이지만, 흑이 (A)자리를 수비할 시 (B)가 사삼자리가 되어 선수가 넘어갑니다.

결국 백은 승리가 없으므로 공격 재료들을 활용해 흑을 견제해야 합니다.

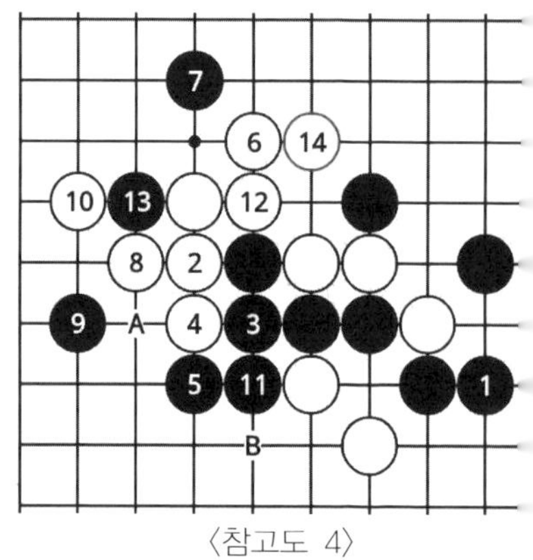

〈참고도 4〉

대국이 끝난 후 함께 복기를 진행하면서 Kamiya 명인은 저 수를 놓쳤다 이야기했습니다.

실전에서는 (5)번 수가 정수가 아닌 것은 알고 있었지만 완전한 백승인가 확신이 없었습니다. 하지만 시간 차이도 상당했고, 심리적으로 비교적 우위 있다고 확신했기에, 침착하게 두어서 기회를 놓치지 않아야겠다고 생각하 저도 장고에 들어갑니다.

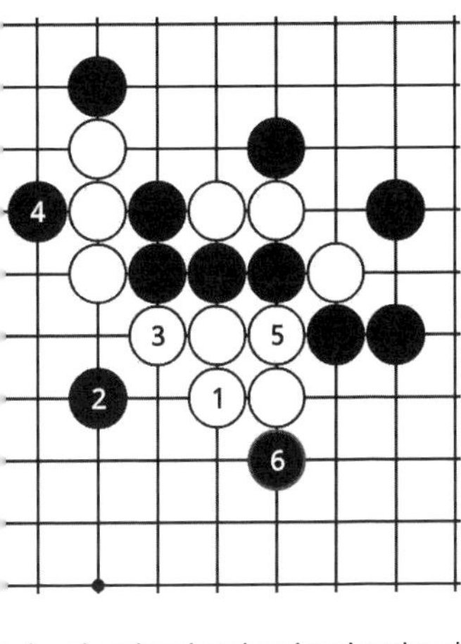

〈제4보〉 결정적 패착

장고 끝에 둔 수는 (1)번의 사삼노림수였습니다. 단순한 연속 공격을 통해서는 수가 없었고, 무엇보다 흑이 (5)번 자리에 그냥 두게 될 경우 〈참고도 5〉와 같이 흑의 VCF가 생기며 선수가 넘어가게 됩니다.

하지만 백이 (1)번 자리에 돌이 생길 경우 〈참고도 6〉처럼 백이 먼저 사가 생겨 교묘하게 VCF가 사라지게 됩니다.

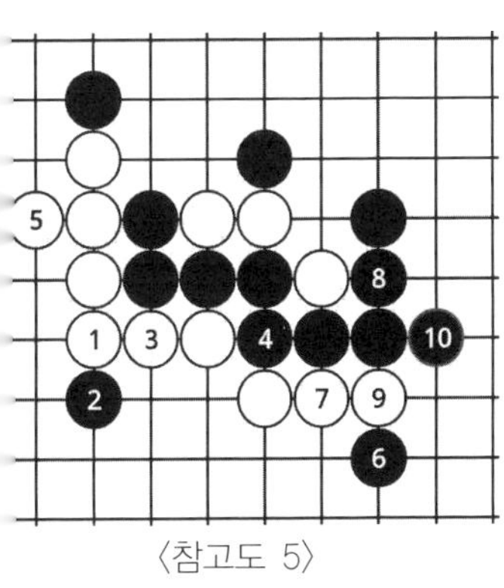

〈참고도 5〉

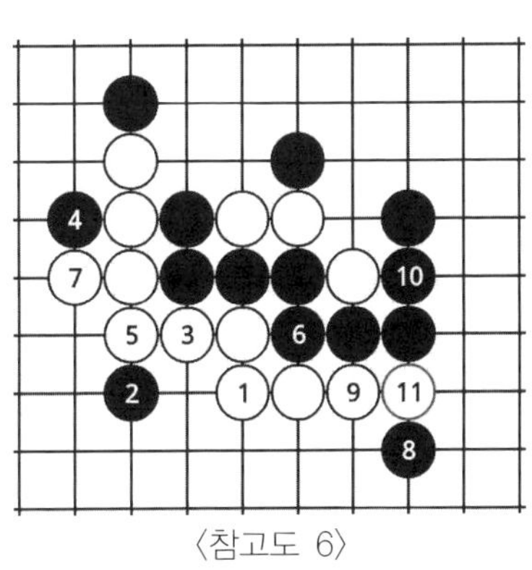

〈참고도 6〉

amiya 9단은 (2)번으로 최선의 방어를 합니다. (3)번까지는 당연한 수이 (4)번 역시 밑으로 수비할 경우 연속 공격으로 백의 금수승이 있습니다.)번 수를 둘 시점에서 저는 또 한 번의 장고를 시작합니다.

직 흑의 우변 세력이 매우 강력하기에, 단순한 수비는 좋은 수가 될 수 습니다. 따라서 백이 지속적으로 선수를 잡거나 혹은 흑의 세력을 간접 견 하여 흑이 수비할 수밖에 없게 만들어야 합니다. 또한 백의 직접공격으로 를 내는 것을 진득하게 읽어봤으나 보이지 않았습니다.

백의 (5)번 자리에 흑돌이 오게 된다면 흑의 사들이 매우 많이 만들어져 을 방해하게 됩니다. 이 때문에 (5)번 자리를 맥으로 읽고 여러 가지를 고 한 후, 먼저 선점하는 것이 좋다고 판단하여 두게 됩니다.

흑의 입장에서는 당장에 공격은 불가능합니다. 먼저 공격하는 순간 백이 으면서 다시 선수를 뺏을 수 있습니다. 따라서 Kamiya 선수도 (6)번 수 백을 수비하게 되는데, 이는 결정적인 패착이 됩니다.

〈제5보〉 금수를 이용한 승리

백이 (1)번 수로 사를 치고, (3)번 수로 삼삼금수인 (A)자리를 노립니다. 흑은 금수를 피해야 하는 상황.

하지만 금수를 끝내 피할 수 없습니다.

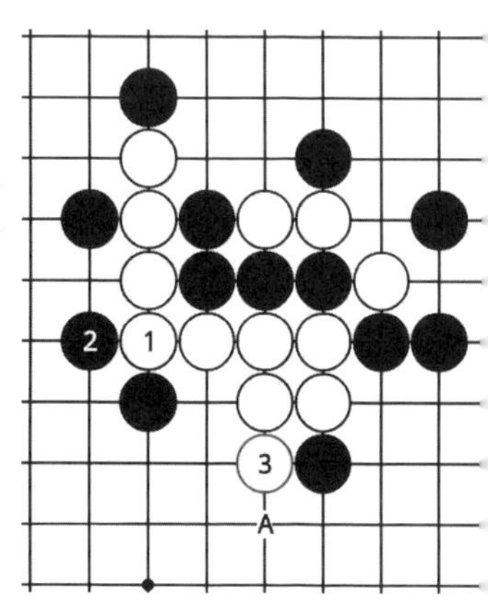

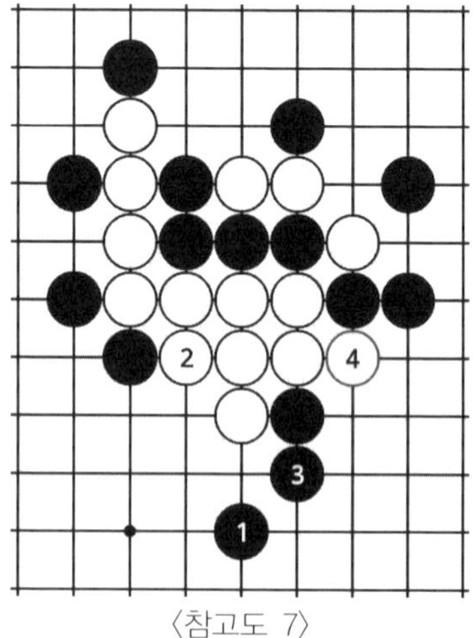

〈참고도 7〉

〈참고도 7〉처럼 흑이 (1)번 수로 금수 도를 못하게끔 백을 막아두는 것이 최 입니다.

이때 백은 다시 (2)번, (4)번을 통해 수로 승리할 수 있게 됩니다. 다른 수 역시 비슷한 경로로 백이 승리합니다.

명인 역시 이를 읽고 백의 (3)번 수 두어진 순간 기권합니다.

결국 1라운드를 패했지만 내리 5연승에 성공하면서 우승과 함께 주왕 타이
-을 거머쥐게 됩니다.
;라운드에서는 일본의 전 명인 나카야마 토모하루(Nakayama Tomoharu)
간에게도 승리하며 결과적으로 일본의 최정상급 선수 둘을 연파하며 우승했
에 저의 오목 커리어의 최고점을 경신한 대회였다고 생각합니다.

ㅓ만 과정에 있어서 여러모로 운이 따라주었다고 생각하며, 이어지는 팀월
챔피언십(TWC)에서도 현재에 안주하지 않고 더욱더 성장해야 할 시점이라
생각합니다.
또한 여러분께 저의 가장 뜻 깊은 대국 중 하나를 이렇게 소개하게 되어
우 기쁩니다. 당시 대국 중에 저의 여러 생각들이 독자분들께 생생하게 전
되었기를 바라며 여기서 줄이도록 하겠습니다. 감사합니다.

〈제18회 주왕전 입상자들, (좌)Kamiya 명인, (우)Nakayama 9단〉

18th All Japan Championship

R	Rule	O	Swap	Alter
6	Taraguchi-10	i7	+-+++	
● Kamiya Shunsuke			Loss	
○ Kang Sang-min			Win	

B=12 W=345

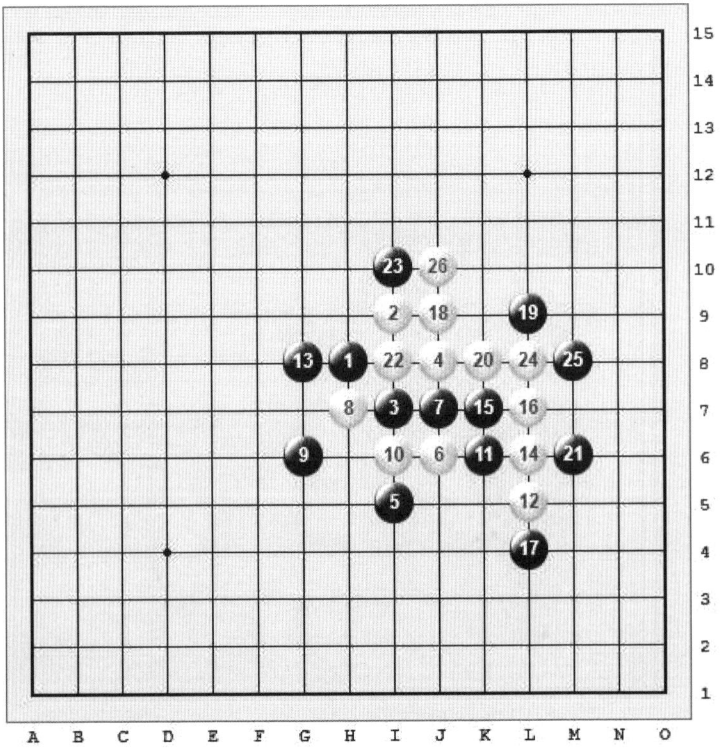

〈총보 (백)강상민 6단 26수 기권승〉

맺음말

안녕하세요. 대한오목협회 '강상민 6단' 입니다

2023년 초에 집필을 시작했는데 어느덧 마지막 달이 다가오고 있습니다.

올 한 해를 돌아보니 정말 감사한 순간들로 가득찬 시간이었습니다.

먼저 함께 이 책을 집필해 주신 김규현 기사님, 황도훈 기사님께

깊은 감사의 인사를 전합니다.

대한민국의 두 레전드와 함께 이야기를 만들어가는 과정은 매우 흥미롭고

많이 배울 수 있는 시간이었습니다. 여러분도 그 특별한 이야기들을 본서를 통해

공유할 수 있기를 바랍니다.

아무래도 첫 집필작업이라 부족한 부분들이 많았겠지만,

저의 오목에 대한 시선과 경험을 최대한 전달하기 위해 노력했습니다.

이 책을 통해 오목에 대한 새로운 시선을 제공할 수 있다면 큰 보람일 것입니다.

또한 집필하면서 지난 7년 동안의 다양한 에피소드들을 회상하는 시간은

저에게는 정말 소중했습니다. 다만 더 많은 이야기들과 명국들을 소개해드리지

못한 점은 조금 아쉬움이 남습니다.

한국 오목이 지속적으로 발전하여 멋진 선수들의 스토리와 명국들을

다시 한 번 소개할 날이 오길 바라며, 여러분의 오목 여정이 항상 행복하고

재미있는 시간으로 가득하기를 기원합니다.

감사합니다.

◈ 메인(Main) 대회 : 해당 시기의 대한민국을 대표하는 간판급 대회

Mind Sports Oympiad의 약자로 대한민국 오목 역사상 전국규모의 공식적인 첫 대회다.
매년 여름 삼성동 코엑스에서 개최되었고 우승자에게는 행정자치부 장관상과 금메달이 수여되었다.
오목계의 '근본'대회로 MSO 우승자는 '당대최강자'로 통용되었다. 예선은 조별리그, 본선은 토너먼트 방식

No	Date	우 승	준우승	3 위	비 고
1회	1999년 7월	강대원	고상집	이기봉	
2회	2000년 7월	송지원	권준철	박성제	
3회	2001년 8월	김창훈	정기용	이기봉	
4회	2002년 9월	김창훈	박정호	김규현	
5회	2003년 8월	박정호	김병준	김규현	
6회	2004년 8월	박정호	강홍철	이경원	

2001년 6월 롯데월드 게임스타디움에서 개최되었다. 예선은 60일간 게임위드 사이트에서 온라인상으로 진행되었고, 본선은 대회장에 배치된 PC를 통해 32강 토너먼트로 진행되었다.

Date	우 승	준우승	3위
2001년 6월 3일	김병준	이윤섭	정기용

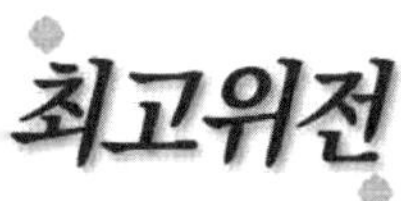

도전기 시스템을 국내에 도입한 첫 대회로 훗날 '오목명인전'의 모태가 되었다
1회 대회때는 'Best of Best 대회'로 시작되었으나 3회 대회부터 '최고위전'으로 명칭이 변경되었다.
대회 우승자는 차기 대회까지 '최고위' 타이틀을 유지하며 예선1위 선수가 타이틀 보유자에게 도전하는 방식이다.

No	Date	전(前)회 최고위	최종 우승	예선1위 (도전자)	예선2위	도전기 결과
1회	2004년 7월	-	박정호	박정호	김병준	-
2회	2004년 12월	박정호	박정호	이순성	이경원	박정호 2승 1패
3회	2005년 6월	박정호	김규현	김규현	김병준	김규현 2승
4회	2005년 12월	김규현	김규현	이요섭	이경원	김규현 2승 1무
5회	2006년 6월	김규현	김규현	박정호	이경원	김규현 1승
6회	2006년 12월	김규현	최윤석	박정호	최윤석	최윤석 1승 2무
7회	2007년 7월	최윤석	박정호	박정호	김규현	최윤석 불참
8회	2008년 1월	박정호	김병준	김병준	권재우	김병준 1승 1무
9회	2008년 8월	김병준	박정호	박정호	김규현	박정호 1승
10회	2009년 2월	박정호	김규현	김규현	김병준	김규현 1승
11회	2009년 8월	김규현	박정호	박정호	김병준	김규현 불참

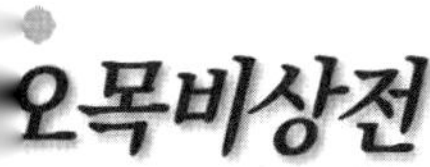

오목계가 훨훨 날아오르기 바라는 염원을 담아 개최하였다
(주)평원엔지니어링 이재현 대표가 대회 후원하였으며 2006년에는 조별리그와 토너먼트를 병행한 방식으로 2일간 열렸고, 2008년에는 스위스리그로 진행되었다.

Date	우 승	준우승	3위
2006년 2월 25,26일	김규현	김병준	박정호
2008년 7월 26일	김규현	박정호	김홍순

2016년 협회가 재출범하면서 생긴 메인급 대회로
예선은 조별리그, 본선은 토너먼트 방식으로 진행되었다.
MSO, 오목비상전의 계보를 잇는 대회로 볼 수 있다.

No	Date	우 승	준우승	3 위	비 고
1회	2016년 5월	임정빈	이 건	임채훈	
2회	2017년 5월	김규현	양성모	황도훈	
3회	2018년 7월	황도훈	김규현	장원철	
4회	2019년 6월	김규현	장원철	최동욱	

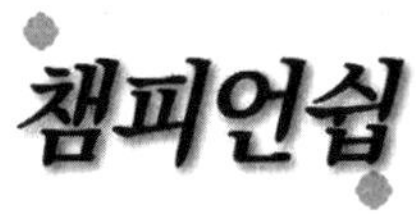

2016년 첫 대회는 초단 이상 참가자격의 제한기전으로
기사들의 실력향상의 장을 만들기 위한 취지로 개최되었으며 7라운드 풀리그로 진행되었다.
2017년 두번째 대회는 참가 제한없는 오픈기전으로
스위스리그로 진행되었다.

Date	우 승	준우승	3위
2016년 12월 10일	황도훈	박한주,임채훈	김영우
2017년 12월 17일	김규현	임정빈	서태웅

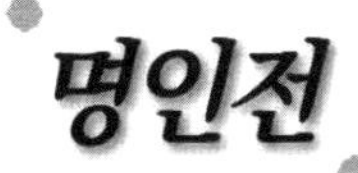

역대 두번째 도전기 형식의 대회로 '최고위전'의 영향을 받았으며, 김수찬 기사가 상금의 상당부분을 후원했다. Covid-19로 인해 3, 4회 대회는 대진방식이 다소 변형 되었다. 우승자는 차회 대회까지 '명인' 타이틀을 유지함

No	Date	전(前)회 명 인	최 종 우 승	예선1위 (도전자)	예선2위	도전기 결과
1회	2019년 1월	-	김규현	김규현	김경배	-
2회	2020년 1월	김규현	김규현	한태호	임진욱	김규현 2승 1무
3회	2021년 7월	김규현	황도훈	류한주	김규현	결선리그 황도훈 3승
4회	2022년 7월	황도훈	황도훈	김경배	최윤석 류한주	결승 황도훈 2승

정식명칭은 '2023영주선비문화축제 오목대회'로 영주시에서 주최하고 대한오목협회가 주관하였다. '선비문화축제'라는 지역행사 속에서 많은 시민들과 함께하는 대회다. 정기적인 대회로 자리잡을 수 있기를 기대해 본다.

Date	우 승	준우승	3위
2023년 5월 6일	강상민	박웅배	황도훈

◈ 테마(Theme) 대회 : 특정한 주제나 목적을 가지고 개최한 대회

'오목클럽랭킹전' 이라는 이름으로 2000년 시작되었으며 특정일에 진행되는 것이 아닌 상시대회 형식으로 초창기에는 주1회 진행되었으나 이후 2주 1회 모임으로 변경되었다. 회당 두세 달 정도의 장기리그로 진행되었고 마지막 날에는 예선 상위자들간의 토너먼트로 최종순위를 가렸다.

No(연도)	우승자	No(연도)	우승자	No(연도)	우승자
1회(00)	김병준	8회(02)	김병준	15회(05)	박정호
2회(00)	박정호	9회(03)	박정호	16회(06)	이경원
3회(01)	최윤석	10회(03)	박정호	17회(06)	최윤석
4회(01)	김병준	11회(04)	박정호	18회(06)	박정호
5회(01)	김병준	12회(04)	박정호 김규현	19회(06)	김종수
6회(02)	김병준	13회(05)	박정호	20회(08)	박정호
7회(02)	박정호	14회(05)	김병준	21회(09)	박정호

2017년 '오목 슈퍼리그-Spring'이라는 명칭으로 시작되었다. 랭킹전의 영향을 받은 대회로 예선리그 후 본선 토너먼트 방식이 주로 채택되었다.
첫 대회때는 2부리그 및 강의시스템 도입 등 다양한 참여 콘텐츠들이 시도되었다.

No	Date	우 승	준우승	3위
제1회	17년 3~6월	강대원	박웅배	양성모
1회 2부리그	17년 3~6월	박종현	김병걸	최철희
제2회	18년 5~6월	김규현, 황도훈	박웅배, 강상민	
제3회	19년 3~4월	장원철	한태호	김수찬
제4회	20년 6월 6일	황도훈	장원철	강상민, 조인호

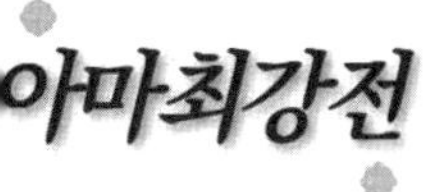

기사 입단의 문턱을 낮추고자 2004년 '일반인 오목대회'라는 이름으로 시작되었다. 기사들은 참가할 수 없는 제한 기전으로 3회 때부터 '아마최강전'으로 개칭하였다. 이후 유능한 인재들의 등용문으로 자리매김했으며 현존하는 대회 중 회차가 가장 오래되었다.

No	Date	우 승	준우승	3 위
1회	2004년 4월	이남재	김대성	강대규
2회	2005년 10월	이요섭	임병근	이기언
3회	2007년 7월	이기언	이원기	권재우
4회	2008년 10월	권경숙	백인숙	한상원
5회	2009년 10월	윤성원	유준영	이생흠
6회	2015년 11월	황도훈	최석원	박한주
7회	2016년 10월	김영우	유형근	박성혁
8회	2017년 11월	장원철	박성혁	현경식
9회	2018년 11월	임진욱	조정영	이세강
10회	2019년 11월	박도영	양세진	박윤동
11회	2021년 11월	김도형	김윤태	최선재
12회	2022년 11월	이호준	송민혁	허정빈
13회	2023년 12월	임정훈	김현섭	이준호 배병률

2005년 오목기사회가 조직되면서 기사들간의 친목도모와 실력향상을 위해 개최되었다. 기사들만 참가할 수 있는 제한기전이였으나 예외적으로 '기사회 오픈 기념대회'에는 비기사도 참가가능했다.

No	Date	우 승	준우승	3 위
오픈기념	2005년 4월	박정호	김규현	김병준
1회	2005년 8월	이윤섭	김병준	박정호 김규현
2회	2007년 11월	이요섭	이재형	김수찬
3회	2008년 11월	김규현 김종수	–	김수찬
4회	2009년 6월	김병준	장경준	김종수

RIF 세계랭커숫자를 늘리고 상위권 선수들과의 대국기회를 제공함으로써 전반적인 실력향상을 목적으로 2018년 '정상기사 초청대회'라는 명칭으로 개최되었다.
2023년에는 일본의 Tachi Masaya 5단을 초청하여 유사한 형식으로 진행하였다.

	Date	우 승	준우승	3위
1회	2018년 4월 22일	박정호 김규현	-	한태호
2회	2019년 9월 22일	박정호 김수찬 한태호 공동우승		
서울초청전	2023년 6월 4일	강상민	류한주	김규현

2001년 월드챔피언쉽 국가대표 선발을 위해 예선 풀리그와 본선 풀리그로 나누어 진행되었다. 역대 가장 치열했던 대회 중 하나로 회자된다.
2002년 팀월드챔피언쉽 대표 선발을 위해 한 차례 더 치러졌다.

Date	1위	2위	3위
2001년 6월	김병준	박정호	박성제
2002년 2월	정승재, 김창훈, 이순성, 이윤섭 선발		

비수도권 지역에서도 오목대회 참가 기회를 늘리고자 2018년 '충청 지역 대회' 라는 이름으로 시작되었다. 2회부터는 '남부 지역 대회'로 개칭하였으며 주로 대구에서 박웅배 기사가 주최하였다. 2024년 제7회 대회가 예정되어 있다.

No	Date	우 승	준우승	3 위
1회	2018년 2월	최은서	장원철	박상현
2회	2018년 12월	박웅배	황도훈	장원철
3회	2019년 10월	박웅배	김수찬	최석원
4회	2020년 10월	황도훈	김기태	박상현
5회	2022년 4월	황도훈	박웅배	박승준
6회	2023년 7월	강상민	송민혁	박웅배

◈ 세계 대회 : 월드챔피언쉽(WC), 팀국가대항전(TWC) 등이 대표적인 세계대회에 속하며 최근에는 중국에서 정기적으로 개최되는 월드렌주오픈(WRO)도 위에 준하는 대회로 꼽힘.

국제렌주연맹(RIF) 창설과 더불어 1989년 제1회 Renju World Championship 대회가 개최되었다. 오목계의 올림픽이라고 할 수 있는 대회로 2년마다 홀수해에 열리고 있다. 대회는 본선(QT), 결선(AT), 여성리그(WT), 자유리그(BT)등으로 구분된다.

회차 (개최국)	연도	AT(결선)	QT(본선)	BT(자유리그)
7회 (일본)	2001	김병준 4승7패(9위)	김병준 5승1무1패(2위)	권준철 6승2패
			박정호 2승2무3패(13위)	박정호 5승3패
			최윤석 1승1무5패(21위)	최윤석 4승1무3패
15회 (타이베이)	2017		박상현 3승4패(22위)	
			김수찬 2승1무4패(23위)	
			조익현 7패(28위)	
17회 (에스토니아)	2019		김수찬 3승4패(13위)	장원철 6승1무2패(3위)
			장원철 2승5패(16위)	김수찬 5승1무3패(9위)
			박웅배 1승1무5패(20위)	박웅배 3승1무5패(28위)
18회 (튀르키예)	2023	이호준 2승1무8패(11위)	이호준 3승1무3패(5위)	박도영 7승3패(3위)
			강상민 2승5패(9위)	강상민 7승3패(4위)
			박도영 1승1무5패(10위)	

팀국가대항전

공식대회명은 Team World Championship으로 보통은 줄여서 TWC로 부른다.
유일한 단체전 형식의 국제대회로 1996년 러시아 대회를 시작으로 2년마다 짝수해에 개최되고 있다.
국가별로 팀당 3~6명의 인원으로 구성되며 한 국가에서 여러 팀이 출전할 수도 있다.

회차	Date	참가자	전 적	비 고
4회	2002년 5월	김창훈	5승2무2패	
(스웨덴대회)		이순성	2승1무5패	
		정승재	1승1무7패	
		이윤섭	1승8패	
		권준철	1승	

월드렌주오픈

2018년부터 중국 저장성 안지시에서 매년 개최되고 있는 국제대회로 세계적인 선수들도 다수 출전하고 있으며, WC에 준하는 대회로 자리잡고 있다.

회차	Date	참가자	전 적	비 고
2회	2019년 9월	한태호	4승 5패	
5회	2023년 6월	장은민	4승 5패	
		이종빈	3승 6패	

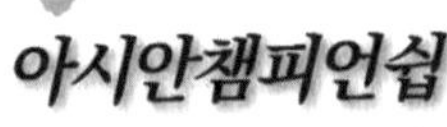

아시안챔피언쉽

대한민국에서 개최한 유일한 국제대회로(친선전 제외) 2006년 제2회 Asian Championship이 서울에서 열렸고 한국, 일본, 대만의 유명선수들이 출전하였다 제1회 대회는 2003년 중국 베이징에서 개최되었다.

순 위	참가자	전 적	비 고
우 승	김창훈	6승 1무 1패	
준우승	김병준	6승 1무 1패	
5 위	이요섭	5승 1무 2패	
8 위	김규현	5승 3패	
9 위	최윤석	4승 1무 3패	
12 위	박정호	4승 4패	
13 위	박유현	4승 4패	
14 위	김수찬	4승 4패	
17 위	장재원	3승 1무 4패	
20 위	김규철	3승 5패	
22 위	권재우	3승 5패	
23 위	장경준	3승 5패	
24 위	윤성원	2무 6패	
25 위	강보라	2무 6패	
26 위	차지영	2무 6패	

〈2006 아시안챔피언쉽 한국 선수 명단〉

주 : 일본에서 오목을 뜻하는 '연주(連珠)'가 서양에 전파되어 Renju라는 명칭으로 굳어졌으며 금수를 기반으로 하는 오목룰이다.

수 : 오목에서 둘 수 없는 수 또는 위치를 의미한다.
먼저 시작하는 흑은 삼삼, 사사, 장목 등을 둘 수 없고, 백은 가능하다.
흑이 금수를 두게 될 경우 게임에서 패하게 되며 백은 이를 유도할 수 있다
백은 후수로 시작하기 때문에 금수를 적용받지 않고 자유롭게 둘 수 있다.

금수 : 금수를 해소하는 수를 의미하며 해소된 경우에는 그 자리에 둘 수 있다.

목 : 육목이상을 의미하며 흑은 금수로 적용 된다.(육목, 칠목, 팔목.....)
흑은 둘 수 없지만(둘 경우 패함) 백은 장목을 두면 게임에서 승리한다.

형 : 오목에서 첫 수는 정중앙에, 두 번째 수는 첫 수에서 한 칸 범위 내에, 세 번째 수는 첫 수에서 두 칸 범위 내에 두어야한다.
이 때 시작하는 세 번째 수까지의 형태를 주형이라 부르며, 오목에는 총 26 가지의 주형이 존재한다.
주형의 이름은 달과 별의 이름을 본떠 만들었으며 그 명칭을 '~월', '~성' 으로 부른다.
또한 백돌의 위치에 따라 열세개씩 직접주형과 간접주형으로 구분할 수 있으며 좌표를 이용하여 D1, I7과 같이 '국제식명칭' 으로 표기하기도 한다.

오프닝 : 오목은 먼저 시작하는 흑이 유리하기 때문에 공식경기에서는 형평성을 위해 오프닝룰을 적용한다. 오프닝은 초반 5수까지의 형태와 흑백을 결정하는 과정이며 오프닝이 종료 된 후에는 렌주규칙으로 경기를 진행한다.

스왑(Swap) : 오프닝 과정 중에 돌의 색을 바꾸는 것을 말한다.

국제공인규칙 : 오목이론의 발전과 더불어 시대의 변화에 따라 국제오목연맹에서 정하는 오프닝 규칙은 바뀌어왔다.
2024년 현재 국제공인규칙은 타라구치10룰이다.

국제오목연맹 : Renju International Federation, 1988년 창설된 각 나라의 오목협회 간의 연맹체로 오목계를 총괄하는 국제단체이다.
약자로 RIF로 흔히 칭한다.

선수(先手) : 오목에서 중요개념 중 하나로 다양한 의미를 가지고 있다.
1. 상대보다 중요한 곳을 먼저 두는 것 (유의어 : 선점)
2. 심이나 사 등 직접공격의 재료를 소모하는 것
3. 승부에 영향을 미칠 가능성이 짙어 상대의 대응이 필요한 수
4. 공격을 시도할 수 있는 권리 또는 기회 (유의어 : 공격권, 주도권)

이 중에서 주로 3번과 4번의 의미로 많이 쓰인다.

정석(定石) : 1. 실전에서 자주 사용되는 진행수순들을 체계화시킨 이론 또는 수순
2. 공격과 수비에 최선이라고 인정한 일정한 방식으로 돌을 놓는 법

환원 : 진행 순서는 다르지만 결국 같은 모양으로 되는 것을 뜻한다.

양수 : 동시에 두 곳 이상에서 수가 나는 형태를 말한다. 상대는 한 번에 두 곳을 막을 수 없기 때문에 양수가 발생하면 승패가 결정된다.

VCT : Victory by Continuous Threats
연속적인 위협으로 승리할 수 있는 수.

VCF : Victory by Continuous Fours
연속 사로 승리할 수 있는 수, '사연타승'으로 표현할 수도 있다.